조선왕조실록

4

세조 · 예종 · 성종

백성들의 지옥, 공신들의 낙원

조선왕조실록

朝鮮王朝實錄 4

이덕일 지음

다산
초당

《조선왕조실록》을 읽는다는 것

500년 정신이 담긴 위대한 기록

'조선'이라는 이름을 들으면 가장 먼저 어떤 생각이 드는가? 성리학이라는 형이상학에 매몰된 문약(文弱)한 나라, 지배층인 양반들은 당쟁만 일삼고 국가에 재난이라도 일어나면 제일 먼저 몸을 피하는 비겁한 나라. 혹시 이러한 비판적인 인상이 먼저 들지는 않는가? 이러한 일반적인 인식은 서세동점(西勢東漸)의 물결이 전 세계에 몰아친 20세기 초, 변화의 흐름을 놓치고 일제의 침략을 받아 나라를 잃은 역사를 감안하더라도 지나치게 가혹하다.

조선에 대한 이러한 부정적 평가는 '조선은 낙후되고 정체된 나라', '조선은 타율적이고 나약하다'라는 말로 요약되는 일제강점기 식민사학의 영향 탓이다. 분명 조선 후기에 노론 중심의 부패한 정치가 나라를 망친 것은 사실이지만, 무려 518년이라는 긴 세월 동안 유지된 왕조를 한마디로 규정할 순 없다. 역사상 존재한 수많은 나라들 중에서도 이렇듯 긴 수명을 유지할 수 있었던 데에는 이유가 있다. 필자는 그 핵심을 《조선왕조실록(朝鮮王朝實錄)》이라는 위대한 기록 유산의 존재와 조선이라는 나라의 제도, 즉 시스템과 정신에 있다고 생각한다.

《조선왕조실록》을 동시대에 존속했던 중국 왕조의 정사인 《명사(明史)》, 《청사고(淸史稿)》 등과 비교해보면 큰 차이가 난다. 《조선왕조실록》은 조선 멸망 후 일본인이 편찬을 지휘한 《고종실록(高宗實錄)》, 《순종실록(純宗實錄)》을 제외하면 조선인이 직접 편찬한 것이다. 《명사》는 명나라가 망한 후 청나라의 장정옥(張廷玉) 등이 편찬했고, 《청사고》역시 신해혁명으로 청나라가 무너진 후 민국 정부에서 편찬한 것이다. 모두 뒤의 정권에서 앞의 정권을 평가한 역사서다. 그 과정에서 수많은 사실들이 정리되고 삭제되었을 것이다. 그래서 편찬 형태도 《명사》와 《청사고》는 기전체(紀傳體)로 되어 있다. 황제의 사적인 〈본기〉와 각종 통계 기록인 〈지(志)〉, 〈표(表)〉, 신하들의 사적인 〈열전〉으로 구성된다. 반면 《조선왕조실록》은 뒤의 임금이 앞의 임금 때 있었던 일들을 날짜별로 기록한 편년체(編年體) 역사서다. 기전체 역사서는 체제는 깔끔하지만 현장의 생생한 목소리는 부족하다. 반면 태조 이성계부터 철종에 이르기까지 25대 472년간의 역사를 날짜별로 기록한 편년체 역사서인 《조선왕조실록》은 현장의 생동감이 그대로 살아 있다. 마치 그 현장에 있는 것처럼 당시의 목소리가 생생하게 전해진다.

선왕이 세상을 떠나면 후왕이 실록청(實錄廳)을 설치해 선왕 때의 역사를 편찬하는데, 선왕 때 사관의 기록과 《승정원일기(承政院日記)》,

《의정부등록(議政府謄錄)》 등 정부 기관의 기록은 물론 경연에 참석했던 신하들의《경연일기》등 선왕 때 기록된 모든 자료를 모아서 편찬한다. 실록에 기록되는 왕은 대부분 현왕의 아버지여서, 신하들이 생존해 있는 경우가 대부분이다. 그래서 실록 편찬에 살아 있는 권력의 간섭을 막는 것이 절대 과제였다. 이런 이유로 대신들은 물론 후왕도 실록을 볼 수 없었다. 선왕 때의 일이 필요한 경우 해당 부분만 따로 등사해 국정에 참고하게 했을 뿐이다. 그래서《조선왕조실록》은《명사》,《청사고》와 달리 살아 있는 권력의 개입을 원천적으로 차단했다. 그래서 국왕이 감추고 싶은 기사까지 그대로 실려 있다.《태종실록(太宗實錄)》4년 2월 8일에는 이런 글이 실려 있다.

> (왕이) 친히 활과 화살을 가지고 말을 달려 노루를 쏘다가 말이 거꾸러져서 낙상했으나 다치지는 않았다. (왕이) 좌우를 돌아보며, "사관(史官)이 알지 못하게 하라"라고 말했다.

태종은 공신들에 대한 피의 숙청으로 왕권을 반석으로 만든 절대군주였는데도, 그가 감추고 싶어 했던 말까지 그대로 기록한 것이《조선왕조실록》의 정신이다. 연산군 때 선비들이 화를 당한 '사화(士禍)'를 사관들이 화를 당한 '사화(史禍)'라고도 하는 이유는 이때 사형당한 선비들이 대부분 사관들이었기 때문이다. 조선의 선비들은 당대의 진실을 후대에 전하기 위해 목숨을 걸었고, 그래서 사관들은 비록 목숨을 잃었지만 사화의 단초가 되었던 김종직의 〈조의제문(弔義帝文)〉이 그대로 실록에 실려 우리에게 전해지는 것이다. 그 정신이 담겨 있는 것이 바로 1997년 유네스코 세계유산으로 등재된《조선왕조실록》이다.

"역사를 잊은 민족에게 미래는 없다"라는 말이 회자되고 있다. 단재 신채호의 말이라고 하는데 정확하지는 않다. 그러나 중요한 것은 이 말이 품은 참뜻이다. 오늘날 우리 사회가 과연 목숨을 걸고 진실을 전했던 조선의 사관 정신과 망명지를 전전하며 역사를 연구하고 옥사하는 순간까지 역사서를 저술한 신채호의 사관 정신을 계승하고 있다고 감히 말할 수 있을까? 식민 사학에 경도된 어느 중진 역사학자가 공개 학술대회 석상에서 "신채호는 세 자로 말하면 또라이, 네 자로 말하면 정신병자"라는 망언을 했는데도 어느 역사학자 한 명 항의하지 않았다는 사실에 우리 사회 사관들의 정신 상태를 알 수 있다.

선조의 혜안에서 얻는 산지식

우리는《조선왕조실록》에서 무엇을 배워야 할까? 조선 왕조 518년 동안 27명의 임금이 있었다. 한 임금이 평균 19년 정도 왕위에 있었던 셈인데, 이 중 성공적인 정치가였다는 평가를 받는 군주는 그리 많지 않다. 물론 27명의 왕들은 각기 그가 처한 환경이 달랐다. 개국 초 태조 이성계와 태종 이방원이 처한 상황이 달랐고, 조카인 단종을 죽이고 왕이 된 세조 이후가 달랐으며, 임진왜란 전후가 달랐고, 인조반정 이후가 달랐다. 각각의 시대가 필요로 하는 시대정신을 어떻게 인식하고 현실 정치에 구현했느냐에 따라 당대의 성공과 실패가 갈린다.

예컨대 수양대군의 왕위 찬탈은 태종이 피의 숙청으로 무너뜨린 공신 집단을 부활시킨 사건으로, 조선 사회는 그 대가를 혹독하게 치러야 했다. 임진왜란은 200년을 이어온 조선이 다시 개국에 준하는 자세로 새로 태어나야 함을 보여준 사건이다. 그러나 이후 서인(이후 노론)들은 시대정신의 요구와는 상반된 행보를 보였다. 인조반정을 일으켰고, 병자호란을 초래해 백성을 도탄에 몰아넣었다. 이들이 득세한 이래 조선에선 임금이 약하고 신하들은 강한 '군약신강(君弱臣强)'이 노골화되었고, 그 결과 국운은 날로 기울어져갔다.

반대로 성공적인 정치를 펼친 임금도 있었다. 태조는 정도전과 조준이 제시한 과전법을 통해 토지 개혁이란 시대적 과제를 풀어내 새 왕조의 개창을 이뤘다. 당시 고려는 소수 귀족 집안이 산천을 경계로 삼을 정도의 대토지를 소유하고 있었고, 정작 그 땅을 경작하는 농민들은 대부분 굶주림을 면치 못할 정도로 민생이 파탄 난 상태였다.

조선 중기의 책 《송와잡설(松窩雜說)》은 조선 개창 세력이 신돈의 자식으로 몰아 폐위시킨 우왕에 대해 다음과 같은 이야기를 전한다. 강릉에 유배됐다가 죽음에 몰린 우왕이 겨드랑이를 드러내 보이며 "왕씨는 본래 용의 종자로 아무리 잔약한 후손이라도 몸 어딘가에는 반드시 비늘이 있다"면서 "내가 지금 이를 보이지 않고 죽으면 너희들이 내가 신(辛)가가 아닌 줄 어찌 알겠느냐?"라고 했다는 것이다.

'용의 자손'이라는 혈통이 고려와 왕씨가 내세운 천명이었다면, 조선 개창은 그보다 훨씬 우위에 있는 천명을 통해 이룩됐다. 바로 백성이다. 일찍이 맹자는 "백성이 가장 귀하고 사직은 그다음이며 임금은 가장 가볍다"라고 말했는데, 조선 왕조의 개창은 바로 이러한 맹자의 말을 현실에 구현한 과전법으로 민생을 살핌으로써 들판 백성들의 마음, 즉 천심(天心)을 얻었기에 이룰 수 있었다.

태조의 손자인 세종처럼 부왕인 태종이 깔아놓은 꽃길 위에서 왕조의 찬란한 번영을 일궈낸 경우도 있다. 반대로 정조는 부친인 사도세자를 죽인 노론에게 둘러싸였지만, 자신의 가혹한 운명을 탓하지 않고 조선 후기의 '르네상스'를 이끌어냈다. 이처럼 성공과 실패는 당대의 환경에 좌우되지 않았다. 오늘날 대한민국 앞에 놓인 운명 역시 결코 순탄치 않아 보이지만, 누가 어떤 정치를 하느냐에 따라 그 모습이 판이하게 다를 것이다.

또한 조선은 어느 한 기관도 독주할 수 없는 상호 견제의 원칙을 제도로 확립했다. 이는 국왕과 신하 사이도 마찬가지였다. 조선은 의정부서사제와 육조직계제를 번갈아 시행했는데, 전자는 의원내각제, 후자는 대통령중심제와 비슷하다. 의정부서사제에서는 대신들의 권한이, 육조직계제에서는 국왕의 권한이 더 컸다. 조선은 둘을 번갈아 사용하는 운용의 묘를 살리면서 왕권과 신권의 조화를 추구했다.

의정부와 육조 판서 등 고위 관료들의 전횡은 대간(臺諫)이라 불린 사헌부·사간원의 중하위 관료들이 지닌 탄핵권으로 견제했다. 대간의 탄핵을 받으면 진위를 막론하고 무조건 사임하는 것이 원칙이었다. 이런 대간을 정승과 판서들의 영향에서 독립시키기 위해 그 인사권을 정5품 이조전랑에게 주었다. 이조전랑은 이직할 때 후임자를 스스로 천거하는 방식으로 권력자의 인사 개입을 원천적으로 차단했다.

수사권 역시 사헌부를 비롯해 의금부, 형조, 포도청 등 여러 기관에 나눠줘 수사기관의 부패와 전횡을 방지하고 정의를 실현하는 데 만전을 기했다. 오늘날처럼 수사와 기소의 독점권을 가진 대한민국 검찰의 폐단을 원천적으로 차단한 것이다. 게다가 수사는 문과 출신 인재들이 담당했지만 수사 기록에 대한 판결은 사율원의 중인들이 담당했다. 양반의 수사 결과를 중인이 판결하게 한 것에 선조들의 혜안이 담겨 있다. 재량권을 남용하지 말고 법조문대로 판결하라는 취지였다. 대한민국 사법부가 신뢰받지 못하는 근본적인 이유가 '무전유죄, 유전무죄'로 상징되는 재량권 남용에 있다는 점을 감안하면, 우리는 선조들이 꾀했던 운용의 묘를 본받을 필요가 있다.

이처럼《조선왕조실록》에 담긴 역사 하나하나는 단지 흥미 있는 옛 이야기에 그치는 것이 아니라, 오늘날에도 끊임없이 되새기며 현실에 적용할 수 있는 살아 있는 지식들이다.

역사는 가장 탁월한 미래학이다

미래의 길이 보이지 않을 때일수록 과거를 돌아봐야 한다. 과거를 돌아보는 목적은 미래의 길을 찾고자 함이다. 역사가 과거학이 아니라 미래학인 까닭이 여기에 있고, 우리가 역사를 공부하는 목적도 여기에 있다. 옛 사람들이《자치통감(資治通鑑)》이나《동국통감(東國通鑑)》처럼 역사서 제목에 거울 감(鑑) 자를 넣은 이유 역시 역사라는 거울을 통해 오늘 우리의 모습을 살피고 미래의 길을 찾고자 함이었다.

《조선왕조실록》에는 당대의 모든 사실을 가감없이 적어놓았다. 우리는 방대한《조선왕조실록》에서 사대주의의 어두운 그늘과 어떠한 전횡과 부정부패도 용납하지 않았던 선비 정신을 함께 볼 것이다.

그렇다면 우리는 이 책을 통해 구체적으로 무엇을 얻을 수 있을까?

첫째, 우리 사회나 한 조직의 앞일을 예측할 수 있는 청사진으로 삼을 수 있다. 역사를 '앞서간 마차의 수레바퀴'라는 뜻의 전철(前轍)이라고 부르는 이유가 바로 이것이다. 어느 길로 간 앞 수레는 순탄히 목적지에 도착했지만 다른 길로 간 앞 수레는 엎어졌다. 이를 통해 우리는 어느 길로 가야 할지 알 수 있다. 중국의 역대 정치 지도자 대부분이 역사를 공부한 것은 이 때문이다.

둘째, 자신이 속한 사회나 조직에 필요한 사람이 누구인지 알 수 있다. 성공한 조직의 공통점은 성공한 인재 등용이다. 성공한 리더 곁에는 늘 뛰어난 참모가 존재했다. 세종에게는 황희와 김종서 같은, 정조에게는 채제공 같은 명신(名臣)이 있었다. 효종이 사대부들의 격렬한 반대를 무릅쓰고 대동법을 확대 실시할 수 있었던 것은 탁월한 경세가 김육이 있었기 때문이다. 잘못된 쿠데타였지만, 수양대군 역시 한명회의 머리를 빌려 임금의 자리에 오를 수 있었다. 크든 작든 조직을 이끌어가는 사람이라면 《조선왕조실록》을 통해 자신의 조직에 어떤 사람이 필요한지 알 수 있을 것이다.

셋째, 《조선왕조실록》을 통해 우리 개개인의 삶을 돌아볼 수 있다. 조선은 선비의 나라였다. 공직에 진출한 유학자에게 가장 두려운 것은 국왕이나 상급자의 명령을 거부해 받는 처벌이 아니라, 선비들의 공론인 사론(士論)이었다. 국왕도 예외는 아니었다. 왕세자가 받는 교육에서 가장 중시된 것도 바로 《대학(大學)》의 다음 구절이었다. "먼저 몸을 닦고, 집안을 가지런히 만들고, 나라를 다스리고, 천하를 평안하게 한다." 다시 말해, 수신제가치국평천하(修身齊家治國平天下)의 왕도다.

조선의 국왕은 스스로 선비임을 내세웠고, 사론을 중시했다. 이것이 때로 양반 사대부의 기득권 옹호나 사대주의 성리학에 대한 신봉으로 나타나는 폐단도 있었지만, 목에 칼이 들어와도 할 말은 하고 지켜야 할 것은 지키는 선비 정신이야말로 조선의 정신 세계를 이끌어간 핵심이라고 할 수 있다. 권력에 아부해 출세한다거나 사사로운 이익을 지키는 데 급급하지 않고, 진짜 지켜야 할 확고한 '자기중심'을 갖는 것. 오늘날 사회에 치여 이리저리 흔들리기 쉬운 이들이 한 번쯤 되새겨보아야 할 가치다.

마지막으로 왜곡된 역사를 바로잡는 것이다. 조선 개창의 함의는 오늘날까지도 우리에게 많은 숙제를 안겨준다. 이성계가 위화도회군 당시 내세운 '작은 나라가 큰 나라를 칠 수 없다'는 사대(事大) 논리는 지금까지 기승을 부리고 있는 우리 사회의 숙제다. 필자가 줄곧 식민 사학 청산을 주장하는 핵심적인 이유도 바로 여기 있다. 식민 사학은 다름 아닌 '친일 사대주의 역사학'이기 때문이다.

위화도회군은 고구려 옛 강토 수복의 기회를 내부에서부터 좌절시켰다는 점에서 비난받아 마땅하다. 그러나 위화도회군 후에도 고려는 물론 조선의 북방 강역이 지금의 압록강, 두만강 영역에 그치지 않고, 요령성 심양 남쪽 진상둔진에서 두만강 북쪽 700리 공험진까지 이르렀다는 사실은 잊지 말고 기억해야 한다. 태조 이성계는 물론 태종 이방원과 세종도 이 강역을 조선의 북방 강역으로 굳게 지켰다.

조선 초의 사대주의와 조선 후기의 사대주의는 분명 다르다. 태종 이방원에게 친명사대는 국체를 보존하기 위한 고육책이었다. 태종이 안남(安南: 베트남)에 들어선 새 왕조를 멸망시킨 명나라와의 일전에 대비해 서울 남산에 산성을 쌓은 것처럼, 조선 초의 사대주의는 국체 보존을 위한 실용적 사대주의였다. 중화 사대주의를 명분으로 내세운 인조반정 이후 서인, 노론의 이념적 사대주의와는 분명 다르다. 조선 초기의 자주성은 인조반정 세력의 집권 이후 정묘·병자호란을 겪으면서 점점 약해졌고, 급기야 숙종 때 백두산정계비를 통해 압록강 북쪽 강역을 포기하고 말았다. 그러나 그때도 간도(지금의 연변 지역)는 조선 강역이었다. 조선의 최대 강역을 지금처럼 압록강에서 두만강까지로 인식하게 된 것은 일제강점기 식민 사학자들의 악의적 왜곡 때문이다. 이런 왜곡을 이번 기회에 최대한 바로잡으려 노력했다.

"모든 역사는 현대사"라는 말이 있다. 긍정적인 부분이든 부정적인 부분이든 조선이 오늘날 우리의 의식과 행동에 많은 영향을 끼쳤다는 사실을 인정한다면, 조선의 역사는 우리가 선택할 또 다른 미래의 길을 고민하게 한다고 말할 수 있다. 역사를 통해 교훈을 얻지 않으면, 우리는 앞선 세대의 실패를 똑같이 되풀이할 수밖에 없다. 좋은 일에서 가르침을 얻고 나쁜 일은 반면교사로 삼아야 보다 나은 지금을 살 수 있다. 이런 점에서 《조선왕조실록》을 읽는 것은 오늘의 우리를 비춰보고 내일의 우리를 그려볼 수 있는 가장 좋은 방법이 될 것이다.

2018년 6월
이덕일

차례

1부
——
세조, 성군을 꿈꾸었던 참군(僭君)

2부
——
예종, 공신 집단에 칼을 겨눴던 젊은 왕

王弼註

乾下乾上

乾元亨利貞初九潛龍勿用

九二見龍在田利見大人

九三君子終

1부

—

세조, 성군을 꿈꾸었던 참군(僭君)

합천 해인사에 있는 세조 어진 존상도

세조는 독실한 불교 신자였으며 만년에는 더욱 불교에 의지했다. 자신이 저지른 악행의 업보가 두려웠는지도 모른다. 세조는 자신이 성군이 되길 바랐으나 왕위 찬탈이라는 태생적 한계로 인해 백성들의 지옥, 공신들의 천국을 만들고 말았다.

백성도 사랑하고, 공신도 사랑하고

단비와 기우제

　세조 1년(1455) 7월 4일. 세조 이유(李瑈)는 종묘로 나아갔다. 선왕의 영령들에게 자신의 즉위를 고하는 날이어서 감회가 새로웠다. 종묘사직을 반석 위에 놓겠다는 다짐이 새삼 일었다. 수양대군 이유는 자신이 임금의 자질을 타고났다고 생각했다. 문무를 겸했다는 자부감에서 나온 생각이었다. 다섯 살 때 이미 《효경(孝經)》을 외웠고 자라면서는 유학의 경서(經書)와 역사서를 두루 섭렵했다. 뿐만 아니라 천체의 운행에 관한 역수(曆數)와 풍수는 물론 음악과 의학에도 능했고 말 타기와 활쏘기에도 뛰어났다. 옛날 말을 타고 가파른 비탈길을 달려 내려가다가 말이 언덕 아래로 미끄러지는 바람에 안장이 부서지고 말이

다쳤다. 그러나 수양대군 이유는 재빨리 언덕 위로 몸을 날려 다치지 않았다. 이를 본 늙은 무인이 눈물을 흘리면서 감탄했다고 한다.

"태조대왕의 신무(神武)를 오늘 다시 보게 될 줄은 몰랐습니다."

조선은 증조부 이성계(李成桂)가 타고난 무장이었기 때문에 세울 수 있었던 왕조였다. 그러나 유학에 물든 사대부들이 득세해가면서 무예를 천한 것으로 여기는 풍조가 번지고 있었다. 이유는 무를 천시하는 것은 잘못이라고 생각했다. 태조를 닮은 자신이 조선을 다시 무예가 융성한 나라로 만들 수 있다고 믿었다.

동생 광평대군 이여(李璵)가 형이 활을 쏘는 것을 보고 물은 적이 있었다.

"활이 좋지도 않은데 어떻게 그리도 화살이 빠릅니까?"

"글씨를 잘 쓰는 사람은 붓을 고르지 않고, 잘 가르치는 사람은 가르칠 사람을 고르지 않고, 군자가 인(仁)을 행할 때는 땅을 가리지 않고, 지사(志士)가 의를 행할 때는 때를 가리지 않는다."

이유 자신은 임금의 자질을 타고났다고 생각했지만 장남이 아니라 차남이었다. 형 문종 이향(李珦)은 병약했다. 그러나 형에게는 이미 아들이 있었다. 설사 형이 잘못된다 해도 보위는 조카가 이을 것이었다.

그러나 그는 임금이 되는 길을 포기하지 않았다. 증조부인 태조 이성계나 조부인 태종 이방원(李芳遠)은 모두 왕위를 스스로 쟁취한 조상들이었다. 증조부는 새 왕조를 열었고, 조부 또한 자신의 집안을 왕가의 적통으로 만들었다. 이제 자신이 선조들의 뒤를 이어 왕조를 발전시킬 때라고 생각했다.

수양대군 이유는 임금이 되기 위해서 손에 숱한 피를 묻혀야 했다.

고려의 문신 정몽주의 초상
이방원에 의해 개성 선죽교
에서 참살되었다.

그는 증조부와 조부가 그랬던 것처럼 손에 피를 묻히는 것을 사양하지 않았다. 조부인 태종 이방원은 심지어 신망 높던 유학자 정몽주(鄭夢周)까지 때려죽이지 않았던가? 태종을 본보기로 여긴 수양대군 이유는 동지들을 끌어 모았고 이태 전인 단종 1년(1453) 10월 10일, 전격적으로 좌의정 김종서(金宗瑞)를 필두로 어린 조카를 보필하는 숱한 신하들을 제거했다. 이 쿠데타는 단종 1년 계유년(癸酉年)에 발생했다고 해서 계유정난이라고 불렀는데, 정난(靖難)은 난리를 평정해서 나라를 평안하게 했다는 뜻이니 수양 측에서 지은 이름이다.

　거사 날 수양은 가동 임어을운(林於乙云)과 무사 양정(楊汀) 등을 데

세조, 성군을 꿈꾸었던 참군(僭君)

《단종실록》
처음에는 《노산군일기》라고 불렸으나
훗날 《단종실록》으로 개칭되었다.

리고 김종서의 집으로 갔다. 이유는 왜 자신을 찾아왔는지 경계하던 김종서에게 대신의 사모 뿔을 빌려달라고 청했다. 김종서가 몸을 숙이자 같이 간 무사들에게 김종서를 내리치게 했다. 문무를 겸비한 김종서를 제거했으니 나머지 신하들은 걱정할 것이 없었다. 김종서를 주륙한 사실을 알리자 단종은 두려움에 떨었다. 수양 측에서 작성한 《노산군일기》(훗날의《단종실록》)는 이날 밤의 상황에 대해서 이렇게 묘사하고 있다.

"노산군이 환관 엄자치(嚴自治)에게 명해 궁중의 술과 음식으로 세조(수양) 이하 여러 재상을 먹였다."

그러나 선조 때의 문신 이정형(李廷馨)의 《본조선원보록(本朝璿源譜錄)》에는, 단종이 "숙부는 나를 살려주시오"라고 애원했다고 달리 전하고 있다.

수양은 단종을 협박해 대신들을 부르는 명패(命牌)를 내리게 한 후 대궐 각 문(門)마다 역사(力士)들을 배치했다. 한명회(韓明澮)가 《생살부(生殺簿)》를 들고 문 곁에 앉아 있다가 〈생부(生簿)〉에 이름이 오른 대신들은 통과시키고, 〈사부(死簿)〉에 이름이 오른 대신들은 때려죽이게 했다. 〈사부〉에 이름이 오른 대신들은 대부분 단종을 보필하라던 문종의 유명을 받든 고명대신들이었다. 영의정 황보인(皇甫仁), 우찬성 이양(李穰), 병조판서 조극관(趙克寬) 등이 명패를 받고 입궐하다가 죽임을 당했다.

수양과 한명회는 신하들이 대궐로 들어오기만을 기다린 것이 아니었다. 윤처공(尹處恭)·조번(趙藩)·원구(元矩) 등은 집으로 역사(力士)들을 보내 죽여버렸다. 당일 날 죽이지 않고 귀양 보냈던 우의정 정분(鄭苯)을 비롯해 이석정(李石貞)·조완규(趙完珪)·조순생(趙順生)·정효강(鄭孝康)·박계우(朴季愚) 등은 이듬해인 단종 2년 추석 때 모두 죽여버렸다.

계유정난 다음 날 수양은 영의정부사·영경연·서운관사·겸판이병조사(領議政府事領經筵書雲觀事兼判吏兵曹事)라는 긴 이름의 직책을 차지했다. 수양대군 이유의 한몸에 영의정과 문신과 무신의 인사권이 있는 이조와 병조를 모두 차지해 '왕'이란 이름만 쓰지 않았을 뿐 사실상 임금으로 등극한 셈이었다.

계유정난 닷새 후인 단종 1년(1453) 10월 15일에는 죽은 신하들의 피비린내가 진동하는 가운데서 공신 책봉 잔치를 벌였다. 수양대군 자신과 정인지(鄭麟趾)·한확(韓確)·한명회·권람(權擥) 등 14명이 1등공신, 신숙주(申叔舟)·양정·홍윤성(洪允成) 등 11명이 2등공신, 이흥상(李興商)·임자번(林自蕃) 등 20명이 3등공신으로서 모두 43명의 정난공신이 탄생했다. 태종 즉위년(1401)의 좌명공신(佐命功臣) 이후 42년만의 공신 책봉이었다. 공신의 자손들은 범죄를 저질러도 영원히 용서한다는 특혜가 주어졌다. 잔치는 이뿐 아니었다. 자신들이 죽인 신하들의 토지를 난신전(亂臣田)이란 명목으로 나누어 가졌다. 땅뿐만 아니라 그들 소유의 노비와 심지어 처첩들까지 나누어 가졌다.

그러나 아직 이름뿐이지만 '임금'은 단종이었다. 모든 권력은 수양의 것이었고 자신은 허수아비지만 단종은 포기하지 않았다. 시간은 자신의 편이라고 믿은 것이다. 단종은 재위 2년(1454) 2월 13일 수양에게 교지를 내렸다.

"숙부는 과인을 도와 널리 서정(庶政)을 보필하고 …… 희공(姬公: 주공(周公))으로 하여금 주(周)나라에서 있었던 아름다운 이름을 독점하지 말게 하라. 아! 숙부를 공경하겠노라."

이날 단종은 좌의정 정인지, 우의정 한확·운성부원군 박종우(朴從愚), 판중추원사 김효성(金孝誠), 좌찬성 이사철(李思哲)에게 내구마(內廐馬: 임금의 말)를 한 필씩 내려서 수양을 잘 보필해달라고 당부했다. 주공은 주나라 문왕의 아들이자 은(殷)나라 주왕(紂王)을 죽이고 중원의 패권을 차지했던 무왕의 동생이었다. 무왕이 죽고 어린 조카 성왕이 즉위하자 주공이 조카의 왕위를 빼앗을 것이라는 소문이 파다했다. 그러나 주공은 이런 예상을 깨고 조카를 끝까지 보좌해서 공자로부터 성인이란 칭송을 들었다. 단종이 여러 차례 삼촌 수양에게 주공에 비유하는 글을 내린 것은 자신의 왕위를 빼앗지 말고 주공처럼 성인으로 추앙받는 길을 걸으라는 뜻이었다. 그러나 수양은 애당초 주공의 길을 택할 생각이 없었다.

수양은 이미 증조부 태조와 조부 태종의 길을 선택했다. 그때와는 이미 시대가 다르다는 사실은 인정하지 않았다. 그는 할아버지 태종이 왕자의 난을 통해 임금의 자리를 차지한 전례를 스스로에게 적용했다. 그러나 정당성 여부는 차치하고라도 태종은 최소한 같은 배에서 나온 형제들의 피는 손에 묻히지 않았다. 수양은 달랐다. 그는 강화로 유배 보낸 친동생 안평대군 이용(李瑢)과 그 아들 이우직(李友直)의 목숨을 빼앗아 친동생과 친조카의 피까지 손에 묻혀야 했다.

뿐만 아니었다. 조카 단종을 지지하는 친동생 금성대군과 서동생(庶同生) 한남군·영풍군 등의 왕족들을 귀양 보내야 했다. 이들은 모두 목숨을 보전하지 못하고 수양에 의해 살해되었다. 그야말로 세종의 아들들 중 단종을 지지한 왕자들은 쑥대밭이 된 것이었다. 숙부들의 비극을 본 단종은 더 이상 버틸 수 없음을 알았다. 더 이상 버티다가는 귀양 간 숙부들은 물론 자신의 목숨마저 보전할 수 없다는 생각이 들었다. 단종은 재위 3년(1455) 윤6월 11일 환관 전균(田畇)에게 왕위를 넘기겠다고 말했다. 이날 벌어졌던 일에 대해서 세조 측에서 작성한 《세조실록》과 단종 측에서 작성한 생육신 남효온(南孝溫: 1454~1492)의 《육신록(六臣錄)》은 내용이 사뭇 다르다. 《세조실록》은 이렇게 전한다.

"세조가 엎드려 울면서 굳게 사양하였다."

《육신록》은 이렇게 전한다.

"밤에 수양대군이 철퇴(鐵槌: 쇠뭉치)를 소매에 넣고 들어가자 단종이 용상에서 내려와, '내 실로 왕위를 원함이 아니로소이다'라면서 물러났다."

두 기록 중 어느 것이 사실을 기록한 것인지는 알 수 없지만 《세조실록》은 왕위를 빼앗은 측의 기록이고,《육신록》은 왕위를 빼앗긴 단종의 자리에서 쓴 기록이다.《육신록》은 세조의 즉위를 왕위 찬탈로 본 대다수 사대부들 사이에서 전해진 이야기를 옮긴 것이다. 그들에게 세조의 즉위는 단종의 자발적인 양위의 결과가 아니라 신하가 왕위를 빼앗은 참위(僭位)였다. 세조는 임금의 자리를 강제로 빼앗은 참군(僭君)이었다.

단종의 왕위를 빼앗은 한 달 남짓 지난 세조 1년(1455) 7월 4일, 세조는 종묘에 자신이 왕위에 오른 사실을 고묘했다. 선왕들의 영령에 고묘했다는 사실은 모든 절차가 끝났음을 말해주는 것이었다. 고묘를 마치고 돌아오는 길에 때마침 비가 왔다. 그간 크게 가물었기 때문에 반가운 비였다. 세조는 근정전에 나아가 백관을 하례를 받고 대사령을 베풀었다. 이날 새벽 이전에 있었던 사건은 아래의 죄를 제외하고는 모두 용서한다는 것이었다.

사직을 위태롭게 한 모반과 대역과 다른 나라와 내통해 반역을 도모한 모반과 조부모나 부모를 모살(謀殺)하거나 꾸짖으며 때린 자손, 지아비를 모살한 처첩(妻妾), 주인을 모살한 노비, 고의로 살인을 꾀한 자와 독을 써서 사람을 해친 자와 저주로 사람을 해친 자, 거리낌 없이 강도나 절도한 자를 제외하고는 이미 사실이 발각되었거나 발각되지 않았거나 또한 이미 결정되었거나 결정되지 않았거나 모두 용서하여 죄를 면제하는데, 감히 유지(宥旨) 이전의 일을 가지고 서로 고하여 말하는 자는 그 죄로써 죄줄 것이다.(《세조실록》 1년 7월 4일)

세조는 "아! 조종(祖宗)의 복을 받아 이 비상한 전례를 거행하여 백성에게 은혜를 내리고 넓게 큰 어짐을 펴는 것이다"라고 말했다. 그러나 이날의 대사령은 새 임금 즉위를 축하하는 대사령 중에는 시혜가 박한 것이었다. '절도죄'까지도 사면 대상에서 제외했기 때문이었다.

조선은 건국 이래 많은 대사령을 베풀었다. 새 임금 즉위를 축하하는 대사령은 물론 원자가 세자로 책봉되었을 때도 대사령을 베풀었다. 태종 8년(1408) 5월 2일에는 태상왕 이성계가 위독하다는 이유로 쾌유를 비는 대사령을 내렸다. 이런 대사령은 대부분 비슷했다. 세조처럼 '절도'를 대사령에서 제외한 경우는 전례가 없었다. 그만큼 박한 대사령이었다.

이날, 즉 7월 4일 세조는 경회루에 나아가 음복연(飮福宴)을 베풀었다. 제사 음식을 제관(祭官)에게 나누어주고 베푸는 잔치였다. 시종일관 수양의 편을 들었던 양녕·효령대군을 비롯한 종친들과 영의정 정인지를 비롯한 의정부와 육조의 당상관과 대사헌, 승지 등이 입시해 세조의 즉위를 축하했다. 이때 오랫동안 가물다가 때마침 비가 왔으니 세조가 하늘과 선왕들이 자신의 즉위를 축복하는 선물을 내린 것으로 여겼다. 세조가 신하들에게 말했다.

"나라의 큰일은 제사에 있는데, 지금 모두 예를 다했다. 또 때마침 단비가 내리니 그 기쁨과 경사로움이 비교할 바가 없다. 각자 기쁨을 다하도록 하라."

음악과 춤이 함께 연주되는 정대업(定大業)이 울려 퍼졌다. 정대업은 세종이 조부 이성계와 부친 이방원의 무공(武功)을 찬양하기 위해 직접 창제한 회례악(會禮樂)이었다. 정대업의 음악을 듣고 춤을 보면

경회루 전경
선조 25년(1592) 임진왜란 때 불타서 돌기둥만 남았던 것을 고종 4년(1867) 경복궁을 중창할 때 재건하였다.

서 세조는 부왕 세종이 자신을 칭찬하는 것처럼 여기고 정인지에게 일렀다.

"이 악무(樂舞)를 보니 곧 조종께서 창업하실 때 많은 곤란을 겪으셨기에 세종께서 이를 지으신 뜻이다. 어찌 이를 잊겠는가?"

정인지가 답했다.

"이는 곧 안일할 때 노고를 생각하고, 편안할 때 위태로움을 생각할 때라는 뜻입니다. 원컨대 전하께서는 유의하소서."

세조가 도승지 신숙주에게 말했다.

"영의정의 말이 내 뜻과 꼭 맞는다. 창업과 수성의 어려움과 쉬움이 여기에서 벗어나지 않는다. 마땅히 그 전말을 기록할 것이며, 또 지금 자리에 있는 자는 모두 즉석에서 부시(賦試)를 지어 오늘을 잊지 않게 하라."

정인지의 친필

세조는 집현전과 홍문관, 예문관을 뜻하는 관곽(館閣) 유신(儒臣: 유학 하는 신하)들 모두에게 시를 지어 바치도록 했다. 또한 당상관 이하의 여러 집사(執事)는 예조에서 음복하도록 하사했다.

새 임금의 즉위를 축하해 하늘에서는 가뭄을 끝내는 듯한 비를 내리고 땅에서는 임금과 여러 신하들이 새 임금의 즉위를 즐기면서 흠뻑 취하고 즐겼다. 그야말로 태평성대의 모습이었다. 그러나 이는 세조 재위 기간의 특징이었다. 세조와 공신들에게는 태평성대지만 그의 즉위를 반대했던 대다수 사대부들과 백성들에게는 연옥이었다. 공신들이 새 임금의 즉위를 종묘에 고하며 흠뻑 취하는 동안 수많은 사대부들은 이들에게 선왕들의 저주가 내리기를 빌었다.

이날 비가 온 것은 서울 일부뿐이었다. 같은 날 평안도 관찰사 기건(奇虔)은 기우제를 청하는 장계를 올렸던 것이다.

"지금 벼의 이삭이 패야 하는 때인데, 오랫동안 비가 오지 않으니 향과 축문을 내리셔서 명산과 대천에 기도하게 하소서."

서울은 비가 온 것을 기뻐했지만 평안도는 비를 비는 기우제를 지내야 했다. 평안도뿐만이 아니었다. 같은 달 8일에는 충청도 관찰사 박팽년(朴彭年)이 또 기우제를 청하는 장계를 올렸다.

"지금 농사일이 많은 때인데, 수십 일 동안 비가 오지 않으니 향과 축문을 내리셔서 명산과 대천에 기도하게 하소서."

서울에는 세조의 즉위를 축하하는 단비가 내렸지만 지방 곳곳에서는 가뭄이 계속되고 있었다. 이런 부조화는 세조 재위 내내 계속되는 현상이었다. 서울이라고, 게다가 궁궐 안이라고 모두가 세조의 즉위를 축하하지는 않았다. 경복궁의 세조와 그 측근은 왕위를 차지한 기쁨에 희희낙락했지만 창덕궁의 상왕 단종과 그를 지지하는 신하들은 왕위를 빼앗긴 분노에 치를 떨었다. 이런 갈등과 모순은 세조가 모두 안고 가야 하는 문제들이었다.

공신을 구타하는 임금

종묘에 즉위를 고한 지 한 달 남짓 지난 그해 8월 16일 세조는 창덕궁으로 거둥해서 상왕을 알현했다. 경복궁에 거주하다가 왕위를 빼앗긴 단종이 창덕궁으로 이어하면서 세조가 경복궁을 차지했다. 창덕궁으로 가는 단종을 개국·정사·좌명·정난 4공신(四功臣)들이 보좌했다. 개국공신은 조선 개국에 공을 세운 공신들이며, 정사·좌명공신은 각각 제1차 왕자의 난과 제2차 왕자의 난의 공신들이다. 문제는 43명의

창덕궁 금천교의 모습

창덕궁은 정궁인 경복궁보다 오히려 더 많이 쓰인 궁궐이다. 임진왜란 때 소실된 이후 다시 지어졌고, 1868년 경복궁이 다시 지어질 때까지 경복궁의 역할을 대체하여 임금이 거처하며 나라를 다스리는 정궁이 되었다.

정난공신들이었다. 단종에게 정난공신들은 사지를 찢어 죽여도 시원찮은 적신(賊臣)들이었다. 2년 전인 단종 1년(1453) 10월 황보인, 김종서 등의 대신들과 단종의 숙부 안평대군을 제거한 쿠데타를 일으킨 역신들이기 때문이었다. 이 사건으로 단종은 사실상 왕위에서 쫓겨난 것이었다. 4공신들은 서로 모여 맹서한 내용을 적은 서사(誓詞)와 그 명단을 적은 맹족(盟簇)을 세조는 물론 상왕에게도 바쳤다. 세조는 이를 다시 공신들에게 나누어주었다.

공신들뿐 아니라 양녕대군 이제(李褆)를 필두로 효령대군 이보(李補)

와 영웅대군 이염(李琰) 등 세조 편에 선 종친들과 태종의 사위 운성부원군 박종우 등의 부마들과 영의정 정인지, 좌의정 한확, 우의정 이사철 등 의정부 대신들과 병조판서 이계전(李季甸), 이조판서 박중손(朴仲孫) 등의 육조 대신들과 단종으로부터 옥쇄를 받아 수양에게 전달했던 판내시부사 전균(田畇) 등 수많은 관료들이 참석해 연회를 즐겼다.

풍악이 연주되고 무인(舞人)과 북치는 고수(鼓手)들이 들어왔다. 잡기에 능한 양녕대군이 흥에 겨웠는지 직접 비파를 잡고 연주했고, 음악에 능한 태종의 사위 화천위(花川尉) 권공(權恭)이 징을 쳤다. 흥에 겨운 공신들이 차례대로 일어나 춤을 추었다.

4공신이라고 하지만 실제 권력은 단종의 왕위를 무력화시킨 정난공신들이었으니 이를 지켜보는 단종의 심정은 쓰라릴 수밖에 없었다. 음악이 끝나려는 즈음 세조도 흥이 올라 일어나 춤을 추었다. 왕위를 빼앗긴 단종을 조롱하는 듯한 춤사위였다. 이 자리에는 단종의 장인이자 대비 송씨의 친정아버지인 판돈녕부사(判敦寧府事) 송현수(宋玹壽)도 왕실의 일원으로 참석했다. 돈녕부는 종친부에 들어가지 못하는 임금의 친척들을 위한 기관인데 주로 외척들을 관리했다. 상왕의 장인인 송현수가 서열상 가장 높으므로 판돈녕부사가 된 것이다. 왕위를 빼앗긴 사위 앞에서 왕위를 빼앗은 적신(賊臣)들이 잔치하는 모습을 보는 송현수의 가슴에 분노가 일 수밖에 없었지만 내색할 수도 없었다. 지금은 세조의 세상이었다.

창덕궁 잔치는 끝났지만 흥이 가시지 않은 세조는 영웅대군 이염의 사제(私第)로 거둥해 잔치를 이어갔다. 세종은 1450년 영웅대군의 저택인 동별궁에서 숨을 거둘 정도로 여덟째아들인 영웅대군을 사랑했으니 그 사제에서 잔치를 잇는 것은 자신이 세종의 정통성을 이었음을 은근히 과시하는 것이었다. 세조는 다시 대궐로 돌아와 사정전에 나가 술자리를 이어갔는데, 영응대군과 세종의 넷째아들인 임영대군 이구(李璆), 도승지 신숙주와 병조판서 이계전, 병조참판 홍달손(洪達孫) 등이 시립했다.

이때 누구도 예상하지 못했던 일이 발생했다. 정난 1등공신이자 병조판서인 이계전이 조용히 아뢴 말이 사건의 발단이었다.

"오늘 성상께서 어온(御醞: 술)이 과하신 듯하오니 청컨대 대내(大內)로 돌아가소서."

술이 과했으니 내전으로 들어가서 쉬라는 말에 세조가 갑자기 대로했다.

"내 몸가짐은 내 마음대로 할 것인데, 네가 어찌 나를 가르치려고 하느냐?"

세조는 이계전의 관을 벗게 하고 병조참판 홍달손에게 머리채를 휘어잡아 뜰로 끌어내리게 했다. 유학의 나라 조선은 벼슬아치들 사이의 위계질서가 엄했다. 그중에서도 군사를 관장하는 병조는 상하간의 위계질서가 유독 심할 수밖에 없었다. 그런데도 세조는 참판 홍달손에게 상관인 판서 이계전의 머리채를 휘어잡아 끌어내리게 한 것이다. 나아가 위사(衛士)를 불러 곤장을 치라고 명했다. 누가 봐도 과한 거조일 수밖에 없었다. 이계전의 말은 술 취한 임금이 혹시 실수라도 하지 않을까 걱정한 충신의 고언으로 받아들일 일이었지 하급자에게 머리채를 휘어잡아 뜰로 끌어내리게 할 일은 아니었다.

세조가 그렇게 격한 반응을 보인 이유는 따로 있었다.

"네 죄는 단지 이것뿐만이 아니다. 네가 전에 하위지(河緯地)와 함께 의정부의 서리(署理)를 폐하지 말라고 했으니 너희들의 학술이 바르지 못한 것이다."

이계전이 하위지와 함께 의정부 서리를 폐하지 말라고 주청한 것이 세조가 이런 지나친 행위를 한 핵심 원인이었다.

이는 일주일 전인 8월 9일 발생한 일이었다. 이날 세조는 사정전에 나가서 정사를 들었는데, 병조판서 이계전과 참판 홍달손, 호조판서 이인손(李仁孫)과 참판 권자신(權自愼), 형조판서 권준(權蹲)과 예조참판 하위지, 공조참의 박쟁(朴崝) 등이 입시했다. 이들은 세조가 전날 내린 전지에 문제를 제기했다.

"신 등이 엎드려 육조에 내리신 전지를 보니, 각각 그 직무를 성상께 직계(直啓)해서 시행하라고 하셨습니다. 신 등의 생각에는 우리 조정은 태조께서 개국하실 때부터 일의 크고 작음을 막론하고 모두 정부(政府: 의정부)에서 먼저 의의(擬議: 헤아려 살핌)한 후 주상께 계달했습니다. 갑오년(태종 12년: 1414)에 태종께서 혁파하셨다가 세종조에 다시 세워서 지금에 이르렀습니다. 청컨대 옛일을 따르소서."

의의(擬議)는 육조의 사무에 대해서 의정부에서 먼저 보고받고 그 옳고 그름을 의논하는 것을 뜻한다. 세조가 즉위 초 육조의 사무를 의정부에 보고하지 말고 임금에게 직접 보고하라고 명했는데, 육조의 장관·차관들이 이를 반대한다는 뜻을 표시한 것이다. 세조는 전날 자신이 육조의 업무를 직접 관장하겠다고 의정부에 전지했다.

"상왕께서 어리셔서 무릇 모든 조치를 대신에게 의의(擬議)해서 시행했는데, 지금 내가 명을 받아 대통을 계승했으니 군국의 서무를 모두 직접 들어서 조종의 옛 제도를 회복하겠다. 지금부터는 형조의 사형수를 제외한 모든 서무를 육조에게 각각 그 직무를 직접 보고하라."《세조실록》1년 8월 7일)

사형수 문제만 형조에서 의정부에 보고하고 나머지 문제는 모두 세조 자신이 육조로부터 직접 보고를 받고 처리하겠다는 뜻이었다. 의정부서사제(議政府署事制)를 폐지하고 육조직계제(六曹直啟制)로 돌리겠다는 것이었다. 의정부서사제는 집행부서인 이조, 호조 등의 육조에서 의정부에 먼저 보고하면 의정부에서 그 옳고 그름을 의논한 후 임금에게 보고하는 체제였다. 육조직계제는 육조에서 의정부를 제치고 국왕에게 직접 보고하는 제도였다. 의정부서사제 때는 의정부의 권한이, 육조직계제 때는 국왕의 권한이 강하게 되어 있었다. 조선은 개국 초에 재상 중심 국가를 설계했던 정도전(鄭道傳) 등에 의해 의정부서사제를 채택하려 했고, 태조 이성계도 이에 동의해 제도화되었다. 그러나 왕권 강화를 추구했던 태종은 재위 14년(1414) 의정부서사제를 폐지하고 육조직계제를 시행했다. 그 후 세종이 재위 18년(1436) 다시 의정부서사제로 환원했는데, 이를 다시 세조가 육조직계제로 바꾸려고 하자 이계전·하위지 등이 반대했던 것이다. 이계전 등의 반대 의견를 들은 세조가 승지 박원형(朴元亨)을 불러서 이계전 등에게 다시 전교했다.

"옛날 삼공(三公: 삼정승)은 도리를 논하며 나라를 다스렸고, 육경(六卿: 육판서)은 각기 직임이 나뉘어 있었으니 내가 이를 좇으려고 한다. 경들이 만약 육조의 직임을 감당하지 못하겠거든 사퇴하는 것이 옳을 것이다."

이성계의 어진
조선을 개국한 이성계도 정
도전 등의 의향에 따라 의정
부서사제를 채택했다.

삼공은 도리를 논하며 나라를 다스렸다는 말은 삼공이 육조의 업무
에 개입한 것이 아니라 도리만을 논했다는 뜻이었다. 곧 육조가 부서
의 일을 국왕에게 직접 보고하고 처리했다는 뜻이다. 임금이 직접 '감
당하지 못하겠으면 사퇴하라'고 말하는 것은 아주 강경한 발언이었
다. 세조의 꾸짖음에 이계전이 하위지를 돌아보면서 물었다.

"성상의 하교가 이와 같으시니, 장차 어떻게 아뢰어야 되겠는가?"

예조참판 하위지는 거침없이 자신의 견해를 피력했다.

"주나라 제도에 삼공은 도리를 논하며 나라를 다스렸고, 삼고(三孤)

는 이공(貳公)으로서 교화(敎化)를 넓혔고, 육경(六卿)은 직임을 나누어 맡았습니다. 삼공과 삼고는 비록 일에는 참여하지 않았으나 총재(冢宰)가 실로 겸임하여 다스렸습니다. 신은 주나라 제도를 따르기를 원합니다."

주나라 제도의 삼공은 태사(太師)·태부(太傅)·태보(太保)인데, 이를 의정부의 삼공에 비유한 것이었다. 삼고란 삼공에 버금가는 소사(少師)·소부(少傅)·소보(少保)를 뜻하는데, 삼공에 예속되지 않았으므로 외로울 고(孤)자를 쓴 것이다. 총재는 모든 관직의 우두머리로서 영의정을 뜻한다. 주나라 제도에 삼공과 삼고는 도리만 논했고, 육경이 직접 맡은 부서의 일을 관장한 것 같지만 실제로는 총재가 육경을 직접 관할하며 국사를 총괄했다는 것이다. 총재는 모든 벼슬아치의 우두머리로서 조선으로 치면 영의정이었다. 하위지의 말은 의정부서사제를 그대로 유지해야 한다는 뜻이었다.

세조가 물었다.

"이런 우활(迂闊)한 말을 누가 먼저 꺼냈느냐?"

우활이란 사리에 어두워 세상 물정을 잘 모른다는 뜻으로 현실을 무시하고 이상만 앞세우는 유학자들을 비판할 때 쓰는 용어였다. 이계전이 황공하고 두려워하면서 아뢰었다.

"하위지가 신과 더불어 한 말입니다."

세조는 즉시 이계전 등을 불러들이고, 하위지에게 관을 벗으라고 명했다.

"총재에게 듣는다는 것은 임금이 훙(薨: 제후가 세상을 떠남)했을 때의 제도이다. 너는 나를 훙한 것으로 생각하느냐? 또 내가 어려서 서무

(庶務)를 재결하지 못할 것이니 마침내 권력을 아랫사람에게 옮기려는 것이냐?"

세조는 위졸(衛卒)에게 명하여 곤장을 치게 했다. 태종의 사위이기도 한 운성부원군 박종우가 말리면서 아뢰었다.

"하위지의 죄가 비록 중하나, 군주께서 신하에게 이렇게 할 필요는 없습니다. 청컨대 유사(有司: 관계 기관)에 붙이소서."

그러자 세조는 박원형을 시켜 하위지의 머리채를 잡고 끌고 나가 의금부에 가두게 했다. 세조는 다시 전지를 내렸다.

"하위지가 대신에게 아부하면서 나를 어린아이에 비유하고 망령되게 고사를 인용해 스스로 현량(賢良: 어질고 착함)하다고 자랑하여 국가의 서무를 모두 정부에 위임하려고 했으니 이를 추국해서 계달하라."

세조는 박원형과 영천위(鈴川尉) 윤사로(尹師路)에게 가서 신문하라고 명했다. 세조는 이계전 등에게 일렀다.

"경 등은 하위지를 현량하다고 여기지만 자기 생각에 얽매이는 것이 옳겠는가?"

갑작스런 사태에 가장 당황한 기관은 의정부였다. 세조는 의정부의 실무를 총괄하는 정4품 사인(舍人) 조효문(曹孝門)을 불러 의정부 당상들에게 전교했다.

"경들로 하여금 국사를 서리(署理)하지 못하게 하는 것은 권력을 빼앗으려는 것이 아니니, 혐의하지 말라. 하위지는 내일 당장 극형에 처할 것이니, 그리 알라."

의정부의 서리를 빼앗는 것은 의정부가 갖고 있던 합법적인 권력을 빼앗는 것이었다. 그러나 세조는 의정부서사제 폐지가 권력을 빼앗는 것은 아니라고 횡설수설했다. 그리고 하위지는 사형시키겠다는 것이었다. 세조는 의금부에 전지했다.

"이달 10일에 하위지를 조시(朝市)에서 목을 베어 훗날 두 마음을 품는 자들을 경계할 것이다."

세조의 이 조치에 조야가 경악했다. 의정부서사제는 개국시조인 태조 이성계가 세운 법이었다. 비록 태종이 한때 이를 폐지하고 육조직계제를 실시했지만 세조의 부친이었던 세종이 다시 국초의 법제였던 의정부서사제로 환원시킨 것이었다. 세종이 환원시킨 의정부서사제를 유지해야 한다고 말했다고 목을 베겠다는 것이었다. 하위지가 사형당한다면 앞으로 조정은 세조가 어떤 명령을 내려도 이의를 제기할 사람이 아무도 없게 될 것이었다.

종친들이 나서서 하위지의 죄를 용서하기를 청했다. 세조는 목을 베라는 전지를 도로 거두고 홍달손을 불러서 말했다.

"내 마땅히 하위지를 직접 신문할 것이니, 네가 가서 데려오라."

홍달손이 하위지를 데려오자 다시 데려가 국문하라고 명했다. 의정부 사인 조효문이 의정부 당상들, 즉 영의정 정인지 등의 말을 가지고 아뢰었다.

"전지에 이르시기를, '하위지가 대신에게 아부한다'고 하셨으니 신 등은 황공무지로소이다."

세조는 마음의 갈피를 잡지 못하고 우왕좌왕하고 있었다. 세조는 이날 밤 삼고(三鼓: 밤 11시~새벽 1시)에는 의금부에게 하위지를 데리고 와서 기다리게 했다가, 사고(四鼓: 새벽 1시~새벽 3시)에는 도로 하옥시키고 즉일로 추국을 마치어 아뢰라고 명했다.

의정부서사제와 육조직계제를 둘러싼 이 사건은 세조 정권의 성격을 그대로 반영하는 것이었다. 이날 사정전에 모여서 세조의 전지에 반대했던 관료들의 성격은 판이했다. 병조판서 이계전과 참판 홍달손은 정난 1등공신이고, 권근(權近)의 아들인 형조판서 권준은 정난 2등 공신이었다. 호조판서 이인손과 이조참의 어효첨(魚孝瞻)은 세조 즉위 후 원종공신 2등에 봉해진 인물이었다. 이런 공신들이 육조직계제에 반대한 것은 이유가 있었다.

세조 정권은 세조 혼자만의 것이 아니라 공신들과 공동 정권이란 뜻이었다. 세조 또한 공신들의 이런 속내를 잘 알고 있었다. 또한 공신들이 없었다면 자신이 왕이 될 수 없다는 사실도 잘 알고 있었다. 이들이 왕권을 나누어 갖기를 원한다는 사실도 잘 알고 있었다. 그러나 김종서·황보인 등이 어린 단종의 왕권을 나누어 가지려 했다면서 쿠데타를 일으킨 자신으로서는 선뜻 권력을 공신들과 나눌 수도 없었다. 세조 정권의 딜레마였다.

이 자리에는 훗날 상왕 복위 기도 사건에 가담하는 인물도 다수 있었다. 호조참판 권자신은 세조의 형수이자 문종의 왕비인 현덕왕후 권씨의 동생이었고, 공조참의 박쟁은 명나라 사신을 위한 연회에서 성승(成勝)·유응부(兪應孚) 등과 별운검이 되어 세조의 목을 베는 역할을 담당하는 무신이었다.

다음 날 의금부에서 하위지를 국문한 결과를 보고했다. 세조는 하위지를 부르라고 명하고 승지들에게 전교했다.

"하위지의 일은 오늘의 일만이 아니다. 지난날 내가 영의정이 되어 마침 충성을 다해 나라 일을 도울 때 하위지가 나에게, '원하건대 영상은 문종의 자자손손을 마음을 다해 보필하십시오'라고 했으니 이는 비록 취중의 말이었지만 실상은 나를 의심한 것이다."

수양대군이 쿠데타 계유정난을 일으켜 정권을 잡은 후 영의정부사·영경영서운관사·겸판이병조사가 되어 사실상 임금 노릇을 할 때 '문종의 자자손손을 마음을 다해 도우라'고 한 것이 수양대군을 의심한 말이라는 비판이었다.

이 또한 세조의 딜레마였다. 세조는 문종의 자손, 즉 단종의 왕위를 빼앗았다는 비난을 듣고 싶지 않았다. 그러려면 하위지가 말한 것뿐 아니라 단종이 여러 차례 수양대군에게 주공의 고사를 말하면서 왕위를 빼앗지 말아달라고 간청한 대로 따라야 했다. 그러면 주공이 공자에게 성인이란 칭찬을 들은 것처럼 유학자들에게 주공과 버금간다는 칭찬을 들을 수 있었다. 그러나 고려의 15대 숙종(肅宗: 재위 1095~1105)이 조카 헌종의 왕위를 빼앗고, 신라의 41대 헌덕왕(憲德王: 재위 809~826)이 조카 애장왕의 왕위를 빼앗은 것처럼 세조도 조카의 왕위를 빼앗았다. 조카의 왕위를 빼앗았으면서도 조카의 왕위를 빼앗았다는 비난은 듣기 싫어했던 인물이 세조였다. 이런 모순이 이런 중구난방으로 표출되는 것이었다.

세조는 또 다른 사례를 들어 하위지를 비난했다.

"또 문종조 때 내가 하위지와 더불어 《병요(兵要)》를 편찬하고 함께 일한 자를 내가 증질(增秩: 품계를 올려줌)해달라고 계청(啓請)했는데, 유독 하위지만이 이를 사양했으니 이것도 또한 잘못이다."

《병요》란 《역대병요(歷代兵要)》를 뜻하는데, 중국에서 황제(黃帝)와 치우(蚩尤)가 싸운 탁록대전부터 조선조 태조 이성계의 전적까지 수록

하고 평한 책이었다. 수양은 하위지 등 10여 명과 함께 《역대병요》를 편찬하고는 편찬을 도왔던 사람들의 품질을 높여달라고 요구했다. 조정 내에 자신의 지지 세력을 심어놓으려는 계획이었다. 그래서 10여 명이 품질이 가자되었는데 하위지만 반대했던 것이다. 세조는 문종 때라고 했지만 사실은 단종 1년 4월, 계유정난 이전에 벌어졌던 일이었다.

하위지는 집현전은 본래 책을 만드는 곳이니 상을 받을 것이 없고, 또한 정사 개입이 금지된 종친이 사사로운 은혜를 베푸는 것은 부당하다면서 상을 취소해달라고 요청했다. 하위지는 이때 이미 수양대군이 왕위에 야욕이 있었음을 간파한 것이었다. 이런저런 사연들이 쌓여 세조는 하위지를 싫어했다. 그러나 육조직계제를 반대했다고 하위지를 죽일 수는 없었다.

"하위지에게는 또 용서하지 못할 죄가 있지만 이 사람이 본래 정직하다는 이름이 있으니, 나는 내 과실을 듣기를 원해서 특별히 너그러운 법을 좇을 것이다."

세조는 승지를 시켜 하위지에게 전교했다.

"오늘의 일 때문에 나의 실수를 말하지 않아서는 안 된다. 다만 이런 일은 다시 또 말하지 말라. 너는 학술이 바르지 못하니, 마땅히 속히 이를 고쳐야 할 것이다."(《세조실록》1년 8월 10일)

세조가 의정부서사제를 육조직계제로 환원하는 전지를 내리면서 발생한 소동은 이렇게 끝이 났다. 그러나 세조는 이계전이 하위지와 함께 의정부서사제를 옹호한 것에 유감을 품고 있다가 '술이 과하신 듯하니 대내로 돌아가소서'라고 권한 것을 계기로 이계전에게 폭발한 것이었다. 세조는 뜰에 엎드린 이계전을 꾸짖었다.

"너는 극도로 간사하고 남을 속이니 병조의 장관이 될 수 없다. 너의 직을 파하고 홍달손을 써서 대신하겠다."

이계전을 파직하고 홍달손을 병조판서로 삼겠다는 것이었다. 홍달손 역시 정난 1등공신이었다. 세조는 한참 후 이계전을 앞으로 오게 하고는 일렀다.

"내 평일에 너를 사랑하는 것이 비할 바가 없었는데, 너는 왜 내 마음을 헤아리지 못하느냐?"

세조는 신숙주를 시켜 이계전에게 물었다.

"네가 나를 사랑하는 것이 어찌 나와 같겠느냐? 내가 너를 사랑하기 때문에 너를 좌익공신 높은 등급에 놓으려고 하는데, 너는 원하지 않느냐?"

이계전은 머리를 땅에 대어 사죄하면서 목을 놓아 통곡했다. 이계전은 공개리에 큰 수모를 겪고 머리를 땅에 대어 통곡하면서 많은 생각이 들었을 것이다. 그는 다름 아닌 목은(牧隱) 이색(李穡)의 손자였다. 조선 개창에 끝까지 반대했던 삼은(三隱)의 한 사람인 목은 이색은 끝까지 고려 왕조를 붙들려고 했던 고려의 충신이었다. 이성계는 새 왕조 개창에 반대하는 대부분의 고려 중신들을 죽였지만 이색만은 끝내 죽이지 않았다. 그만큼 이색은 존경했다. 이런 이색의 손자인 이계전이 수양의 쿠데타인 계유정난에 가담하고, 세조 즉위를 도운 후 이런 수모를 겪고 있는 것이니 이색이 살아 있으면 내 손자가 아니라고 의절할 판이었다.

이계전의 통곡에 마음이 좀 풀어진 세조가 상(床)에서 내려와 왼손

으로 이계전을 잡고 오른손으로 신숙주를 잡고는 함께 서서 서로 술
을 따라 권하는 행주(行酒)를 하려고 했다. 이계전 등이 사례하고 일어
나지 않자 세조가 말했다.

"우리는 옛날의 동료인데, 같이 서서 행주하는 것이 어찌 의리에 해
롭겠느냐?"

이계전 등은 부득이 따를 수밖에 없었다.

"내가 계전에게 예상하지 못했던 욕을 주었으니, 예상하지 못했던
은전을 베풀겠다. 내가 네게 어떤 사람인가?"

이계전이 답했다.

"옛 동관(同官)입니다."

동관이란 같은 관청에 다녔던 같은 등급의 관리를 뜻한다. 세조가 크게 웃으면서 임영대군 이구에게 장난으로 이계전을 주먹으로 때리게 했다. 세조의 화가 다 풀어졌다고 생각한 신숙주가 말했다.

"내가 만약 손으로 때린다면 비록 명의인 전순의(全順義)·임원준(任元濬) 같은 사람이 좌우에서 교대하면서 구해도 끝내 효험이 없을 것이다."

마음이 풀어진 듯한 세조는 겸사복(兼司僕) 최적(崔適)에게 호무(胡舞)를 추라고 명했다. 이때의 호무란 여진족 무사의 춤이었다. 최적은 여진족에서 향화(向化: 귀화)한 중추원부사 최보로(崔甫老)의 첩의 아들이기 때문에 호무를 추게 한 것이다. 세조는 이계전에게도 일어나 춤을 추게 했다. 밤 2고(鼓: 오후 9시~11시)가 되어서야 모임을 파했다. 이날 밤의 소동은 세조 정권의 성격을 잘 말해주고 있었다.

세조는 조종의 법이 아니라 계유정난이란 쿠데타를 통해서 단종의 왕위를 빼앗은 군주였다. 왕이 되기 위해서 수양은 동조자들을 끌어모을 수밖에 없었고, 동지 관계를 맺을 수밖에 없었다.

수양은 조부 태종의 길을 선택했지만 왕자의 난은 아직 왕조의 기틀이 채 세워지기도 전에 발생한 사건이었다. 그러나 계유정난은 태종과 세종 때를 지나면서 이미 왕조의 기틀이 만들어진 이후에 발생한 쿠데타였다.

단종은 비록 어렸지만 문종의 유일한 혈육으로 왕위에 올랐기 때문에 그 정통성에 의문을 품는 사람은 없었다. 그래서 수양도 단종 주변의 황보인·김종서 등이 어린 임금을 끼고 전횡한다는 명분으로 쿠데타를 일으켰던 것이다. 그리고 끝내 조카의 왕위를 빼앗았다. 이는 수양 혼자의 행위가 아니었다. 그가 끌어들였던 숱한 동지들과 함께 김종서 등을 죽이고 단종의 왕위를 빼앗은 것이었다. 수양은 자신이 천명을 받아서 왕이 되었다고 생각했지만 동지들은 자신들이 만들었다고 생각했다. 그래서 세조 정권을 자신들과 공동 정권으로 여겼다. 이런 생각의 차이가 충돌한 것이 이날 밤의 사건이었다.

세조는 자신의 즉위를 천명의 결과로 여겼다. 하늘이 자신에게 천명을 내려 임금이 된 것이라고 여겼다. 물론 아전인수 격인 생각이었다. 세조는 태종이 그렇게 생각했던 것처럼 공신들은 하늘이 내린 천명을 도와 현실로 만든 것이지 왕권을 나눌 수 있는 존재가 아니라고 생각했다. 자신이 유일한 임금이고 나머지는 모두 신하라고 생각했다. 왕권은 자신만이 독점적·배타적으로 갖고 있다고 생각했다. 그러나 이런 생각에 결정적 파탄을 가져오는 사건이 다가오고 있었다. 후세에 '사육신 사건'이라고 불렸던 '상왕 복위 기도 사건'이었다.

상왕 복위 기도 사건

유폐된 상왕

    조카의 왕위를 빼앗았지만 처리해야 할 문제들이 산적했다. 첫 번째 문제는 명나라의 책봉을 받는 일이었다. 세조 때부터 명나라에 대한 사대주의가 극심해지는 것은 명나라의 책봉을 부족한 정통성을 보완하는 것으로 이용했기 때문이다. 그 전까지 왕위 계승은 전적으로 조선 내부의 결정 사항이었고, 명나라의 책봉은 조선의 결정을 사후에 무조건 추인하는 형식에 지나지 않았다. 그러나 이번에는 사정이 달랐다. 명나라에서 혹시라도 상왕 퇴위 과정과 새 왕 즉위 과정에 문제를 제기하면 문제가 발생할 수 있었다.

    수양은 계유정난 이전부터 자신이 일으킬 쿠데타에 대한 명나라의 태도가 중요하다고 생각했다. 행여 명나라에서 의문을 제기한다면 내부에 심각한 동요가 일 가능성이 있었다. 명 성조(成祖) 영락제인 주체(朱棣: 재위 1402~1424)는 1406년 베트남(安南)에 쳐들어가 호계리(胡季犛)가 세운 호조(胡朝), 즉 대우국(大虞國)을 무너뜨린 적이 있었다. 베트남은 고려 때인 1225년 진경(陳暻)이 대월국(大越國)을 세워 진씨 왕조를 이어왔는데, 1400년 대월의 권신이었던 호계리가 왕위를 빼앗아 대우국을 세우자 명나라 영락제가 80만이라고 자칭하는 대군을 보내 무너뜨렸던 것이다. 자칫 명나라가 수양의 왕위 찬탈을 문제 삼아 군사 행동을 개시할 수도 있었기 때문에 수양은 명나라의 동향에 극도로 민감했고, 저자세 사대 외교로 일관했던 것이다.

수양은 단종 즉위년(1452) 9월 10일 스스로 고명(顧命) 사은사로 명나라에 가겠다고 자청했다. 수양의 앞잡이였던 도승지 강맹경(姜孟卿)이 지지하고 나섰다.

"수양대군이 가기를 청하니 사신으로 삼는 것이 어떠합니까?"

단종은 답을 하지 않았다. 수양대군이 혹 야욕을 품고 있지 않은가 우려했기 때문이었다.

"부마를 사신으로 삼으면 어떻겠는가?"

단종의 대안에 강맹경이 반대했다.

"부마는 모두 병이 나서 갈 수 없습니다."

김종서가 비록 늙었지만 가겠다고 자청했지만 단종은 김종서를 보내고 싶지 않았다. 김종서가 없는 동안 무슨 일이 벌어질까 염려했던 것이다. 그래서 단종은 수양을 사신으로 삼을 수밖에 없었다. 수양 측에서 작성한 《노산군일기》《단종실록》는 이때의 사신 길이 무척 위험

명나라 영락제의 초상
친조카와 수많은 사람들을 희생시킨 4년간의 내전 끝에 황제에 올랐다.

한 일인 것처럼 기술하고 있다. 단종 즉위년(1452) 10월 11일자는 수양대군이 이복동생 계양군 이증(李增)에게 "국가의 안위가 이 한 번의 행차에 달려 있으니, 나는 목숨을 하늘에 맡길 뿐이다"라고 말했다고 적고 있다. 이때 매일 밤 대왕대비(大王大妃: 세조 비 윤씨)가 몰래 울었고, 세조도 비통하게 울면서 "나의 충성을 하늘이 알아주기 원한다"라고 말했다고 말하고 있다.

그러나 이때의 사신 길은 전혀 위험한 길이 아니었다. 명에서 통상 관례에 따라 단종에게 국왕 책봉 고명(誥命)을 내린 데 대한 답례사일 뿐이었다. 쿠데타를 결심하고 명나라의 지지를 미리 확보하려던 수양에게는 "이 한 번의 행차"가 중요는 했겠지만 위험한 길은 전혀 아니었다. 후세의 비난이 두려워 편찬자의 이름도 적지 못한《노산군일기》는 단종 즉위년 윤9월 27일 종친들이 베푼 전별식에서 수양이 홀로 취하지 않자 양녕대군과 태종의 서자 경녕군이 "이는 천하의 호걸이다. 중국 사람이 그것을 알 것인가?"라고 말했다고 적고 있다. 또한 양녕이 수양에게 "수양은 천명(天命)이 있는 사람"이라고 말했다고도 적고 있다. 단종이 멀쩡히 임금 자리에 앉아 있는데 수양에게 '천명'이란 용어를 썼다면 그 자체가 '역모'였다. 수양은 사신으로 가면서 영의정 황보인의 아들 황보석(皇甫錫)과 좌의정 김종서의 아들 김승규(金承珪)를 일종의 인질로 데려갔다.

더구나 이때의 명나라는 영락제 때의 명나라가 아니었다. 그 위세가 땅에 떨어져 있었다. 명의 영종(英宗) 주기진(朱祁鎭)은 3년 전인 1449년(세종 31) 8월 몽골군과 전쟁에 나섰다가 현재의 하북성 회래(懷來)현 부근의 토목보(土木堡)에서 대패했다. 명나라 대군은 궤멸되었고

명나라 영종 주기진의 초상
명나라 황제 중 최초로 복위에 성공한 황제다.

세조, 성군을 꿈꾸었던 참군(僭君) 　 053

영종은 생포되는 참변을 겪었는데 이를 '토목의 변〔土木之變〕'이라고 한다. 명나라 사관들은 이를 북수(北狩)라고 표현했다.

북(北)은 방위를 뜻하고 수(狩: 사냥)는 황제가 사냥을 하거나 북쪽 지역을 순수한다는 뜻이다. 중국의 역대 사관들은 공자가 쓴 역사서《춘추(春秋)》부터 중국의 불리한 것에 쓰지 않는 춘추필법(春秋筆法)을 고수해왔다. 그래서 이를 '북쪽을 순수했다', '혹은 북쪽을 사냥했다'는 뜻의 '북수(北狩)'라고 불렀다. 북수의 속뜻은 중국의 황제가 북방 민족과 전쟁에 나섰다가 포로가 되었다는 뜻이다. 송나라 흠종(欽宗)과 휘종(徽宗)을 비롯한 두 임금과 수많은 후비와 귀족들이 여진족이 세운 금(金)나라의 포로가 된 '정강지변(靖康之變)'과 '토목지변'이 중국 사관들이 '북수'라고 부르는 대표적인 사건들이었다.

영종은 이듬해 몽골군이 풀어주는 바람에 귀국했으나 북경 남지자(南池子)에 있는 남궁(南宮)에 유폐되어야 했다. 영종의 동생인 대종(代宗: 재위 1449~1457) 주기옥(朱祁鈺)이 즉위했지만 명나라의 권위는 땅에 떨어진 상태였다. 몽골이 마음먹고 전력을 기울여 내려온다면 명나라가 망할 수도 있는 상황이어서 주변 국가들이 명을 우습게 볼 때였다. 더구나 조선은 태종·세종·문종 대를 거치며 국력이 크게 신장되었다. 오직 사대주의에 찌든 일부 유학자들과 허울뿐인 상국 명나라의 권위에 기대어 왕위를 찬탈하려는 수양만이 명나라를 숭앙했다.

명나라에 간 수양이 명나라 예부 직방(禮部直房)에 나가서 명 대종이 내려주는 안팎의 옷감 한 벌인 표리(表裏)를 받을 때였다. 예부 낭중(郎中) 웅장(熊壯)이 아래 섬돌에서 읍례(揖禮)로 맞이하여 자리에 앉기를 권하면서 종자(從者)에게 표리를 대신 받게 했다. 수양이 말했다.

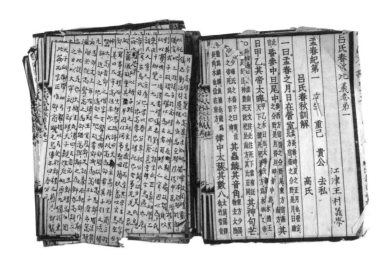

공자가 집필한 《춘추》

"황제께서 내리시는 것이니, 의리로 보아 앉아서 받을 수 없습니다."

수양이 일어나서 공손하게 받자 웅장이 놀라 일어나면서, "조선은 본디 예의의 나라지만 예의를 아는 것이 이와 같다"라고 감탄했다. 명나라 시랑(侍郎) 추간(鄒幹)은 반송사(伴送使) 장윤(張倫)에게 이렇게 말했다.

"들으니 왕자가 황제의 하사품을 앉아서 받지 않았다 하는데, 상서(尙書)도 역시 그 지성에 감탄하였다고 한다."

수양의 저자세 외교는 국가 위신이 땅에 떨어진 명나라로서는 천군만마와 같은 것이었다. 조선 국왕의 숙부인 수양이 명나라 일개 낭중에게 통상 예법을 뛰어넘는 과공(過恭)을 취한 이유는 쿠데타를 일으켰을 때 지지를 얻기 위해서였다. 수양의 저자세 외교는 명 왕실의 환심을 사는 데 성공했고, 명의 지지를 확신한 수양은 회심의 미소를 품으며 귀국길에 올랐다.

그래서 계유정난이라 자칭한 쿠데타를 일으켜 황보인·김종서 등을 제거하고 권력을 잡았고, 내친김에 왕위까지 빼앗았다. 세조는 자신이 왕위에 오른 사실을 명나라에서 문제 삼지 않으리라고 생각했지만 이 사실을 알리는 주문사(奏聞使) 선정에는 크게 신경 썼다. 중국인의 속마음은 어떤지 또 모르기 때문이었다.

세조가 염두에 둔 주문사는 김하(金何)였다. 김하는 중국어를 잘하기 때문에 명나라 사신이 오면 자주 접대를 맡았고 명나라에도 여러 차례 간 적이 있었다. 세조가 김하를 예조판서로 임명하자 사헌부 장령 최청강(崔淸江)이 사헌부의 의논으로 문제를 제기했다. 사헌부에서 논의한 결과 부적격한 인물이라고 판정했다는 뜻이다.

"예조판서 김하는 일찍이 그 아비의 상중(喪中)에 있으면서 기생 옥루아(玉樓兒)와 간통하여 자식을 낳았습니다. 대저 삼공과 육경은 마땅한 사람을 택해야 하는데, 예의는 본시 예조에서 나오는 것이니 더욱 택하지 않을 수 없습니다. 지금 김하를 판서로 삼는 것은 옳지 않습니다."

예조판서는 각종 예에 모범이 되어야 하는데, 부친 상중에 기생과 간통해서 자식까지 낳았으니 불가하다는 것이었다.

"김하의 죄는 세종께서 특히 거론하지 말라고 하셨고, 더욱이 재상(宰相)이 되었으니 무슨 일인들 불가하겠느냐?"

"김하의 죄명을 세종께 폭로했을 때 통역에 능통하니 특별히 관대한 법을 좇은 것입니다. 그러나 일찍이 참판과 참의도 하지 않았는데,

하물며 판서겠습니까? 윤상(倫常)을 어지럽힌 사람에게 육경의 중임을 줄 수 없습니다."

그러나 세조가 김하를 예조판서로 삼으려는 이유는 중국어를 잘하기 때문이었다. 세조가 예조판서 김하와 형조참판 우효강(禹孝剛)을 주문사로 임명하자 김하는 얼른 수락했다.

"신이 이미 중한 직책을 맡았는데, 또 주문사에 임명되었으니, 비록 노모가 있어도 어찌 감히 가는 것을 꺼리겠습니까?"

노모가 있지만 새 왕의 즉위를 알리는 주문사로 가겠다는 것이었다. 세조 1년(1455) 윤6월 29일 김하와 형조참판 우효강은 단종이 왕위를 사위(辭位)하는 국서를 가지고 명나라로 떠났다. 국서는 단종의 명의였다.

제가 어릴 때부터 병을 얻어 기운이 항상 순조롭지 못하였는데, 부왕께서 훙서(薨逝)하셔서 겨우 12세의 나이에 자리를 이었지만 어쩌할 바를 몰라 모든 서무를 신료에게 위임했습니다. 그런데 간신들이 난역을 꾀하여 화를 만들 기미가 임박하자 숙부 수양군이 달려와 제게 고하고 평정했습니다. 그러나 흉도들이 아직 남아 있어서 변고가 계속 일어나고 인심이 불안했습니다. 저의 자질로는 이를 진정시키기 어렵기에 윤6월 11일에 군국(軍國) 기무(機務)의 처리를 임시로 잇게 했습니다.

단종이 스스로 수양에게 군국의 기무를 임시로 잇게 했다는 것이었다. 물론 이는 단종이 쓴 것이 아니었다. 수양도 국서를 보냈다. 자신은 여러 번 사양했지만 단종의 허락을 받지 못해서 할 수 없이 권도(權

세조, 성군을 꿈꾸었던 참군(僭君) 057

道)로 자리를 이었다는 내용이었다. 국서만 보낸 것이 아니라 명 대종 주기옥은 물론 숙효황후(肅孝皇后) 항(杭)씨에게도 많은 예물을 보냈다.

세조는 단종에게 공의온문(恭懿溫文) 상태왕(上太王)이라는 존호를 올리고, 단종의 왕비 송씨(宋氏)를 의덕왕대비(懿德王大妃)로 높였다. 상왕과 대비로 추대한 것이었다. 단종을 상왕으로 추대한 세조는 면복을 입고 의장을 갖추고 종친과 문무백관을 거느리고 창덕궁으로 거둥했다. 세조는 상왕과 대비 송씨에게 하례하려 했지만 단종과 송씨는 모두 거부하고 받지 않았다. 그러나 세조는 단종을 강제로 끌어내 다시피 광연정(廣延亭)에서 잔치를 열었다. 이때도 세조는 종친과 부마 및 백관들을 거느리고 지극히 즐기다가 파했다.

이렇게 단종을 상왕으로 내모는 데 성공했지만 이는 겉모습만 성공일 뿐이었다. 단종의 존재 자체가 세조 정권의 부담이자 가장 큰 위협이 아닐 수 없었다. 세조는 이후로도 겉으로는 예법에 따라 단종을 상왕으로 섬겼다. 재위 2년(1456) 1월 초하루에는 창덕궁으로 나아가 알현하고 음식을 바쳐 올렸다. 세조는 자주 단종을 모시고 교외에 나아가 매사냥을 구경했다. 임금의 사냥은 수많은 군사가 동원되는 군사 훈련이었다. 이를 통해 수양은 자신의 군사적 능력을 과시하면서 단종에게 다른 생각을 하지 말라는 메시지를 준 것이었다.

재위 2년 세조는 유독 많은 매사냥에 나섰는데 이때마다 단종을 모시고 갔다. 1월 16일, 2월 9일, 3월 2일과 6일, 16일, 27일, 세조는 동교, 창포연, 아차산, 서교, 현재의 남양주 묘적산 등에서 사냥을 즐겼다. 4월에도 1일과 12일 낙천정(樂天亭)과 동교에 거둥해 사냥에 나섰다. 임금이 사냥에 나설 때면 수많은 군대가 동원되니 백성들에게 피해가 가게 되어 있었다. 그러나 세조는 무인 군주를 자처했기 때문에 자주 사냥을 나가고 궁중에서도 군신들을 모아 활을 쏘는 사례(射禮)를 자주 베풀었다. 이렇게 무력을 과시하는 것으로 왕위를 공고히 하고자 했다. 그러나 유학 국가 조선에서 헌법 질서에 의해 왕위에 오른 단종을 내쫓은 행위는 사대부는 물론 백성들의 지지를 받을 수 없었다. 이제 조선은 태종 때와 달리 세종과 문종을 거치면서 유학 질서가 확고하게 자리 잡고 있었다. 세조의 즉위를 찬탈로 본 이들은 무력으로 세조를 끌어내리려고 시도했다. 명나라 사신을 맞아 창덕궁 광연정에서 연회를 베푸는 운명의 날이 다가오고 있었다.

조선 출신 명나라 사신들

세조 2년(1456) 4월 20일, 세조가 고대해 마지않던 명나라의 조칙과 고명을 받는 날이었다. 세조는 중국 사신들을 맞이하는 모화관(慕華館)에 거둥해 명 대종의 조칙을 맞아들이는 의식을 행하고 경복궁으로 돌아와 백관을 거느리고 조칙과 고명을 받는 의식을 치렀다. 이때 조칙과 고명을 가지고 온 명나라 사신은 윤봉(尹鳳)과 김흥(金興)이었다. 윤봉과 김흥은 모두 환관이었는데 모두 조선 출신들이었다. 윤봉은 황해도 서흥(瑞興), 김흥은 충청도 청주 출신이었다. 명나라가 조선 출신 환관들을 고명 사신으로 보내는 데는 이유가 있었다. 명나라 사신은 이른바 상국의 사신이라는 이유로, 또 황제의 조칙을 전한다는 이유로 출신국의 임금과 같은 대접을 받았다. 윤봉과 김흥은 모두 명나라에 화자(火者: 고자)로 진헌된 인물이었다. 화자는 대부분 양반 사대부가 아닌 일반 평민 출신들이나 노비 출신들이기 마련이었다. 이런 하층민 출신들이 명나라 사신이란 위세를 입고 본국의 국왕과 같은 반열에 서는 것이었다. 태종 이방원이 왕자의 난으로 태조 이성계와 정도전의 북벌을 꺾은 후 사대주의는 일종의 국시가 되었기 때문에 발생할 수 있는 일들이었다.

조선 출신 환관들은 명나라에 들어가 크게 성공하기도 했는데, 윤봉이 대표적인 인물이었다. 조선은 사대부들의 지위가 굳세기 때문에 환관들의 지위가 낮았지만 명나라는 달랐다. 명나라는 12감(監)이라는 환관 기구가 있었는데 그중 사례감(司禮監)의 권력이 막강했다. 명 태조 주원장(朱元璋)은 개국공신으로서 사실상 2인자였던 호유용(胡惟庸: ?~1380)을 제거한 후 그가 맡았던 중서성(中書省) 승상(丞相) 자리마저 없애버렸다. 주원장은 환관들로 구성된 사례감을 황제를 보좌하는 기관으로 만들었다. 사례감에는 '비홍(批紅)'이란 제도가 있었는데, 비홍은 '표의(票擬)'라고도 불렸다. 관료들이 황제에게 문서를 올리면 내각(內閣)으로 먼저 보내지는데, 이를 사례감에 먼저 보내게 한 것이다. 사례감 문서방에서 이를 다시 황제에게 올리는데 황제는 자신이 읽은 문서 표제나 상단에 붉은 주필(朱筆)로 비준했다. 그래서 붉은색 붓으로 비준했다고 '비홍'이라고 불린 것이다. 환관들이 황제에게 올리는 보고서를 장악했으니 그 권력이 막강할 수밖에 없었다. 환관들의 부서인 사례감이 내각과 맞먹는 권력을 갖게 된 것은 이 때문이다. 뿐만

명 태조 주원장의 초상

아니라 사례감은 황제의 사설 정보기관 역할도 했으니 조선이 사대
부들의 세상이라면 명나라는 환관들의 세상이라고 해도 과언이 아니
었다.

윤봉은 태종 때도 여러 차례 사신으로 왔는데, 그 주요 목적이 조선
처녀를 명나라로 데려가기 위한 것이었다. 윤봉에게 뽑혀 간 조선 처
녀들 중 황제의 후궁이 되는 경우도 있었다. 황제의 후궁이 되면 큰
영화를 누리지만 문제는 황제가 죽었을 경우였다. 명나라는 황제가
죽으면 후궁들을 순장(殉葬)시키는 야만적 풍습을 그대로 유지하고 있
었기 때문이다. 조선 세종 때 성조 영락제가 죽자 명나라는 후궁들을
순장하면서 조선 출신 후궁들도 같이 죽이기로 했다. 이때 한확의 누
이 한씨도 죽이는 것으로 결정 났는데 한씨는 죽기 전 성조의 뒤를 이
은 인종에게 유모 김흑(金黑)만은 살려서 귀국시켜달라고 요청했다.
인종은 한씨의 요청을 허락했지만 한씨를 죽인 것을 조선에서 알게
되면 반발할 것을 우려했다. 명 인종은 윤봉에게 물었다.

"김흑을 돌려보내려 하는데 근일의 사건을 누설할 염려가 있으니
어떻게 하면 좋겠느냐?"

윤봉이 답했다.

"사람마다 각자 마음이 있는 것인데, 소인이 어찌 감히 알겠습니까."

김흑이 조선 출신 후궁들을 죽인 것을 조선 조정에 말할 수도 있다
는 말이었다. 명 인종은 자국 출신 여성들을 죽인 것에 분개한 조선이
군사라도 일으켜 공격할지 모른다고 우려했다. 그래서 김흑의 귀국을
허락하지 않고 공인(恭人)으로 봉해 명나라에 억류시켰다.

정작 명나라는 조선을 두려워하는데 사대주의에 찌든 조선 유학자

들은 상국이라면서 알아서 설설 기는 작태를 보였다. 이런 사대적 행태는 정통성 없는 세력이 들어서면 더욱 악화되기 마련이었다. 위화도회군 이후가 그랬고 왕자의 난 이후가 그랬고 계유정난 이후가 그랬고 인조반정 이후가 그랬다.

세조 2년(1456) 3월 21일 조정은 곧 오게 될 명나라 사신을 맞이할 때 복장에 대해서 의논했는데, 문제가 발생했다. 아직 명나라의 고명을 받지 못한 세자의 의복이 문제라고 생각한 것이다. 익선관을 쓰고 곤룡포를 입는 것까지는 결정했지만 곤룡포에 수놓은 용의 발톱 개수를 몇 개로 할지 의견이 일치하지 않았다. 예조판서 김하가 나섰다.

"신이 세종조 때 여러 번 북경에 가서 《대명집례(大明集禮)》를 상고했습니다. 황제는 곤룡포 위 왼쪽 어깨에 해가 있고 오른쪽 어깨에 달이 있었습니다. 황태자부터 친왕(親王)·군왕(郡王)은 곤룡포 위에 모두 오조룡(五爪龍)을 썼습니다. 이제 세자는 명을 받지 못했으니 우선 사조룡(四爪龍)을 써서 겸양의 뜻을 두소서."

아직 명나라의 책봉을 받지 못했으니 용의 발톱이 다섯 개 있는 오조룡이 아니라 네 개 있는 사조룡을 쓰자는 것이었다. 대명 저자세 외교로 일관하는 세조가 이를 받아들였을 것은 물론이었다.

드디어 명나라의 조칙과 고명을 받는 4월 20일.

제서(制書), 조서(詔書), 칙서(勅書)를 받는 의식을 다 치른 세조는 편복(便服)으로 경복궁 근정전에 올라 윤봉 등과 두 번 절하는 재배례(再拜禮)를 행하고 윤봉과 김흥에게 말했다.

"길이 멀어서 몸이 피곤했겠소."

윤봉이 답했다.

"전하의 두터운 은혜를 입어 잘 왔습니다."

"내가 부덕한 몸으로 황제의 특별한 은혜를 입으니 황제의 덕에 깊이 감사하오."

"예에 있어서 당연한 것입니다."

세조는 다례를 행한 후 근정문 밖에서 조선 출신 명나라 환관들을 전송하고, 다시 대사령을 베풀었다. 4월 20일 새벽 이전에 발생한 사건은 용서한다는 것이었다. 이때도 절도를 사면에서 제외했다.

세조는 노산군을 모시고 명 사신들이 묵는 태평관에 거둥해 하마연(下馬宴)을 베풀었다. 명나라 사신이 도착한 당일에 태평관에서 임금이 베푸는 공식 잔치가 하마연이었다. 사신들이 말에서 내렸다는 뜻이었다. 이튿날 베푸는 잔치가 익일연(翼日宴), 닷새째 되는 날의 잔치가 온짐연(溫斟宴)이었고, 떠나는 날에 베푸는 전별연(錢別宴)이 다시 말에 오른다는 상마연(上馬宴)이었다.

세자가 술을 돌리는 행주(行酒)를 하면서 단종 앞에 이르렀다. 윤봉 등이 그대로 서 있자 세자가 윤봉에게 말했다.

"청컨대 대인(大人)은 편히 앉으시오."

자신이 행주할 때 앉아 있으라는 말이었는데 윤봉 등이 거절했다.

"소인들은 본국 백성이니, 어찌 감히 편히 앉겠습니까?"

세조가 다시 권했다.

"내가 여기에 있으니, 청컨대 편히 앉으시오. 또 옛날 장헌왕(莊憲王: 세종)이 대인에게 잔치할 때 공순왕(恭順王: 문종)이 세자로서 행주(行酒)하자 대인도 또한 앉았는데 이것이 조종(祖宗)의 고사요."

윤봉 등은 다시 거절했다.

"죽음이 있을 뿐 감히 따를 수 없습니다."

윤봉과 김흥 등은 끝내 앉지 않았다. 조선 출신 환관들도 왕위를 빼앗긴 어린 군주를 동정하는 마음에 예를 표하는 것이었다.

세조는 재위 2년(1456) 5월 16일에 단종과 함께 경복궁 경회루에서 윤봉 등을 위한 연회를 베풀고 두 사신에게 각각 초피(貂皮), 토표피(土豹皮) 등과 환도(還刀) 같은 선물들을 내려주었다. 세조가 명나라 사신 접대에 신경을 곤두세우는 동안 상왕 복위를 위한 거사 준비가 무르익고 있었다. 5월 21일에는 윤봉이 화양정(華陽亭)에 유람 갔는데, 세조는 도승지 박원형)을 시켜 술과 안주를 갖다주게 했다. 비가 내리자 도롱이도 갖다주자 윤봉은 세조에게 고마움을 표하면서 도롱이를 입고 술을 돌렸다. 그렇게 거사 날이 가까워왔다.

운명의 거사 일

성종 때 생육신인 추강 남효온(南孝溫: 1454~1492)이 쓴 《추강냉화(秋江冷話)》에는 단종이 왕위를 빼앗긴 것에 대해서 이렇게 말하고 있다.

"상왕이 손위(遜位)한 것은 모신(謀臣: 모략에 능한 신하) 권람이 의논을 시작하여, 대신 정인지의 논의에 의하여 이루어졌다. 김자인(金自仁)이 그때 나이 열두 살인데, 그 의논을 보고 가슴에 불꽃이 치솟는 것 같았다고 말하였다."

열두 살의 소년이 보기에도 가슴에 불꽃이 치솟는 분노를 느꼈던 것은 단종의 왕위를 빼앗은 일이었다. 남효온의 《추강집(秋江集)》에는 또 단종이 왕위를 수양에게 넘겨주고 수강궁(壽康宮)으로 나올 때 어둔 밤인데도 불을 밝히지 않았다면서 종루(鐘樓)로 내려올 때에는 좌우 행랑에서 모두 통곡해서 막을 수 없었다고 말하고 있다.

어떤 수단을 쓰더라도 세조의 정통성은 확보될 수 없는 것이었다. 더구나 어린 상왕은 나이를 먹어가는 반면 세조는 늙어갔다. 세조의 딜레마가 여기에 있었다. 더구나 공신들이 계유정난과 세조 즉위에 가세한 것은 대의가 아니라 이익 때문이었다. 그들은 단종 치하보다 더 많은 권력과 재물을 위해서 쿠데타에 가담한 것이었다. 그래서 세조를 이익을 나누는 동지라고 생각했지 절대적 충성의 대상인 임금이라고 생각하지 않았다. 반면 상왕을 지지하는 더 많은 신하들에게 단종은 절대적 충성 대상이었고, 세조와 그 측근들은 역신들로서 같은 하늘을 이고 살 수 없는 적신(賊臣)들이었다. 이런 두 진영이 충돌하는 사건이 이 사건이었다.

세조 2년(1456) 6월 1일.

호조참판 권자신은 아침에 창덕궁으로 향했다. 상왕 단종을 뵙기 위해서였다. 권자신은 단종의 모친 현덕왕후의 동생이니 사적으로는 외삼촌이었다. 아버지는 판한성부사 권전(權專)이고 어머니는 서운관 부정 최용(崔鄘)의 딸이었다. 권자신은 상왕 단종이 자신을 지지하는 신하들과 은밀하게 통하는 통로였다. 권자신은 윤영손(尹寧孫)과 함께 상왕을 찾기도 했는데 형조정랑 윤영손은 권전의 사위로서 단종의 이모부였다. 권자신은 모친 최씨를 통해 상왕에게 거사 계획을 알렸고,

이날 아침에 다시 창덕궁에 가서 거사 일임을 다시 알린 것이다. 단종은 큰 칼을 내려주는 것으로 거사를 지지했다. 단종의 가슴에는 만감이 교차했다. 하늘과 조종의 혼령이 무심치 않아서 적신들을 주륙하는 이날이 왔다고 믿었다.

상왕과 세조가 창덕궁 광연전에서 명나라 사신 윤봉에게 연회를 베푸는 날이었다. 명 사신 접대 연회에서 성승·유응부·박쟁이 임금 뒤에 칼을 차고 시위하는 별운검(別雲劍)으로 선발된 것이 호기였다. 좌부승지 성삼문(成三問)이 손을 써서 이들이 별운검으로 뽑히게 만들었다. 이날 발생한 일에 대해서《세조실록》과 생육신 남효온의《육신전》과 조선 중기 허봉(許篈)의《해동야언(海東野言)》의 내용이 큰 틀은 같지만 세부적인 면에서 조금씩 다른데 대체로 이런 내용들이다.

좌부승지 성삼문과 중추원부사 박팽년은 광연전 잔치 날을 거사 일로 잡고 무장 유응부에게 알렸다.

"잔치가 한창 벌어졌을 때 성문을 닫고 세조의 우익을 베면 상왕 전하를 복위시키는 것은 손바닥 뒤집는 것처럼 쉬울 것이오."

동지중추원사 유응부가 답했다.

"임금과 세자는 내가 맡을 것이니 나머지는 자네들이 처치하라."

성삼문이 답했다.

"신숙주(申叔舟)는 나의 평생 친구지만 죄가 무거우니 베지 않을 수 없습니다."

형조정랑 윤영손이 신숙주를 베기로 했다.

도진무 김문기(金文起)는 박팽년·성삼문에게 이렇게 말했다.

"그대들은 안에서 일이 성공되게 하라. 나는 밖에서 군사를 거느리고 있으니, 비록 거역하는 자가 있다 한들 그들을 제재하는 데 무엇이 어렵겠는가?"

성삼문은 이미 성균관 사예(司藝) 김질(金礩)도 끌어들인 터였다. 성삼문은 김질을 끌어들이면서 이렇게 제의했다.

"상왕과 세자는 모두 어린데 만약 왕위에 오르기를 다툰다면 대신이 상왕을 보필하는 것이 정도이다. 자네 장인을 타일러보라."

김질의 장인인 우찬성(右贊成) 정창손(鄭昌孫)을 끌어들이라는 말이었다. 김질이 조금 난색을 표했다.

"그런 일이 있을 수도 없겠지만 그런 일이 있다고 해도 우리 장인 혼자서 어떻게 할 수 있겠는가?"

성삼문이 답했다.

"좌의정(한확)은 북경에 가서 아직 돌아오지 않았고, 우의정(이사철)은 본래부터 결단성이 없으니 윤사로·신숙주·권람·한명회 같은 무리를 제거해야 마땅하다. 자네 장인은 사람들이 다 정직하다고 하니 이러한 때에 창의해서 상왕을 다시 세운다면 그 누가 따르지 않겠는가?"

"그대와 뜻이 같은 사람이 또 있는가?"

"이개·하위지·유응부도 알고 있다."

그런데 변수가 발생했다. 광연전이 좁고 덥다는 이유로 별운검을 폐지한 것이다. 별운검을 폐지한 이유에 대해서 《세조실록》은 "임금이 전내가 좁다고 없애라고 명했다"고 말하는 반면 《육신전》 등은 한명회가 세조에게 "광연전이 좁고 또 찌는 듯이 더우니 세자는 들어오지 말고, 운검도 들이지 마소서"라고 건의했다고 달리 전한다. 《세조실록》은 "성삼문이 승정원에 건의하여 없앨 수 없다고 다시 계청하자, 신숙주에게 내부를 살펴보게 하고는 드디어 들이지 말라고 하였다"고 전한다.

변수가 발생하자 문신들이 거사 연기를 주장했다. 성삼문의 부친 성승이 칼을 차고 들어가려 하자 한명회가 막았다. 성승이 물러났다가 다시 들어가 한명회 등을 쳐서 죽이려고 하자 성삼문이 말렸다.

"세자가 오지 않았으니, 한명회를 죽여도 소용이 없습니다."

유응부가 다시 들어가 치려 하니, 박팽년과 성삼문이 굳게 말렸다.

"지금 세자가 본궁에 있고, 또 운검을 들이지 않았으니 이것은 하늘 뜻입니다. 만일 여기서 거사했다가 세자가 경복궁에서 군사를 일으키면 성패를 알 수 없으니, 다른 날에 임금과 세자가 같이 있는 때를 타서 거사해 성공하는 것만 못합니다."

성삼문·박팽년 같은 문신들의 연기론과 유응부·성승 같은 무신들의 결행론이 부딪친 것이었다.

유응부가 다시 즉시 결행을 주장했다.

"이런 일은 신속하게 처리하는 것이 중요한데, 만일 후일로 미루면 일이 누설될까 두렵다. 세자가 비록 본궁(경복궁)에 있지만, 모신(謀臣: 모략에 능한 신하)과 적자(賊子: 역적)가 모두 수양을 따라 여기에 왔으니, 오늘 이 무리들을 다 죽이고 상왕을 복위시켜 호령하면서, 한 무리의 군사들을 거느리고 경복궁에 들어가면 세자가 장차 어디로 도망하겠는가. 비록 지혜 있는 자가 있다 해도 계교를 내지 못할 것이니, 천년에 한 번 있을 기회이다. 이 기회를 놓쳐서는 안 된다."

박팽년 등은 오늘의 거사는 모든 것이 완전한 만전지계(萬全之計)가 아니라고 유응부를 말렸다. 드디어 문신들의 연기론이 받아들여져 세조가 농사의 작황을 살피는 관가(觀稼) 때 거사하기로 연기되었다. 거사가 연기된 것을 알지 못한 윤영손은 신숙주가 우물 난간(便牀)으로 나가서 머리 감는 틈을 타서 칼을 가지고 앞으로 다가갔다. 성삼문이 눈짓으로 만류하자 윤영손은 물러갔다.

옛사람이 밭갈이는 농부에게 묻고 길쌈은 아낙에게 물어야 한다고 했다. 과거 김종서를 제거하려 할 때 수양이 기른 무사들이 대부분 주저하자 수양의 무사였던 홍윤성이 "군사를 쓰는 데 이럴까 저럴까 결단 못하는 것이 가장 큰 해(害)입니다"라며 결행을 주장했다. 이때도 마찬가지로 과감하게 결단해야 했으나 이들은 때를 놓쳤다.

단종은 가슴을 졸인 채 거사가 성공했다는 소식을 기다렸으나 아무 일도 일어나지 않았다.

연기한 지 불과 하루밖에 지나지 않아서 고변자가 나타났다. 성균관 사예 김질이었다.

세조 2년(1456) 6월 2일. 이 날짜 《세조실록》은 "낮이 어두웠다(晝晦)"라고 쓰고 있다.

낮이 어둡다는 것은 불길한 징조였다. 《고려사(高麗史)》 태조 20년(937) 5월에는 신라의 마지막 경순왕 김부(金傅)가 나라를 바친 날도 마찬가지였다고 쓰고 있다. 경순왕 김부는 이날 금을 상감(象嵌)하고 옥을 넣은 허리띠인 성제대(聖帝帶)를 고려 왕건(王建)에게 바쳤다. 이 허리띠는 진평대왕이 차던 것으로 성골 임금이 찼기에 '성스런 황제가 차던 옥대'라는 뜻의 성제대(聖帝帶)라고 불렀다. 경순왕은 황룡사의 아흔 살 넘은 승려에게 이 보물에 대한 이야기를 듣고 남고(南庫)를

열었더니 비바람이 갑자기 몰아치고 낮인데도 밤처럼 어두워〔白晝晦
冥〕 볼 수 없었다고 전하고 있다. 400년간 대대로 내려오는 국보를 남
에게 바치려는 것을 알고 낮인데도 어두워졌다는 뜻이다.

김질과 정창손이 논의했다.

"오늘 특별히 운검을 들이지 않았고, 세자도 오지 않았으니, 이것은
천명이다. 먼저 고발하면 부귀를 누리리라."

김질과 장인 정창손이 대궐로 달려가 말했다.

"비밀리에 아뢸 것이 있습니다."

세조가 가장 충격받은 것은 좌부승지 성삼문이 주모자 중의 한 명
이란 점이었다. 세조는 즉시 호위 군사를 모으고 승지들을 급히 불렀
다. 도승지 박원형과 우부승지 조석문(曹錫文), 동부승지 윤자운(尹子
雲), 좌부승지 성삼문이 입시했다. 세조는 내금위(內禁衛) 조방림(趙邦
霖)에게 성삼문을 끌어내어 꿇어앉게 했다. 세조가 "김질과 무슨 일
을 의논했느냐?"고 물었다.

《세조실록》은 이때 성삼문이 하늘을 우러러 한참 동안 있다가 "김
질과 면질(面質: 대질)하고 나서 말하겠다"라고 답했다고 전한다.

김질이 다시 입을 열어 말을 시작하자 다 끝나기도 전에 성삼문이
말을 잘랐다.

"다 말할 것 없다."

세칭 사육신(死六臣) 사건이라고 불리는 상왕 복위 기도 사건이 수
포로 돌아가는 순간이었다. 이 사건은 성삼문·박팽년·하위지·이개(李
塏)·유성원(柳誠源) 같은 집현전 출신의 유학자들과 유응부·성승·박쟁
같은 고급 무신들이 결합해 상왕 단종을 복위시키려던 사건이었다.

세조가 성삼문에게 곤장을 치면서 물었으나 성삼문은 고통을 참으
며 동지들의 이름을 대지 않았다.

"너는 나를 안 지 가장 오래되었고, 나 또한 너를 아주 후하게 대접
했다. 지금 네가 비록 이런 일을 했지만 내가 직접 묻는 것이니 너는
숨기는 것이 있어서는 안 된다. 네 죄의 가볍고 무거움도 또한 내게
달려 있다."

그제야 성삼문은 동지들의 이름을 댔다.

"박팽년·이개·하위지·유성원과 같이 공모했습니다."

유응부의 이름을 빼놓은 것은 즉시 결행을 주장하던 그의 계책을
받아들이지 않은 것에 대한 때늦은 후회인지도 몰랐다. 세조가 나머
지 연루자를 대라고 재촉하자 성삼문이 "유응부와 박쟁도 알고 있다"
고 답했다.

세조는 윤자운을 상왕 단종에게 보내 이 사실을 알렸다. 윤자운의
매서(妹壻: 동서)가 신숙주였다. 놀란 단종은 윤자운에게 술을 먹이게 했
다. 그렇잖아도 신산스런 운명에 더한 시련이 가해질 것을 예감했다.

세조는 박팽년을 친국했다. 곤장을 치면서 동조자를 묻자 박팽년이
답했다.

"성삼문·하위지·유성원·이개·김문기·성승·박쟁·유응부·권자신·송
석동(宋石同)·윤영손·이휘(李徽)와 저의 아비였습니다."

다시 묻자 박팽년이 답했다.

"아비까지도 숨기지 않았는데, 하물며 다른 사람을 대지 않겠습니까?"

시행하려던 방법을 묻자 답했다.

"성승·유응부·박쟁이 모두 별운검이 되었으니 무슨 어려움이 있었

겠습니까?"

사실 거사를 결행했으면 성공했을 가능성이 높았다. 일단 세조와
그 핵심들을 제거하면 대세는 급격히 상왕 쪽으로 기울었을 것이다.
그러나 이 또한 운명이었다. 태종·세종·문종·단종을 거치면서 확립
된 조선의 정상적인 헌정 질서를 복원하려고 한 시도가 꺾인 것이었
다. 선왕이 세상을 떠나면 세자가 즉위하는 것이 정상적인 헌정 질서
였다. 위로는 종친과 정승들로부터 아래로는 말단 관리들까지 이 체
제 내에서 각기 할 일을 다하는 것이 정상적인 왕조 국가였다. 그러나
수양과 그 일당들은 명분 없는 쿠데타로 임금을 내쫓고 헌정 질서를
무너뜨렸다. 그릇된 가치관을 가진 세력이 세상을 주도하면서 정상적
인 가치관이 무너졌다. 사대부들은 가정에서 충효를 말할 수가 없었
고, 백성들은 어린 단종을 깊이 동정했다. 유학이 국시인 조선에서 유
학적 가치관이 송두리째 무너졌다.

가혹한 정치 보복

상왕의 신하들이 6월 1일을 거사 일로 잡은 것은 광연전 잔치 때 성
승 등의 무장들이 별운검으로 뽑힌 데 있었다. 그러나 그 외에 상왕이
곧 모해당할 것이라는 의구심도 있었다. 당초 성삼문은 김질에게 동
조를 구하면서 이렇게 말했다.

"근일 혜성이 나타나고, 사옹방(司饔房)의 시루가 저절로 울었다는데 장차 무슨 일이 벌어지려고 하는 것인가?"

혜성은 변괴의 조짐이고, 사옹방은 임금의 식사를 관장하는 관서였다. 성삼문은 또 김질에게 이렇게 말했다.

"근일에 상왕께서 창덕궁의 북쪽 담장 문을 열고 이유(李瑜: 금성대군)의 옛집에 왕래하시는데, 이는 반드시 한명회 등의 헌책일 것이다."

무슨 뜻인가를 묻는 질문에 성삼문은 이렇게 답했다.

"자세한 것은 알 수 없지만 상왕을 곤궁한 곳에 두고 한두 사람의 역사(力士)에게 담을 넘어 들어가 불궤를 도모하려는 것일 뿐이다."

성삼문은 상왕이 광주로 유배 간 금성대군의 옛집을 왕래하는 것을 한명회의 헌책으로 의심했다. 상왕이 금성대군의 구택에 간 것은 금성대군과 연결시켜 상왕을 죽이려는 계교라고 의심한 것이다.

실제로 세조는 광주에 유배 간 동생 금성대군 이유를 크게 우려했다. 세조 2년 6월 3일 광주목사에게 승정원을 통해 전지를 보내 건강한 사내들을 골라서 금성대군의 유배지 네 모퉁이를 모두 지키게 했다. 누구를 막론하고 금성대군을 만나지 못하게 엄금했다. 뿐만 아니라 화의군 이영(李瓔), 한남군 이어(李𤥽), 영풍군 이전(李瑔) 및 문종의 부마인 영양위(寧陽尉) 정종(鄭悰)이 유배 간 곳에도 전지를 보내 같은 조치를 취하게 했다.

6월 6일에는 8도의 관찰사·절제사·처치사에게 이개·성삼문·박팽년·하위지·유성원 등 17명이 반역을 꾀했다고 유시하면서 이렇게 당부했다.

"아직도 소민(小民)들이 두려워할까 염려하니, 경 등은 이 뜻을 선유

해서 놀라서 움직이지 않게 하라."

이 사건은 양반 사대부만 관련된 것이 아니었다. 단종의 유모 봉보부인(奉保夫人)의 여종 아가지(阿加之)와 단종의 외삼촌 권자신 어머니의 여종 불덕(佛德)이 용하다는 무녀(巫女) 용안(龍眼)에게 천명을 점쳤다.

"상황께서 금년에 복위하시는 기쁜 일이 있을 것이다."

단종이 권자신에게 내려준 칼도 아가지와 관련이 있었다. 아가지는 그 남편 이오(李午)를 설득해 국왕을 호위하는 내금위 소속의 창고인 내상고(內廂庫)의 칼 한 자루를 몰래 별감 석을중(石乙中)에게 내주었다. 단종이 이 칼을 권자신에게 내려준 것이었다. 6월 16일 의금부에서 무녀 용안과 아가지, 불덕을 사지를 찢어 죽여야 한다고 청하자 세조는 받아들였다. 아가지와 불덕 같은 여성들까지 상왕 복위에 한마음으로 가담했다가 사지가 찢겨 죽었던 것이다.

6월 7일 고문을 받던 박팽년이 옥중에서 죽었고, 유성원은 일이 발각되었다는 소식을 듣고 집 안에서 자결했다. 의금부에서는 이들에 대한 처벌 규정을 보고했다. 모두 능지처사해서 사지를 찢어 죽이고, 그 사체를 팔도에 돌려 보이자는 것이었다. 재산도 모두 몰수하고 그 가족들도 율문에 따라서 처벌해야 한다는 것이었다. 세조는 그 가족들에 대한 처리 기준을 정했다.

"친자식들은 모두 목을 매달아 죽이고, 그 어미와 딸과 처와 첩, 할아버지와 손자, 형제, 자매와 아들의 처첩 등은 극변 잔읍(殘邑)의 노비로 영원히 소속시키고, 그 백부, 숙부와 형제의 자식들은 먼 지방의 잔읍의 노비로 영원히 소속시키고, 그 나머지는 아뢴 대로 하라."《세조실록》2년 6월 7일)

노량진에 있는 사육신 묘
사육신은 이개, 하위지, 유성원, 성삼문, 유응부, 박팽년을 일컫는다.

그야말로 온 집안을 도륙 내겠다는 뜻이었다. 이들이 왜 단종 편에 섰는지는 일말도 고려하지 않았다. 세조는 자국민을 도륙질하는 중에도 명 사신 윤봉에 대한 접대는 빼놓지 않았다. 6월 8일 윤봉이 지금의 한남동 부근에 있던 한강의 제천정(濟川亭)에 유람 가자 예빈시에게 잔치를 베풀게 했다. 세조는 예조판서 김하와 동부승지 한계미(韓繼美)에게 술과 안주를 가지고 가서 윤봉에게 올리게 했다.

세조와 그 일당들은 상왕 복위 기도 사건 관련자들을 난신(亂臣)이라고 불렀는데, 이들의 땅을 빼앗아 나누어 가졌다. 전국에 걸쳐 있던 이들의 전지는 양녕대군·효령대군·영응대군 등 세종의 형제들을 필두로 계양군, 익현군 등 세종의 서자 같은 왕자들과 공주들도 나누어 가졌다. 특이한 것은 세종의 여섯째아들 금성대군 이유의 당진 전지를 세종의 넷째아들 임영대군 이구가 차지한 것이다. 친동생의 땅을 형이 차지한 것이니 수양이 왕위 찬탈에 나서면서 세종 가족들은 남보다 못한 원수들로 변했다. 그 외의 수많은 토지들은 영의정 정인지를 필두로 세조 측 인사들이 각각 나누어 가졌다.

이보다 심한 것은 상왕 복위 기도 사건 관련자들의 어머니와 부인, 딸들을 나누어 가진 것이었다. 당사자와 아들들을 모두 죽인 것도 부족해서 그들의 어머니, 아내, 딸들을 노리개로 나누어 가진 패륜이 국가권력의 힘으로 자행되었다.

왕실에서는 세종의 서자였던 계양군 이증이 이소동의 아내 천비와 이공회의 아내 동이, 심상좌의 아내 미비을개와 딸 계금을 받아 가졌고, 역시 세종의 서자였던 익현군 이관이 이담의 아내 소사, 박팽년의 형제 박기년의 아내 무작지, 이오의 딸 평동, 이유기의 누이 효전을 가졌다. 그나마 양녕·효령 등이 땅만 빼앗아 가지고 여성들을 노리개로 갖지 않은 것이 말 그대로 양반의 처신인 셈이었다.

평소 유학자를 자처하던 벼슬아치들이 엊그제까지 동료였던 같은 유학자들의 어머니, 아내, 딸들을 나누어 가졌다. 영의정 정인지는 박팽년의 아내 옥금과 김종서의 아들 김승규의 아내 내은비와 딸 내은금, 김승규의 첩의 딸 한금을 받아 가졌다. 좌의정 한확은 조청로의 어미 덕경과 아내 노비 최득지의 아내 막덕과 이현로의 첩의 딸 이생을 가졌다. 우의정 이사철은 이현로의 아내 소사 민보창의 아내 두다비,

김유덕의 아내 금음이와 딸 옥시를 가졌다.

운성부원군 박종우는 성삼문의 아내 차산과 딸 효옥, 이승로의 누이 자근아지를 가졌다. 좌찬성 윤사로는 황보흠의 아내 석을금과 박쟁의 아내 오덕과 딸 효비를 가졌고, 고변자였던 우찬성 정창손은 이유기의 아내 설비와 딸 가구지·말비·막금과 성삼문의 형제 성삼고의 아내 사금 및 한 살 되어 아직 이름도 짓지 못한 딸을 차지했다. 정창손의 사위이자 고변자였던 김질은 민보흥의 아내 석비, 이윤원의 아내 대비를 차지했다. 파평군 윤암은 이승윤의 아내 가은비, 지화의 아내 막금을 가졌다.

판중추원사 이계전은 이휘의 아내 열비와 허조의 아내 안비와 딸 의덕을 가졌다. 우참찬 강맹경은 이자원의 아내 유나매와 이개의 아내 가지를 가졌다. 판중추원사 이징석은 이윤원의 첩 분비와 이경유의 아내 효생을 가졌다. 화천군 권공은 박인년의 아내 내은비와 정효강의 아내 보배를 가졌고, 황희의 아들이었던 우참찬 황수신은 원구의 아내 소사, 고덕칭의 아내 보금과 딸 신금을 가졌다.

예조판서 박중손은 이해의 아내 종금과 딸 불덕·불비와 김유덕의 누이 막장을 가졌다. 병조판서 신숙주는 최면의 누이 선비와 조완규의 아내 소사와 딸 요문을 가졌다. 중추원사 권준은 이석정의 아내 소사와 단종의 외삼촌이자 현덕왕후의 동생인 권자신의 아내 어둔과 딸 구덕을 가졌다. 이조판서 권람은 세조의 친조카인 이우직의 아내 오대와 김현석의 아내 영금을 가졌다. 중추원사 박강은 윤영손의 아내 탑이와 딸 효도, 이반경의 첩 막생을 가졌다. 대사헌 최항은 김문기의 딸 종산과 최득지의 첩 지장비를 가졌다.

병조참판 홍달손은 성삼성의 아내 명수와 정효강의 아내 효도와 딸 산비를 가졌다. 내시인 판내시부사 전균은 성맹첨의 아내 현비와 최사우의 첩 옥금을 가졌다. 계림군 이흥상은 심신의 아내 석정과 딸 금정·은정과 성삼문의 어머니이자 성승의 아내인 미치를 가졌다. 이른바 계유정난 때 김종서를 때려죽이는 데 가담했던 도절제사 양정은 이의영의 아내 효생과 조극관의 아내 현이를 가졌다. 이조참판 구치관은 박순의 아내 옥덕과 박헌의 아내 경비를 가졌다. 좌승지 한명회는 유성원의 아내 미치와 딸 백대, 이명민의 아내 맹비를 가졌다. 민보흥의 아내 석비, 이윤원의 아내 대비는 판군기감사 김질에게 주었다.

이외에도 세조비 정희왕후 윤씨의 오빠인 전 예문제학 윤사윤이 송창의 아내 소앙지와 황보인의 아들 황보석의 아내 소사를 가진 것을 비롯해 도절제사 유수, 동지중추원사 봉석주 및 강곤, 예조참판 홍윤성, 우승지 조석문, 첨지중추원사 유하, 이조참의 원효연, 단천군수 최유, 형조참의 황효원, 병조참의 한종손, 좌부승지 윤자운, 우부승지 한계미, 경상도 관찰사 조효문, 판통례문사 이극배, 판종부시사 권개, 상호군 유서, 지병조사 권언, 성균사성 정수충, 상호군 유사, 예빈시빈 권반, 대호군 안경손, 홍순로, 조득림, 이극감, 임자번, 직예문관 유자황, 전 호군 김처의, 사복소윤 한서귀, 전농소윤 송익손, 군기부정 설계조, 사재부정 권경, 군기부정 홍순손, 곽연성, 호군 최윤, 부사직 이봉가, 도승지 박원형 등이 상왕 복위 기도 사건 관련자들의 어머니와 아내 딸, 첩 등을 나눠 가졌다.(《세조실록》 2년 9월 7일)

남의 노리개로 전락한 여성들은 대부분 사대부가 여성들이었다. 얼마 전까지 반가(班家) 여성으로 종들을 거느리고 살던 여인들은 집안

남자들이 단종 편에 섰다는 이유로 자신의 자식이나 남편, 아버지의 동료였던 이들의 노래개로 전락했다. 얼마 전까지 같은 조정에서 근무하던 동료들의 어머니, 아내, 딸 등을 나누어 가진 이들 대부분이 유학 시험인 과거에 급제한 유학자들이었다. 공자는《논어》〈안연(顔淵)〉편에서 유가(儒家)에서 하지 말아야 할 사물(四勿)에 대해서 역설했다. 예가 아니면 보지 말라는 비례물시(非禮勿視), 예가 아니면 듣지 말라는 비례물청(非禮勿聽), 예가 아니면 말하지 말라는 비례물언(非禮勿言), 예가 아니면 움직이지 말라는 비례물동(非禮勿動)이 사물이었다. 굳이 사물을 논할 것도 없이 엊그제까지 동관이었던 이들의 어머니, 아내, 딸들을 차지하고 희희낙락하는 이들이 과연 같은 인간인지를 물어야 할 상황이었다.

조선 중기 윤근수(尹根壽)가 지은《월정만필(月汀漫筆)》은 이렇게 전하고 있다.

"노산(단종)의 왕비 송씨(宋氏)가 관청의 여종이 되자 신숙주가 공신비(功臣婢)를 삼아서 자기가 받으려 했지만 세조가 그의 청을 듣지 아니하고 얼마 후에 정미수(鄭眉壽: 문종의 외손자)를 궁중에서 기르라 명하였다."

자신이 국모로 섬겼던 여인을 자신의 여종으로 삼으려 했다는 뜻이다. 성적 노리개로 삼으려 했다는 의미이므로 믿기 쉽지 않은 이야기지만 윤근수 역시 아무런 근거도 없이 이런 이야기를 쓰지는 않았을 것이다. 동료의 어머니, 아내, 딸들을 노리개로 삼는 데서 나아가 임금으로 모셨던 주군의 부인, 즉 신하로서 어머니로 모셨던 국모까지도 노리개로 차지하려 한 것이다. 수양이 왕위를 꿈꾸면서 효와 충이 기본인 조선의 개국 이념인 유학은 이미 폐기된 것이었다.

유배 가는 상왕

　세조 일파의 더 큰 문제는 상왕 단종이었다. 세조와 공신들은 단종의 생존 자체에 두려움을 느꼈다. 자신들이 헌정 질서를 파괴하고 단종의 왕위를 빼앗아 생긴 사건이라고는 생각하지 않았다. 같은 사건의 재발을 방지하는 길은 단종과 화해뿐이라는 사실은 외면했다. 현실 권력을 쥐고 있으니 상왕을 지지하는 자들의 목숨만 끊으면 괜찮을 것으로 믿었다. 그런 폭압으로 정권은 유지될지 몰라도 마음속 승복은 받을 수 없다는 생각은 하지 않았다. 상왕 지지 신하들의 목숨과 땅과 그 집안의 여성들을 빼앗는 재미에 맛을 들였다. 이들은 그 칼끝을 상왕에게 돌렸다.

　세조와 그 일당들은 상왕 처리에 부심했다. 사건 직후에는 명 사신 윤봉이 아직 조선에 있었기 때문에 폐위시킬 수는 없었다. 윤봉은 상왕 복위 기도 사건이 있었다는 사실을 아는지 모르는지 사건 발생 두 달 후인 그해 8월 8일 창덕궁으로 가서 상왕에게 하직 인사를 올렸다. 이때는 세조가 같이 가지 않았다. 상왕은 사신에게 차를 대접하는 다례(茶禮)를 행했는데, 심사가 복잡했을 것이다. 자신을 복위하려던 신하들은 대거 죽어나가는 와중에 세조가 윤봉과 나누는 다례에 오지 않았다는 것은 곧 그 여파가 자신에게도 미칠 것임을 의미하는 것이기 때문이다.

그러나 세조도 곧바로 상왕까지 내치기는 힘들었다. 사대부들뿐만 아니라 백성들도 모두 상왕과 그 신하들을 동정하고 지지하기 때문이었다.

이들은 먼저 상왕을 지방으로 내쫓았다가 죽이는 두 단계 정치 일정을 마련했다. 세조 3년(1457) 1월 29일 종친들 중 서열이 가장 위인 양녕대군 이제와 백관 중 서열이 가장 높은 영의정 정인지가 소매를 걷고 나섰다. 이제는 종친들을 거느리고, 정인지는 육조참판 이상 관원을 거느리고 "신 등이 전일에 청한 일을 전하께서 속히 결정하셔서 유보함이 없기를 바랍니다"라고 주청했다. 상왕을 지방으로 유배 보내라는 요구였다. 세조는 "경 등의 말이 옳다"면서도 따르지는 않았다. 자신은 상왕을 유배 보내기 싫은데 종친과 백관들이 요구해서 할 수 없이 따른다는 모습을 만들고 싶었다. 정인지 등이 포진한 의정부는 상왕의 유배가 결정 나기 전 상왕을 철저하게 감시하는 체제를 만들었다. 세조 3년(1457) 2월 6일 의정부는 상왕이 거주하는 상왕전(上王殿) 감시 체제를 만들어 보고했다.

"상왕전에 주방(酒房) 환관 2인, 장번(長番) 환관 2인, 문차비(門差備) 속고치(速古赤) 4인, 별감 4인을 모두 2번(番)으로 나누게 하소서."

16명의 인원이 2교대로 스물네 시간 감시하는 체제를 만든 것이다. 차비는 임시로 임명하는 관직을 뜻하고, 문차비 속고치는 궁문을 지키면서 임금의 심부름하는 관원을 뜻했다. 속고치는 몽골어 시르구치에서 온 말이었다.

뿐만 아니라 시녀 10인과 수사(水賜: 무수리) 5인, 복지(卜只) 2인, 수모(水母) 2인, 방자(房子) 4인, 두 별실(別室)의 시녀(侍女) 각각 2인, 수사(水賜) 각각 1인, 각색장(各色掌) 20인도 두 번으로 나누어 투입시켰다. 약 50여 명의 여성들이 시중든다는 명목으로 상왕과 대비 송씨를 철저하게 감시하게 시킨 것이다. 게다가 삼군의 진무(鎭撫) 2인에게 군사 10인을 주어 상왕전의 문을 스물네 시간 감시하게 했다.

세조는 단종의 모후 권씨의 친정이 상왕 복위에 가담한 것에 분개했다. 세조는 송씨의 친정을 철저하게 감시하게 했다. 대비 송씨의 친정에 오가는 모든 사람들과 물건들도 모두 단종에 대한 일을 관장하는 덕녕부(德寧府)에 보고하게 했다.

이렇게 단종의 우익을 철저하게 차단했지만 문제는 단종의 장인 송현수였다. 세조는 상왕 복위 기도 사건이 탄로 난 후 열흘 정도 뒤인 6월 13일 여러 신하들의 상참(常參)을 받고 술자리를 마련했다. 판돈녕부사 송현수도 불편한 마음으로 참석했다. 세조는 나인을 불러 풍악을 연주하게 하면서 송현수에게 술을 따르게 하고는 손을 잡고 말했다.

"근일 경의 마음의 움직임을 어찌 말할 수 있겠는가? 조정에서 다 경이 참여해서 들었으리라고 의심했으나 내 굳게 듣지 않은 것은 경이 내 옛 친구이기 때문이다."

송현수는 머리를 조아리며 사례할 수밖에 없었다.

그러나 세조와 그 공신들은 송현수에게 이미 덫을 놓아둔 상태였다. 세조 3년(1457) 2월 10일 사헌부 집의 김계희(金係熙)와 사간원 좌사간 김종순(金從舜) 등이 사헌부·사간원의 공동 의견으로 아뢰었다.

"송현수·권완(權完)·김사우(金師禹)는 모두 상왕과 혼인 관계의 사람입니다. 송현수는 전일의 사건을 참여해서 듣지 않지는 않았을 것입니다. 김사우는 지금 군사를 관장하여 지방에 있고, 권완과 송현수는 모두 도성 안에 있으니, 청컨대 김사우에게 군사를 관장하지 말게 하소서."

송현수의 딸이 단종의 비가 될 때 함께 들어가는 시첩인 잉(媵)으로 뽑힌 인물들이 김사우와 권완의 딸들이었다. 권완의 딸 권중비(權仲非)는 단종의 후궁인 숙의(淑儀)가 된 것처럼 후궁들이 되었다. 그래서 셋이 모두 단종과 혼인 관계에 있다고 한 것이었다. 그나마 군사 지휘권이 있는 인물이 김사우지만 직책이 충청도 수군처치사(水軍處置使)로서 크게 위협이 되는 자리가 아니었다. 세조는 이들이 모두 공신들이기 때문에 그렇게 할 수 없다고 거절했다.

그러나 세조의 이런 태도가 미리 짜여진 각본으로 드러나는 데는 오랜 시간이 필요하지 않았다. 그해 6월 21일 일개 백성 김정수(金正水)가 전 예문제학 윤사윤에게 역모를 고변하고 나선 것이다.

"판돈녕부사 송현수와 행 돈녕부 판관 권완이 반역을 도모했습니다."

외척들을 주로 관장하는 돈녕부의 부사와 판관이 반역을 도모한다는 것은 어불성설이었다. 게다가 그 반역을 고변한 장본인은 양반도 아닌 백성 김정수였다. 고변을 받은 윤사윤은 세조 비 정희왕후의 오빠였다. 반역을 고변한 김정수에 대해서 《세조실록》은 일체 더 이상의 기록이 없다. 그리고 그의 고변이 사실인지 여부를 조사했다는 기록도 없다. 이날 세조는 사정전에 나가서 영의정 정인지, 우의정 정창손, 우찬성 신숙주, 우참찬 박중손, 병조판서 홍달손, 예조판서 홍윤성, 공조판서 양정, 이조판서 권람, 도승지 한명회, 동부승지 김질 등을 부른 후 송현수와 권완을 의금부에 하옥시켰다. 이때 세조의 발언은 이 사건이 세조 이유와 윤사윤, 그리고 이른바 계유정난이란 쿠데타를 일으킨 일당들에 의해서 조작된 사건임을 스스로 말해준다.

"전날 성삼문 등이 '상왕도 그 모의에 참여하였다'라고 말해서 종친과 백관들이 합사(合辭)해서 '상왕도 종사에 죄를 지었으니, 편안히 서울에 거주하는 것이 마땅하지 않습니다'라면서 여러 달 동안 청했으나 내가 굳게 허락하지 않으면서 초심을 지키려고 하였다."《세조실록》 3년 6월 21일)

일개 백성 김정수가 고변한 진상에 대해서는 일체 논의를 생략한 채 곧바로 상왕에 대한 비난으로 들어갔다. 상왕 제거를 위해 만든 정치 공작임을 스스로 인정하는 것이었다.

"지금에 이르기까지 인심이 안정되지 않고 발꿈치를 이어서 난을 선동하는 무리들이 그치지 않으니 내가 어찌 사사로운 은혜로써 큰 법을 굽혀 천명과 종사의 중함을 돌아보지 않겠는가?"

세조는 드디어 상왕 처리를 명했다.

"상왕을 노산군(魯山君)으로 봉작을 깎고 궁에서 내보내 영월에 거주시켜라."

단종을 지방으로 귀양 보낸 것이었다. 상왕은 현왕이 신하의 자격으로 임금으로 모셨던 군주였다. 신하로서 임금의 봉작을 깎고 귀양 보낼 수는 없는 노릇이었다.

또다시 관련자의 아녀자들을 나누어 갖는 패륜이 자행되었다. 권완의 딸 권중비는 전라도 영광에 여종으로 떨어졌는데, 세조 3년(1457) 8월 21일 도승지 조석문의 노리개로 내려주었다. 강맹경, 박종우, 윤사

영월군 영모전 단종 어진
단종의 조각을 목상으로 새겼다가 목상이 훼손되자 그림으로 그렸다. 1926년 이모본.

로, 윤암, 권공, 이계전, 이정석, 신숙주, 황수신, 권람, 한명회, 권준, 홍달손, 박강, 양정, 홍윤성, 박원형, 구치관, 최항, 전균, 윤사윤, 유수, 봉석주, 강곤, 유하, 원효원, 최유, 황효원, 윤자운, 한계미, 조효문, 김질, 권개, 정수충, 유서, 유사, 안경손, 조득림, 홍순손, 곽연성, 최윤 등이 상왕 복위 기도 사건 관련자 집안의 여성들을 다시 나누어 가졌다.(《세조실록》 3년 8월 21일)

그런데 조선 선비들 사이에서는 단종이 영월에 유폐된 해가 세조 3년으로 기록된 《세조실록》 기사에 의문을 표하는 경우가 많았다. 《장릉지(莊陵誌)》도 그중 하나였다. 단종의 일대기와 오랜 후 복위된 사실을 기록한 《장릉지》는 숙종 37년(1711) 간행되었다가 영조 45년(1769) 그 내용이 보강되었는데, 그 앞부분은 윤선거(尹宣擧: 1610~1669)가 영월 수령으로 있을 때 편찬한 《구지(舊誌)》를 수록했다. 이 《구지(舊誌)》가 곧 《노릉지(魯陵志)》로서 세종 23년(1441)~효종 4년(1653) 사이의 일을 기록했다. 《노릉지》는 단종이 영월로 유배 시기에 대해 이렇게 말한다.

"병자(丙子: 세조 2년)의 일이라는 것은 의심할 여지가 없다."

단종이 유배 간 것은 《세조실록》의 기록처럼 상왕 복위 기도 사건 1년 후인 세조 3년이 아니라 사건 직후인 세조 2년이라는 것이다. 문신이자(李耔: 1480~1533)는 《음애기(陰崖記)》에서 이렇게 말했다.

"이것 《세조실록》은 특히 여우나 쥐새끼 같은 무리들이 간사하게 아첨하여 기록한 것이므로 실록이라 하여 다 믿을 수가 없다."

단종이 유배 간 해에 대해서는 《세조실록》은 세조 3년으로 기록하고 있는데, 단종을 지지하는 학자들은 《세조실록》 편찬자들에 대해 극도로 불신하는 것이다. 이에 대한 여러 기록들을 살펴보면 세조 3년의 일로 보는 것이 앞뒤의 여러 사건들과 꿰어 맞추었을 때 맞아 들어간다.

드디어 세종의 적손(嫡孫)이자 문종의 적자로서 왕위에 올랐던 단종은 노산군으로 강봉되어 영월 서강 청령포(淸泠浦)에 유폐되었다. 빙둘러 강이 흘러 배를 타지 않고서는 뭍으로 나올 수 없는 곳이었다.

단종을 영월로 호송했다는 《세조실록》의 기사는 "첨지중추원사 어득해(魚得海)에게 군사 50명을 거느리고 호송하게 했다"고 말하고 있

단종이 유배 생활을 하던 영월 청령포의 어소

다. 이때 "군자감정 김자행(金自行)과 판내시부사 홍득경(洪得敬)이 따라갔다"는 것이다. 상왕은 현왕보다 높은 존재였다. 그런 상왕이 노산군으로 깎여 영월로 유배 간 것이었다. 이것이 끝이 아니라 새로운 시작이란 사실은 모두가 알고 있었다.

상왕, 살해당하다

단종도 마찬가지였다. 단종은 세조와 그 측근들과 한 하늘을 이고는 살 수 없는 처지가 되었다. 세조 3년(1457) 9월 10일 좌찬성 신숙주가 먼저 세조 앞에 나가서 차마 할 수 없는 말을 꺼냈다.

"이유(금성대군)는 대역을 범한 것이 현저하니 결단코 용서할 수가 없습니다. 또 지난해 이개 등이 노산군을 명분으로 일을 하려고 했는데, 지금 이유 또한 노산군을 끼고 반란을 창의했으니 노산군 또한 편히 살게 할 수 없습니다."

단종을 죽여야 한다는 뜻이었다. 세조의 답변은 모호했다.

"의정부에서 반드시 다시 와서 청할 것이니, 장차 다시 의논한 후 시행하겠다."

《세조실록》의 사관은 "무릇 신숙주가 말하는 것은 임금이 윤허하지 않는 것이 없었다"라고 말하고 있다. 잠시 후 영의정 정인지·좌의정 정창손·이조판서 한명회가 와서 신숙주에게 가세했다.

"이유의 모역(謀逆)은 일조일석(一朝一夕)의 일이 아니라 그 유래가 오래됩니다. 지난번 서울에 있을 때 군사를 모아 모역했으니 그 죄가 마땅히 죽여야 하는데, 더구나 지금 거듭 대역을 범해서 일이 종사에 관계되었으니 전하께서 사사로이 용서하실 바가 아닙니다. …… 청컨대 함께 법으로 처치하소서."

단종과 금성대군을 모두 죽이라는 말이었다. 세조가 재차 거부하자 정인지가 다시 주청했다.

"노산군은 반역을 주도했으니 편안히 살게 할 수 없습니다."

양녕·효령대군이 "속히 법대로 처치하소서"라고 가세했다. 선조 때 쓰여진 《대동운옥(大東韻玉)》은 "수상 정인지가 백관을 거느리고 노산을 제거하자고 청하였는데, 사람들이 지금까지 분하게 여긴다"고 비판하고 있다. 이덕형(李德馨)은 《죽창한화(竹窓閑話)》에서 "그 죄를 논한다면, 정인지가 으뜸이 되고 신숙주가 다음이다"라고 전하고 있다. 집현전 출신의 유신(儒臣)인 신숙주·정인지가 단종을 죽이자고 나선 것에 백세후까지 비난이 빗발쳤다.

효충(孝忠)을 입에 달고 사는 유신들이 단종을 죽이려 할 때 관청에 속한 공노비들이 목숨을 걸고 단종을 섬겼다. 신숙주·정인지·정창손·한명회 등이 단종을 죽이자고 청한 사흘 후인 9월 24일 형조에서 세조에게 주청했다.

"본궁(本宮)의 종 독동(禿同)과 전농시(典農寺)의 종 윤생(尹生) 등이 노산군을 알현하기 위해 선수(膳羞: 음식)를 가지고 갔다 하는데, 반드시 사유가 있을 것입니다. 고신(栲訊: 매를 치며 신문하는 것)을 청합니다."

조사 결과 독동과 윤생은 수박과 호도를 가지고 노산군을 알현하려고 한 것으로 밝혀졌다. 물론 노산군을 지키는 군사들에 의해 저지되었고, 끌려와서 형조의 혹독한 신문을 받았다. 형조는 둘을 능지처사하고 재산을 빼앗고, 그 가족들도 연좌하자고 주청했다. 세조는 장 100대를 때리라고 명했다. 능지처사할 경우 공노비들까지 단종께 충성을 바친다는 소문이 퍼질 것이기 때문이었다.

10월 16일에 종친·의정부·충훈부·육조에서 총궐기해서 노산군과 이유를 죽여야 한다고 주청했다. 충훈부는 공신들을 관리하는 부서이니 나라의 모든 권력기관이 단종과 금성대군을 죽여야 한다고 나선 것이었다. 이날 세종의 4남 임영대군 이구는 정창손에게 더욱 놀라운 제안을 했다.

"이어(李璵)·이전(李瑔)·송현수도 이유와 죄가 같은데, 혼자 살게 할 수 없으니 모두 계청하기를 원합니다."

이어는 한남군, 이전은 영풍군으로서 모두 세종의 서자들이었다. 이들은 어린 시절 단종을 키웠던 혜빈 양씨 소생의 왕자들이었다.《단종실록》3년(1455) 3월조는 "이유(금성대군)가 몰래 양씨와 결탁했다"라고 말하고 있다. 단종의 유모 양씨와 금성대군이 손을 잡고 수양의 왕위 찬탈을 저지하려 한 것이었다. 수양은 단종 3년(1455) 윤6월 11일 금성대군과 혜빈 양씨, 그리고 양씨의 두 아들 한남군·영풍군을 귀양 보냈는데, 세종의 4남 임영대군이 이들까지 죽여야 한다고 주청하는 것이었다. 임영대군은 세종의 명으로 동생 금성대군과 함께 총통, 화차를 제작하기도 했는데, 이제 친동생은 물론 죽이자는 주청이 들어오지도 않은 부왕의 혈육을 죽이자고 요청하는 것이었다.

양녕·효령은 자신들의 왕위를 빼앗은 세종에 대한 복수로 세종 혈육들의 골육상잔을 부추기는지도 몰랐지만 임영대군 이구의 처사는 어느 모로 보나 과하다고 하지 않을 수 없었다. 세종은 임영대군 이구를 크게 사랑했지만 이구는 여색으로 많은 물의를 일으켰다. 창기 금강매(錦江梅)를 첩으로 삼고, 내자시의 여종 막비(莫非)와 간통했는데, 그가 모후 소헌왕후의 시녀로 들어간 후에도 사통을 멈추지 않았고, 궁중 인수부의 여종 금질지(金叱知)와도 사통했다. 추문이 돌자 세종은 재위 21년(1439) 5월 영의정 황희(黃喜), 우의정 허조(許稠)를 불러서 비밀리에 의논해 임영대군의 직첩을 빼앗았다. 금강매는 고향 공주로 돌려보내고 막비와 금질지도 원래 속한 부서로 돌려보냈으며 이를 알선한 환관들도 처벌했다. 세종은 당초 이구를 먼 지방으로 유배 보내고 환관들의 목을 베려고 하다가 황희와 허조가 가벼운 법을 따르기를 청해서 그나마 관대하게 처리한 것이었다. 이때 사관은 이구에 대해서 이렇게 평하고 있다.

"이구는 학문을 좋아하지 않고 여색에 깊이 빠졌는데, 성상(세종)은 성품이 엄격해서 여러 종친과 아들을 바른 길로 이끌면서 조금이라도 범한 바가 있으면 반드시 꾸지람을 더해서 모두 감히 불법을 자행하지 못했다. 이구는 여색 때문에 두 번이나 꾸지람을 듣고도 오히려 뉘우쳐 고치지 않았다."《세종실록》 21년 5월 3일)

세종은 혹 왕자들이 불법을 저지를까 크게 우려했다. 또한 정1품 벼슬아치가 벼슬의 대가로 받는 과전이 150결인데, 대군의 과전이 300결인 것은 너무 많다면서 수양·안평·임영대군의 과전에서 50결을 감하게 했다. 앞으로 대군은 250결을 넘지 못하게 하고, 다른 군(君)도 180결을 넘지 못하게 법으로 만들었다. 이것도 적은 것은 아니지만 왕자들이 사치하지 못하게 경계한 것이었다.

임영대군 이구가 한남·영풍군을 죽이자고 청한 것은 그들의 토지를 탐냈기 때문일 것이다. 이구는 이미 유배 간 친형인 금성대군의 당진 전지와 성삼문의 당진과 양주 전지를 나누어 가진 적이 있었다. 왕실 인사들에게서 몰수한 토지는 다른 왕실 인사들에게 내려지는 경우가 많았다. 그래야 왕실 전체의 자산은 줄어들지 않기 때문이었다. 한남·영풍군도 죽이자는 이구의 제안을 정창손이 거부할 리는 없었다.

"이어·이전의 일은 우리들이 비록 처음에 생각하지 못했지만 아울러 계청하는 것이 좋겠습니다."

이렇게 단종과 금성대군의 목숨을 빼앗자는 논의는 이구의 돌출 제안이 더해져 한남·영풍군까지 죽이자는 것으로 확대되었다. 세조가 거부하자 정창손이 "대의로써 결단하소서", "청컨대 속히 결단하소서"라고 거듭 주청했다.

세조는 임영대군 이구의 청을 거부하는 척했지만 속으로는 원해 마지않는 바였다. 세조 때 이구의 아들인 귀성군 이준(李浚)이 젊은 나이에 영의정까지 승진한 것도 세조가 그만큼 이구를 좋아했기 때문이었다. 실제 이구의 후손들은 모두 고위직에 올랐다. 그 사위 신승선(愼承善)은 영의정까지 올랐고, 신승선의 아들 신수근(愼守勤)의 딸은 연산군의 왕비가 되었다. 그러나 그 영화는 오래가지 못했다. 임영대군의 아들인 귀성군은 세조 때 크게 출세했지만 성종 때 정인지로부터 왕이 되려 한다는 탄핵을 받고 경상도 영해로 유배 가서 죽었으며, 신수근 또한 중종반정 때 목숨을 잃었고 그 딸 역시 폐위당했던 것이다.

세조 일당들이 금성대군을 죽여야 한다고 주장하는 것은 단종을 죽이기 위한 명분 쌓기에 불과했다. 경상도 순흥으로 유배 가서 손발이 다 묶인 금성대군이 단종을 복위할 힘이 있을 턱이 없었다. 세조와 그 일당들이 금성대군을 죽이려 한다는 소문은 온 나라에 다 퍼졌고, 대다수 사대부들이 분개했다. 세조 3년(1457) 7월 3일에는 경상도 안동의 관노 이동(李同)이 판중추원사 이징석(李澄石)을 통해서 금성대군을 고변했다.

"순흥에 있는 이유가 군소배들과 결탁해 불궤(不軌)를 도모합니다."

일개 관노가 세종의 적자이자 문종의 동생을 고변하는 증거는 비단으로 만든 가죽띠였다. 금성대군이 군소배들에게 가죽띠를 주었는데, 이것이 역모의 증거라는 것이다. 이동의 고변을 중개한 이징석이 수양의 즉위를 도운 좌익 3등공신이라는 점에서 이 역시 정치 공작일 것이다. 이징석의 동생 이징옥(李澄玉)은 수양의 즉위에 반발해 거병했는데, 형 징석은 전혀 다른 길을 걸었다. 친동생이 거병했으면 형이 연좌되게 되어 있었지만 이징석은 "나는 평소에 동생과 사이가 나빴으며 내통하지 않았다"라고 주장해 연좌에서 벗어났다.

7월 3일에는 순흥 부사 이보흠(李甫欽)이 "이유가 역모를 꾀했습니다"라고 치계(馳啓: 급하게 장계를 올림)했다. 그런데 《세조실록》은 이렇게 말하고 있다.

"이보흠이 예를 갖추어 배알하자 진기한 보물과 옷가지를 선물로 주고 이보흠을 겁박해서 반란하게 했다."

이보흠이 금성대군을 고변했는데, 금성대군이 이보흠을 겁박해서 반란하게 했다는 것이니 한마디로 앞뒤 맞지 않는 허황된 이야기들이었다. 그러나 역모 사건이니 의금부의 수사는 혹독했다. 의금부는 10월 9일 수사 결과를 보고했다.

금성대군이 지방의 하급 벼슬아치들과 군사 및 향리 몇 명에게 뇌물을 주면서 끌어들였다는 것이다. 또한 순흥 부사 이보흠에게 모자인 전립(戰笠)과 입자(笠子) 꼭대기에 부착하는 금정자(金頂子)를 주면서 일이 성사되면 "당상관이 될 것"이라고 했는데, 이보흠이 받지 않자 "다른 날 주겠다"고 했다는 것이다. 그러면서 금성대군이 이보흠에게 이렇게 말했다는 것이다.

"임금이 욕을 당하면 신하는 죽어야 하는 것인데, 내가 어찌 앉아서 죽음을 기다리겠는가? 청컨대 공(公)은 병사를 모아서 나와 함께 오늘 밤 곧장 영천을 공격하자. 영천에서 불응하면 군법(軍法)으로 따르게 하고, 즉시 안동으로 향하면, 안동은 나의 가동(家僮)들이 모여 사는 곳이니 2,000~3,000명의 병사는 얻을 수 있을 것이다. 이로써 호령하면 누가 감히 따르지 않겠는가?"(《세조실록》 3년 10월 9일)

금성대군은 칼을 뽑아서 이보흠을 위협해서 서명하게 했다는 것이다. 그러나 금성대군이 수양 측의 공격을 받은 것은 2년 전인 단종 3년(1455) 2월부터였다. 이때 화의군 이영 등이 금성대군의 집에서 활을 쐈는데 수양 측에 알리지 않았다고 비판했는데, 이는 수양 측이 금성대군의 동태를 감시하고 있었음을 뜻하는 것이다. 금성대군이 수양의 왕위 찬탈 의도에 노골적으로 반감을 드러내자 수양 측의 공격은 더욱 심해졌다. 세조 즉위 후에 금성대군은 여러 유배지를 전전하다가 경상도 순흥으로 이배되었다. 이런 금성대군이 순흥 부사를 칼로 위협해 봉기하려 했다는 것은 어느 모로 보나 이치에 맞지 않는다. 물론 금성대군이 순흥의 하위 벼슬아치나 아전들과 좋은 관계를 맺었을 수는 있다. 그러나 이런 하위 벼슬아치나 아전들을 믿고 조정을 뒤엎으려고 한다는 것은 있을 수 없는 일이었다. 그러나 세종의 친자식들이 죽어나가는 판국에 지방의 하위 벼슬아치나 아전들의 목숨은 파리 목숨보다 못한 것이었다. 순흥의 기관(記官) 중재(仲才)와 품관(品官) 안순손(安順孫)·김유성(金由性)·안처강(安處强)·안효우(安孝友) 등 17명은 사지가 찢겨 죽는 능지처사를 당했고, 이보흠은 장 100대를 맞고 유배 3,000리에 처해졌다가 훗날 사형당했다.

이 모든 것이 단종을 죽이기 위한 사전 정지 작업이었다. 10월 18일 양녕·효령 양 대군은 다시 수양에게 단종과 금성대군을 죽여야 한다고 청했고, 세조는 다시 거부하는 자세를 취했다. 이튿날 양녕대군 이제는 다시 단종과 금성대군을 죽여야 한다고 주청했고, 세조가 윤허하지 않자 이제는 강하게 밀어붙였다.

"대역과 같이 일이 종사에 관계되는 것은, 상량(商量: 헤아림)할 바가 아닙니다. 청컨대 대의로써 결단하소서."

단종과 금성대군을 죽이는 것이 대의라는 것이었다. 자신의 왕위를 빼앗은 세종 일가에 대한 양녕 이제의 복수는 끈질겼다. 그는 그다음 날(20일) 다시 사형을 주청했는데, 그 대상이 더 늘어났다.

"전에 청한 이유(금성)와 노산군·이영(화의군)·이어(한남군)·이전(영풍군)·정종(문종의 사위)·송현수(단종의 장인) 등의 일을 청컨대 속히 결단하소서."

세조가 다시 거절하는 척했다.

"근일에 사무가 번다해서 상량할 틈이 없었다."

"이런 큰일은 상량할 바가 아닙니다."

이런 큰일은 생각할 것도 없이 죽여야 한다는 뜻이었다. 중국 같았다면 태자 자리에 있다가 쫓겨났으면 곧 죽는 것이었다. 비단 중국뿐만 아니라 조선도 마찬가지였지만 세종이 양녕을 끝내 보호한 결과 목숨을 건진 것이었다. 그러나 양녕은 세종을 자신을 보호한 인군(仁君)으로 보지 않고 자신의 왕위를 빼앗은 동생으로 보았다. 이런 양녕에게 수양이 불러온 세종 일가의 골육상쟁은 남의 칼을 빌려 사람을 죽이는 차도살인(借刀殺人)이었다. 21일에도 양녕은 이들을 죽여야 한다고 주청했고, 영의정 정인지가 가세했다.

드디어 세조가 못 이기는 체 금성대군의 사사(賜死)를 명했다. 정인지 등이 다른 왕자들과 문종의 사위 정종과 단종의 장인 송현수도 죽여야 한다고 다시 주청했고, 세조는 송현수의 목을 졸라 죽이라고 명했다.《세조실록》은 단종의 최후에 대해 간략하게 덧붙이고 있다.

"노산군이 이를 듣고 또한 스스로 목매어 자살하니 예로써 장사 지냈다."

10월 24일 세조가 경회루에서 도승지 조석문을 인견했는데, 사관이 따라와 대화 내용을 적으려고 하자 조석문이 막았다. 이때 세종의 딸 정현옹주와 혼인한 좌익 1등 공신 윤사로는 "송현수의 딸을 받기를 원한다"라고 말했다. 송현수의 딸은 단종의 처제니 한때 국모로 섬겼던 여인의 친아우를 노리개로 삼고 싶다는 뜻이었다. 사관은 윤사로에 대해 "재산 불리기에 능해서 지방의 농장에 수만 석을 쌓아놓고, 서울 제택(第宅)에 곡식을 쌓아놓은 창고도 굉장해서 몇 리 밖에서도 볼 수 있었다"라고 말하고 있다. 수양의 쿠데타는 임영대군이나 윤사로 같은 인물들의 천국을 만든 것이었다.

훗날 이자는《음애일기》에서 단종이 스스로 목을 맸다는《세조실록》기사를 이렇게 비판했다.

"이는 단지 당시의 여우나 쥐새끼 같은 무리들의 간사하고 아첨하는 붓 장난이니, 대개 후일에 실록을 편수한 자들은 모두 당시에 세조를 따르던 자들이다."

이런《세조실록》의 사관들이 봐도 윤사로 등의 행위는 인간의 범주를 벗어났다고 본 것이다.《세조실록》이외의 대부분의 기록들은 단

금성단 안에 있는 금성대군성인신단지비(錦城大君成仁神壇之碑)
숙종 연간에 금성대군을 추모하기 위한 단을 만들었다.

종이 자살한 것이 아니라 살해당했다고 전하고 있다. 《장릉지》는 《구지(舊誌)》, 즉 《노릉지》를 인용해 단종이 살해당하는 장면을 서술하고 있다. 《노릉지》는 조선 초기 문인 박종우(朴宗祐)가 단종과 사육신들에 대해 기록한 《병자록(丙子錄)》을 인용해서 세조 3년 10월 "노산군을 사사했다"라고 말하고 있다. 《노릉지》는 또 《병자록》을 인용해 이렇게 말하고 있다.

> 금부도사가 사약을 받들고 영월에 이르러 감히 들어가지 못하고 머뭇거리고 있으니, 나장(羅將)이 시간이 늦어져서 일을 그르칠까 발을 구르면서 급히 재촉했다. 도사가 하는 수 없이 들어가서 뜰 가운데 부복하니 노산이 익선관과 곤룡포를 갖추고 마당 가운데로 나와 온 까닭을 물었으나 도사가 대답하지 못했다. 그러자 평소에 모시던 한 공생(貢生: 심부름꾼)이 자청하여 이를 하겠다고 하고 한 가닥의 활줄로 목을 매어 죽였다 …… 공생은 미처 문을 나가지 못하고 아홉 구멍으로 피를 흘리며 즉사했다. 시녀와 종인(從人)들이 다투어 고을의 동강(東江)에 몸을 던져 죽으니 강에 뜬 시체가 가득했으며, 이날 천둥과 비가 크게 일어나고 강한 바람으로 나무가 뽑혀지고 검은 안개가 공중에 가득하여 밤이 지나도록 걷히지 않았다. (《노릉지》)

이때 사약을 들고 갔던 금부도사에 대해서 《노릉지》는 주석으로 '왕방연(王邦衍)'이라고 덧붙였다. 왕방연에 대해서는 "천만리 머나먼 길에 고운 님 여의옵고, 내 마음 둘 데 없어 냇가에 앉았으니, 저 물도 내 맘 같도다. 울어 밤길 예도다"라는 시조가 유명하다. 그런데 왕방연이 단종을 영월로 귀양 보낼 때 따라갔던 금부도사인지 사약을 내리러 갔던 도사인지 기록마다 다르다. 왕방연은 《세조실록》에 전혀 이름이 나오지 않는 것이 이런 논란을 더욱 부채질했을 것이다. 《노릉지》에 주석으로 왕방연을 적은 것은 후대의 일일 것이다. 조선 후기 영조·정조·순조 때 학자였던 이긍익(李肯翊: 1736~1806)은 《연려실기술(燃藜室記述)》에서 《병자록》을 인용해 이 노래를 실으면서 그 금부도사에 대해서 이름은 잊었다고 말하고 있다.

그런데 왕방연이라는 이름은 《숙종실록》에 나온다. 숙종은 재위 25년(1699) 1월 지방으로 떠나는 수령들을 인견하면서 이렇게 말했다.

"군신의 대의는 천지 사이에서 피할 수 없다. 단종대왕이 영월에 피해 계실 때 금부도사 왕방연이 고을에 도착하여 머뭇거리면서 감히 들어가지 못했고, 뜰에 입시했을 때 단종대왕께서 관복을 갖추고 마루로 나오셔서 온 이유를 하문하셨으나 왕방연이 대답하지 못하였다. 그는 명을 받든 신하인데도 오히려 이렇게 했는데, 앞에서 늘 모시던 공생 하나가 차마하지 못할 일을 스스로 하겠다고 자청했다가 즉시 아홉 구멍으로 피를 쏟고 죽었으니 하늘의 도가 밝고도 밝도다."(《숙종실록》 25년 1월 2일)

이 기사는 《승정원일기》의 같은 날짜 기록과 내용이 거의 같다. 이때 숙종은 강원도에 단종을 죽인 공생의 이름을 알 수 있는 단서가 있으면 찾아서 보고하라고 명했다. 그 후 최석정(崔錫鼎)이 "단종의 위호를 회복시켰고, 사육신도 포상했으니 이런 일들은 마땅히 덮어두어야 합니다"라고 건의했다. 굳이 공생의 이름을 알아낼 필요가 없다는 것인데 숙종도 옳게 여겨서 그만두었다.

영월에 있는 단종의 무덤 장릉

숙종은 왕방연이라는 이름을 어떻게 알았는지는 밝히지 않아서 그 출처를 알 수 없지만 왕실 내부에는 이 사건에 대한 내용들이 전해지고 있었는지도 모른다. 숙종의 이 언급 이후 금부도사가 왕방연이라는 사실이 널리 알려진 것으로 추측된다. 왕방연의 시조는 고종 13년 (1876) 박효관(朴孝寬)과 안민영(安玟英)이 편찬한 《가곡원류(歌曲源流)》에 '천만리 머나먼 길에'라는 제목으로 실려 있는데, 계면조이수대엽 (界面調二數大葉)의 곡조로 수록되어 있다. 여기에 작사자가 왕방연이라면서 '개성 사람인데 노산(魯山) 때 금오랑(金吾郎: 의금부 도사)'이라고 설명하고 있다.

《육신록(六臣錄)》과 《단종출손기(端宗黜遜記)》는 금부도사가 나타나자 단종이 하늘을 우러러 "푸른 하늘이 이렇게 앎이 없단 말인가?"라고 탄식하고, "돗개(돼지·개) 무리가 어느 면목으로 차마 해와 달 아래 다니느냐"라고 꾸짖었다고 전한다.

단종 1년(1453) 10월 수양이 계유정란이라고 이름 붙인 쿠데타는 4년 후인 세조 3년(1457) 10월 단종의 목숨까지 빼앗는 것까지 진행되었다. 그러나 이는 끝이 아니라 새로운 시작에 불과했다. 정상적인 헌법 질서를 통해 즉위한 선왕의 외아들이 왕위는 물론 끝내 목숨까지 빼앗긴 사건은 조선 유학 사회에 엄청난 충격과 후유증을 남겼다. 정상적인 가치관과 질서가 붕괴되었다. 세조의 왕실은 충성의 대상에서 극복의 대상으로 전락했다. 가장 강한 권력은 반대자를 마구 죽이는 것으로 만들어지는 것이 아니라 사회 구성원들의 자발적인 동의로 만들어진다는 평범한 사실을 세조와 그 일당들은 몰랐다. 더구나 상왕지지 신하들의 땅은 물론 그 어머니, 아내, 딸들까지 나누어 가진 패륜은 조선이 그동안 쌓아왔던 유교 국가의 가치관을 송두리째 저버렸다. 《육신전》의 저자 남효온과 5세 신동 김시습(金時習)이 과거 응시를 거부하고 생육신(生六臣)으로 평생을 산 것처럼 세조를 거부하는 사대부들이 줄을 이었다.

공신들의 나라에 백성들은 없다

개혁 관료 양성지의 상소

세조 때의 벼슬아치 중에서 주목할 인물이 양성지(梁誠之: 1415~1482)다. 그는 세종 때 과거에 급제한 후 집현전에 들어가 경서를 공부했고, 역사 담당 관서인 춘추관의 기주관으로서 역사도 공부했다. 그는 고려사 수사관이 되어 《고려사》를 개찬하고,《고려사지리지(高麗史地理志)》도 편찬했다. 유학 경전과 역사에 모두 밝은 그는 수양의 쿠데타인 계유정난에 참여하지 않았다. 또한 수양의 왕위 찬탈이 옳다고 생각하지도 않았다. 그렇다고 그는 사육신들처럼 단종을 위해 목숨 걸 생각은 없었다. 또한 공신들처럼 불법 전횡으로 축재할 생각도 없었다. 경전과 역사를 공부한 관료로서 최선을 다하는 것이 자신의 길이라고 생각했다. 그는 왕위 계승의 정당성을 따지기보다는 새로 왕이 된 인물을 선정으로 유도하는 것이 자신의 역할이라고 생각했다. 그래서 그는 세조가 자신의 즉위를 종묘에 고묘한 다음 날인 7월 5일 집현전 직제학으로 긴 상소를 올렸다.

이 상소에서 양성지는 세조가 비록 손에 숱한 피를 묻히며 왕위를 빼앗았지만 성군이 될 수 있는 방략들을 여러 가지로 나누어 제시했다. 첫째는 민심을 얻으라는 것이었다.

> 민심을 얻는 것입니다. 대개 임금이 나라를 누리는 데 그 길고 짧음은 민심을 얻는지 여하에 달려 있습니다. 예로부터 제왕은 폐해를 제거하고 백성을 구제하는 것으로 일어나 앞에서 창업하는 것입니다. 이를 계승한 군주가 다시 그 인민을 사랑하고 길러서 그 은택이 인심 속에 흡족히 배어 있으면 비록 쇠퇴하는 때에도 선왕의 덕을 생각해 백성들이 떠나지 못하는 것입니다.(《세조실록》 1년 7월 5일)

양성지는 중국의 주나라, 한나라, 당나라, 송나라가 오래간 것은 모두 민심을 얻었기 때문이라고 제시했다. 고려도 태조 이후 인종까지 10대 임금이 백성을 기르는 데 힘썼으므로 500년이 갔다고 덧붙였다. 그는 하늘이 군왕을 세운 것은 백성을 사랑하라는 뜻이라면서 고려가 긴 역년(曆年)을 누린 것은 민심을 얻었기 때문임을 반복해서 생각하라고 말했다. 그렇게 한다면 조선이 "단군(檀君), 기자(箕子), 삼국(三國), 전조(前朝: 고려)와 함께 아름다울 것"이라는 것이다. 단군조선과 기자조선, 삼국과 고려는 모두 아름다운 왕조인데, 조선도 백성을 사랑하면 아름다운 왕조가 될 수 있다는 것이었다. 그는 백성을 사랑하는 구체적 방안에 대해서 제시했다.

"백성을 사랑하는 길이란 다름이 아니라 요역(徭役)을 가볍게 하고, 부세(賦稅)를 싸게 부과하고, 형벌을 덜어주는 세 가지가 있을 뿐입니다."

백성을 사랑하는 길은 화려한 말장난이 아니라 구체적인 세 가지 정책인데, 첫째가 백성들의 노동력을 징발하는 요역을 가볍게 하는 것이고, 둘째가 각종 세금을 싸게 부과하는 것이고, 셋째가 백성들에 대한 형벌을 가볍게 하는 것이라는 뜻이었다. 이 세 가지는 모두 백성들에게 실질적으로 혜택이 가는 정책들이었다. 이를 실천하는 길이 민심을 얻는 길이란 뜻이었다.

양성지가 두 번째로 제시한 것은 제도를 정비하라는 것이었다. 백성들에게 구체적인 혜택이 가는 정치는 바로 제도를 정비하는 것이었다.

제도(制度)를 정하는 것입니다. 대개 백성을 휴양시키고 살아 숨 쉬게 하는 것이 임금의 가장 급한 임무지만 법을 세우고 제도를 정하는 것 또한 늦출 수 없습니다. 백성을 사랑하는 것은 나라를 위하는 근본이고, 법을 세우는 것은 세상을 다스리는 도로서 이것을 시행하면서 저것을 버릴 수는 없는 것입니다. 법제가 정해지지 않는다는 것은 곧 한때의 법제가 수시로 세워졌다가 개정되는 것이니 후세 자손이 진실로 기대어 의지할 데가 없게 되는 것입니다.

백성들이 안정된 삶을 누릴 수 있는 가장 든든한 바탕은 법 제정이었다. 양반이나 노비나 공통적으로 적용되는 법이 있다면 그 법 제도 아래에서 백성들은 안심하고 생업에 종사할 수 있었다. 조선은 건국 직후부터 정도전이 지은 《조선경국전(朝鮮經國典)》과 조준(趙浚)이 편찬을 주도한 《경제육전(經濟六典)》 등의 법령집이 있었다. 여기에서 경제란 재화나 용역을 생산하거나 분배 또는 소비하는 활동을 뜻하는 것이 아니라 세상을 경영하고 백성들을 구제한다는 뜻의 '경세제민(經世濟民)'의 준말이다. 육전(六典)은 이조·호조·예조·병조·형조·공조를 뜻하는데 《경제육전》은 육조(六曹)가 관할하는 업무와 그 근거 법령을 명시한 것이었다. 태종 때는 이를 보완한 여러 《속육전(續六典)》을 편찬했고, 세종 때는 《육전등록(六典謄錄)》을 편찬했다. 《속육전》과 《육전등록》은 모두 《경제육전》의 내용을 보완하는 법률서들이었다.

양성지는 그때그때 법률서를 보완해서 편찬하기보다는 하나의 완결된 법률서가 필요하다고 건의하는 것이었다. 세조는 양성지의 건의가 옳다고 생각해서 육전상정소(六典詳定所)를 두어 항구적인 법전을 편찬하게 했는데, 이것이 성종 16년(1485) 완성된 《경국대전(經國大典)》이었다. 이후 《경국대전》은 조선조 내내 헌법의 역할을 하는 법전으로 기능했다.

양성지가 말하는 제도는 법전만을 뜻하는 것이 아니라 토지제도도 포함하는 것이었다. 조선에서 역사에 밝은 유학자라면 누구나 고려 초기를 이상적인 사회로 바라보았다. 고려는 백관은 물론 백성들에게 농토를 나누어주고 그를 대가로 병역 의무를 수행하는 부위제(府衛制)가 잘 갖추어져 있었다. 그래서 여러 외국 군대가 쳐들어와도 모든 백성들이 내 땅을 지키겠다는 결의로 싸웠으므로 물리칠 수 있었던 것이다. 양성지는 이랬던 고려가 후에는 전제(田制: 토지제도)가 문란해지

면서 권세가들이 남의 땅을 차지해 사전(私田)으로 만들었고, 이 때문
에 군사 제도가 무너져서 외군이 쳐들어와도 막을 군사가 없어졌다는
것이었다. 그래서 토지제도를 정비해 백성들이 안정적인 생활을 할
수 있게 만들어야 한다는 것이었다. 그는 이렇게 말했다.

> 바라건대 대신에게 명하셔서 이런 법들을 다시 생각해서 일대(一代)의
> 법을 제정해서 자손만대의 법칙으로 삼으면 심히 다행이겠습니다.

양성지는 역사에 밝은 유신(儒臣: 유학자인 벼슬아치)답게 '전대(前代)를
본받아야 한다'고 건의했다. 과거 중국과 조선의 여러 왕조들 중에서
나라를 흥하게 했던 여러 군주들의 사례들과 잘못된 사례들을 들면
서 교훈으로 삼아야 한다고 주청한 것이다. 양성지는 또한 우리의 역
사를 잘 알아야 한다고 건의했다. 양성지는 "우리 동방 사람들이 중국
의 성대함만 알고 동방의 일들을 상고할 줄 모르는데 이는 크게 불가

한 것"이라면서 우리 역사도 잘 알아야 한다고 주청했다. 또한 우리의 옛 역사 강역이 만 리라면서 조선의 정체성을 잃어서는 안 된다고 주청했다.

예법은 본국의 풍습을 따라야 한다는 것입니다. …… 우리 동방 사람들은 대대로 요수(遼水) 동쪽에 살아서 '만 리(萬里)의 나라'라고 불렀습니다 …… 풍토와 기후도 달라서 단군 때부터 관청과 주(州)를 설치하고 스스로 백성을 감화시키는 교육을 실시했습니다. 전조(前朝: 고려)의 태조(太祖: 왕건)는 신서(信書)를 지어 국민을 가르쳤는데, 의관과 언어는 모두 본국의 풍속을 준수하도록 하였습니다. 만일 의관과 언어가 중국과 다르지 않다면 민심이 정착되지 않아서 마치 제(齊)나라 사람이 노(魯)나라에 간 것 같게 될 것입니다. 전조 때 불평불만을 품은 무리들이 서로 몽고로 투화(投化: 귀화)한 것은 국가로서는 아주 미편한 일이었습니다. 바라건대 의관은 조복(朝服) 이외에는 모두 중국의 제도를 따를 필요가 없고, 언어는 통사(通事: 통역관) 이외에 옛 습속을 변경할 필요가 없습니다. 비록 연등(燃燈)이나 척석(擲石)이라 할지라도 또한 옛 습속을 좇는 것이 불가할 것 없습니다.

우리 역사가 단군부터 시작한다고 생각한 양성지는 우리의 강토는 대대로 요동 동쪽이어서 '만 리의 나라'라고 불렸다고 말했다. 현재는 요녕성 요하(遼河)를 기준으로 그 동쪽을 요동이라고 말하지만 이는 후대에 생긴 개념이다. 요하가 흐르는 심양이나 요양 등지에서 압록강이 흐르는 단동(丹東)까지는 약 300여 킬로미터쯤 된다. 그러니 현재의 요하를 기준으로 삼을 경우 '사천 리의 나라'지 '만 리의 나라'가 될 수 없었다. 양성지가 말한 만 리의 나라가 되려면 현재의 요하보다 훨씬 서쪽까지 차지했어야 할 것이다. 중국의 옛 물길을 기록한 《수경 (水經)》을 해석하면 현재의 하북성 난하(灤河)를 고대에는 요수(遼水)라 고 썼음을 알 수 있다. 이 정도가 되어야 '만 리의 나라'라고 할 수 있 을 것이다.

양성지는 중화 사대주의 유학자들과는 달랐다. 그래서 우리 고유 의 언어와 풍속을 지켜야 한다고 생각했다. 그래서 정월 보름 연등을 켜고 석가모니에게 복을 비는 연등회나 5월 단오에 각 동네에서 패를 갈라 돌을 던지는 척석도 금지할 필요가 없다고 생각했다.

이 상소에서 양성지는 문무(文武)를 하나같이 대접해야 한다고 권했 다. 만약 임금이 문관만 우대하면 고려 때 발생했던 무신 난 같은 것 이 일어날 것이 염려된다는 것이다. 이 무렵 이미 유학자들 사이에서 무(武)를 천시하는 풍조가 일어나고 있었다는 점에서 문무를 같게 대 접해야 한다는 상소는 미래를 예견한 것이었다. 양성지는 단종 때도 나라를 다스리는 요체로 '사람을 잘 등용하고, 간쟁을 따르며, 상벌을 명확하게 하는 것'이라는 상소를 올렸었다.

양성지는 수양의 왕위 찬탈을 지지하지는 않았지만 이왕 임금이 된 이상 성군의 길로 이끌어야 한다고 생각했다. 참여 하의 개혁론자라 고 할 만한 인물이었다.

양성지의 상소에 세조는 깊은 인상을 가졌다. 그래서 3년 전인 단종 즉위년(1452) 임신년(壬申年)에 그가 올린 행성(行城)에 관한 상소까지 가져오게 해서 다시 읽어보았다.

"너의 두 상소는 모두 아주 간절한 것이다."

세조는 근본적인 법을 세우라는 양성지의 상소가 매우 옳다고 여겼다. 그래서 법전 편찬을 명했고, 이것이 성종 때 《경국대전》으로 완성된다. 세조는 법을 분명하게 세우는 것이 백성들이 억울한 일을 겪는 것을 막는 길이라고 생각했다.

세조는 지방관들이 처리하는 옥사에 억울한 일이 많다는 것을 알고 있었다. 그래서 재위 2년(1456) 5월 승정원에 전지를 내려 지방관이 처리하는 옥사에도 모두 임금의 재가를 받아야 한다고 말했다.

"지금 중외(中外: 지방) 관리들이 즉석에서 결정하는 옥사가 매우 많다. 심지어 백성들을 변방으로 옮기는 것도 즉석에서 시행하는데, 비록 작은 물건을 훔친 자들도 변방으로 옮기니 내가 그 원통함을 불쌍히 여겨서 앞으로는 특별히 취지(取旨: 임금의 허락을 받음)를 명한다. 그 밖에 즉석에서 결정하는 여러 옥사에도 어찌 이런 종류가 없겠는가? 모두 임금의 재가를 받게 하려고 하는데 어떻겠는가?"(《세조실록》 2년 5월 7일)

조선은 법이 엄격하던 나라였다. 세조가 말한 대로 작은 물건을 훔쳐도 변방으로 옮겨지는 형벌을 내렸다. 세조는 지방관들이 내리는 모든 형벌에 대해 자신이 직접 살펴보고 재가하겠다는 것이었다. 구치관(具致寬)과 한명회 등의 승지들이 답했다.

"성상의 하교는 진실로 합당합니다. …… 그러나 이렇게 작은 일까지 임금이 모두 알 수는 없으니 장죄(杖罪) 이상만 재가를 받게 하소서."

한명회와 구치관은 서울에서 먼 지방에서 내린 판결까지 모두 임금의 재가를 받아 형벌을 시행하면 옥사가 밀릴 것이라고 염려했다. 그래서 세조는 지방에서는 연말에 죄명을 갖추어 써서 올리라는 것으로 수정했다. 연말에 임금이 직접 살펴본다는 사실을 알면 지방관들이 주의할 것으로 생각한 것이었다.

세조는 시중 상업 활동의 애로 사항에 대해서도 잘 알고 있었다.

"또 저화(楮貨)의 값은 관가에서는 무겁고 민간에서는 가벼운데, 여러 관사의 사령(使令)들이 간혹 '시준(市准)'이라고 칭하면서 모두 억지로 팔고 있으니, 이제부터는 시준을 금지시켜서 백성들의 편안함을 들어 주려고 하는데 어떠하겠느냐? 아니면 (시준을) 폐지할 수는 없겠느냐?"

시준(市准)은 조정에서 정한 시장 가격을 말하는데, 시전(市廛: 상설 점포)을 관리하는 경시서(京市署)에서 1년 또는 3개월마다 분대감찰(分臺監察)의 입회 아래 여러 상인들을 모아서 정하는 각 물건의 가격이었다. 종이돈인 저화는 경제 현장에서는 백성들이 선호하지 않아서 정부에서 정한 액면가 구실을 못했다. 태종 때 조정에서 저화 한 장을 상5승포(常五升布) 한 필(匹)로 쳤는데 이는 쌀 두 말 값어치가 있었다. 그러나 민간에서는 액면가보다 훨씬 싸게 취급되었다. 문제는 관이나 권세 있는 벼슬아치들이 시중에서 물건을 살 때 저화를 주고 강매하는 경우가 있었다는 것이다. 저화의 액면가대로 물건을 사면 사실상 반값에 사는 격이었다. 민간에서 오래 산 세조는 이런 폐단을 잘 알고 있었다. 그러니 이런 시준을 없애는 것이 어떠냐는 것이었다.

한명회와 구치관도 시준의 폐단을 잘 알고 있었다. 그러나 공가(公家)에서 출납할 때 시준을 근거로 삼고 있으니 없앨 수는 없다고 주장했다. 정치라는 것이 예나 지금이나 현실에 제약되기 마련이었다. 세조도 시준의 문제점을 알고, 한명회·구치관도 이 문제의 폐단을 알았지만 기준이 없을 수 없기 때문에 없앨 수는 없다는 것이었다.

양성지는 나라에서 백성들에게 형벌을 덜어주어야 한다고 말했다. 세조 또한 양성지의 제안이 맞다고 생각했다. 세조는 사법기관들이 백성들의 삶에 너무 깊게 개입하는 것은 문제라고 생각했다. 그중 하나가 음사(淫祀)였다. 음사란 관청에서 지내는 제사 외에 민간에서 무당들이 지내던 여러 제사를 뜻한다. 유학자들은 민간에서 지내는 모든 제사를 금해야 한다고 주장했다. 이에 따라 의금부·사헌부·형조·한성부 등의 법사(法司: 사법기관)에서 음사를 적발하고 처벌했는데, 이는 백성들의 신앙생활을 침범하는 것이어서 민원이 많았다. 세조는 민간에서 귀신에게 제사 지내는 것을 법사에서 금지하지 못하게 하라고 명했다.

세조는 사헌부 장령 김서진(金瑞陳)을 직접 불러 물었다.

"대개 번거롭고 가혹한 것은 진(秦)나라를 망친 법으로 상앙(商鞅)이 만든 것이다. 대저 금령(禁令)이 번다(煩多)하면 백성들이 편안히 살 수 없다. 지금 작은 허물을 용서해서 나라를 잘 다스리려 한다. 음사 금지는 작은 일로서 내가 여러 차례 금하지 말라고 명했는데도 사헌부에서 그 잘못을 모조리 들춰낸다니 근일 이로써 처벌한 사람은 얼마이고 누구누구인가?"《세조실록》 2년 5월 7일)

"음사 금지는《육전(六典)》에 실려 있으므로 지금까지 금하고 있습니다. 근일 상(喪)을 당한 사람이 성 밖에서 야제(野祭: 들에서 지내는 제사)를 지냈는데, 남녀가 거의 수십 명에 이르렀고, 창아(娼兒: 기생)들도 또한 참가해서 노래하고 춤추었으므로 이미 잡아다가 처벌했습니다. 또한 무녀(巫女)가 남녀 10여 인을 모아서 그 집에서 술을 마셔서 사헌부의 아전이 잡다가 사실을 조사했는데 모두 그 사람의 친척 남녀이므로 이들은 처벌하지 않았습니다.”

국가에서 지내는 제사 이외의 사사로운 제사는 금지한다는 것이 《육전》에 실려 있으므로 금지하고 있다는 것이다.

“내가《육전》의 법을 그르다는 것이 아니다.《육전》에 실려 있는 것은 그대로 두되 나는 우선 작은 금령들을 시행하지 않으려는 것이다. 이것 또한 한때의 법인데, 지금 헌사(憲司: 사헌부)에서 한갓 법조문에만 얽매여 작은 일들을 강제로 금지하고 있다. 무릇 내 말이 곧 법이다. 오늘날의 유자(儒者)들은 하루아침에 갑자기 귀하게 되면 망령되게도 스스로 고상하다고 생각해서 대체(大體)를 돌아보지 않고 오직 눈앞에 통쾌한 일만 힘쓰니 매우 옳지 못하다. 이제 음사도 금하지 말아야 하는데 유사(有司: 관계 기관)에서 반드시 금하려고 해서 법리(法吏)들에게 백성들을 착취하는 여지를 만들어주니 내가 그들을 잡다가 고(告)하는 자를 매우 그르게 여긴다.”

세조는 민간의 신앙생활을 금지하는 것을 그르다고 보았다. 그래서 앞으로는 이런 일들을 금하지 말고 “다만 국기일(國忌日)에만 음사를 금지하는 것이 좋겠다”라고 말했다.

김서진(金瑞陳) 등이 명을 듣고 물러간 후 승지들이 아뢰었다.

“미천한 백성(細民)들은 국기일을 모르는데 이제 국기일에 금지시킨다면 무지한 백성들이 반드시 죄에 빠질 것입니다.”

국기일이란 역대 임금과 왕비가 세상을 떠난 날이었다. 이날은 임금이 정사를 보지 않고 경건하게 보냈다. 이중에는 추존한 임금들과 왕비들이 세상 떠난 날도 포함되어 있었다. 그러나 일반 백성들이 추존한 임금과 왕비들과 역대 임금과 왕비들이 세상을 떠난 날을 알 수가 없었다. 세조는 바로 잘못을 시인했다.

"내가 잘못 말한 것이다. 비록 국기일을 당하더라도 금지하지 않는 것이 좋겠다."

세조는 다시 사헌부를 불러 국기일에도 처벌하지 말라고 명했다.

세조는 사헌부에서 틈만 있으면 백성들의 작은 잘못을 처벌하려고 하는 것을 그르다고 여겼다. 세조 3년 3월 29일 사헌부 장령 김명중(金命中)이 아뢰었다.

"지금 외방에 심한 흉년이 들었으니 청컨대 술을 금하게 하소서."

흉년이 들었으니 술을 금하게 하자는 것이었다. 이는 당연히 재가 할 일이었지만 세조는 달랐다.

"미약한 소민(小民)들은 겨우 한 번 술에 취했다고 먼저 논박당하지만 힘 있고 강한 자들은 술을 마시지 않는 날이 없는데도 도리어 논박당하지 않으니 이런 법은 시행해도 이익이 없을 것이다."

세조 3년 4월에는 남녀 7, 8인이 술에 취해서 거문고를 타고 노래를 부르면서 대궐 문을 지나갔다고 사헌부에서 체포했다. 장령 김명중이 이들을 국문하겠다고 청하자 세조가 전교로 꾸짖었다.

"무릇 미천한 백성은 근심과 걱정이 없으면 곧 노래를 부르는데 어찌 감히 백성들로 하여금 괴롭게 만들고 즐거워하지 못하게 하는가? 내가 전일에 미천한 백성이 모여서 술 마시는 것을 금하지 않는다고 이미 교지를 내렸는데, 너희들이 어찌 함부로 잡아 와서 아뢰는가?"

세조의 질책에 김명중이 아뢰었다.

"성상께 아뢰지 않고서 잡아왔으니 실로 신에게 죄가 있습니다."

그러나 김명중은 자신이 잘못했다고 생각하지 않았다.

"금년은 한재(旱災: 가뭄)가 있어서 보리와 밀이 이삭이 패지 못하여 매우 흉년이 든 해여서 물건 값이 뛰어오르니, 신은 술을 금하는 것이 편리하다고 생각합니다."

세조는 김명중이 자신에게 항거하고 있다고 생각해서 의금부에 전지했다.

"김명중이 교지를 거스르고 제멋대로 위복(威福)을 행했고 문책할 때도 항거하면서 쟁론해서 존경하는 마음이 조금도 없었으니 그것을 추국해서 아뢰라."

의금부는 김명중을 불경한 죄에 연좌시켜야 한다고 보고했다. 임금에 대한 불경죄는 사형에 해당하는 것이었다. 세조는 좌천시키도록 하고 그와 함께 소민들을 단속할 것을 의논한 다른 사헌부 관료들은 죄를 논하지 않게 했다. 세조의 이런 이 조치는 사헌부의 백성들 일상생활에 대한 간섭을 크게 위축시켰다.

《세조실록》의 사관은 이런 상황에 대해서 부정적으로 묘사했다.

"이때 금령(禁令)이 자못 관대하니 무당의 풍속이 성행해서 도성 사람들과 사녀(士女)들도 모여서 무리로 술 마시는 것을 싫어하지 않았다. 매양 한번 술자리가 열리면 반드시 크게 음악을 베풀고 해가 저물어서야 헤어져 돌아갔다. 남녀가 노래하고 춤을 추며 길거리에서 큰 소리로 떠들면서 태평한 시대의 즐거운 일이라고 불렀다. 귀가(貴家)의 부인들도 이를 많이 본받아 큰 장막을 설치하고 아들과 며느리를 다 모아서 다투어 호사와 사치를 경쟁했고, 그 준비가 매우 극진했다. 두견화(杜鵑花)가 필 때에 더욱 많게 되니, 이를 '전화음(煎花飮)'이라고

불렀다."《세조실록》 3년 4월 22일)

전화(煎花)는 꽃지짐을 뜻한다. 두견화 등으로 지짐을 지져 먹으면서 술을 마시는 것을 '전화음'이라고 했다는 것이다.

세조는 자신이 왕으로 있을 때 백성들이 즐겁게 노는 것을 제한하지 않았다. 어떻게 보면 이를 태평성대의 모습으로 생각해서 자신의 즉위를 정당화시키는 것으로 여겼는지도 모른다. 또한 유학자들이 사회를 근엄하게 끌고 가는 것을 잘못된 일이라고 여겼다. 사법 관리들이 백성들의 신앙생활과 음주 가무까지 처벌하는 것을 잘못된 정치라고 여겼다. 세조의 이런 태도는 백성들의 관점에서 사물을 바라보는 것으로서 군왕으로서 바람직한 자세였다. 문제는 백성들의 이익과 공신들의 이익이 부딪칠 때 군왕으로서 누구의 손을 들어주느냐 하는 점이었다. 바로 이 점에 세조의 숙명적 딜레마가 있었다.

공신들의 나라

세조는 재위 1년(1455) 8월 13일, 어필로 직접 교서를 내렸다. 공신을 책봉하라는 교서였다.

"내가 부덕한 사람으로 외람되게 대업을 이어받아 주야로 두려워하며, 상왕(上王: 단종)의 무거운 부탁에 부응할 것을 생각하니, 나의 팔다리 같은 여러 신하들의 도움이 미치지 않으면 이룰 수 없다. 생각건대 나의 팔다리 같은 여러 신하들이 보좌하여 돕고[佐翼: 좌익] 항거해서 어려움을 함께 구제한 공을 내가 어찌 잊겠는가?"

자신이 왕이 되는 데 여러 신하들의 도움이 있었으므로 이를 보좌하여 도운 좌익공신(佐翼功臣)을 책봉하라는 명령이었다.

"내가 화가위국(化家爲國)하여 오늘이 있게 된 것이 누구의 힘이었던가? 예로부터 천명을 받은 군주는 실로 사람의 힘이 미친 것이 아니고 먼 옛날에 이미 조짐이 있어서 미리 정해놓은 것이다. 그러나 사업(事業)을 놓고 고찰한다면 어찌 유독 하늘의 힘뿐이겠는가? 그 깊은 공을 생각하니 진정 잊지 못하겠노라. 부디 너희 정부는 속히 책훈(策勳)의 은전(恩典)을 거행하여 함께 배에 타는 뜻을 표시하라."

'화가위국'은 '집을 변화시켜 나라로 만들었다'는 뜻이다. 자신의 집안을 일으켜 나라를 세웠다는 의미로 주로 개국시조에게 사용한다. 조선도 마찬가지였다. 세조 이전에 태종도 자신의 즉위를 화가위국이라고 말하지 않았다. 오직 태조의 조선 개창을 말할 때만 화가위국이라고 표현했다. 세조는 조카의 왕위를 빼앗은 것을 나라를 새로 세운 화가위국이라고 주장하는 것이었다. 단종은 다름 아닌 세종의 적장손이었으니 자기모순에 불과했다.

다음 달 5일에 1등 7명, 2등 12명, 3등 25명 등 모두 44명의 좌익공신이 책봉되었다. 그 뒤 이미 죽은 윤형(尹炯)을 추증하고, 다시 홍윤성과 김질을 추가해 좌익공신은 모두 47명으로 늘어났다.

1등공신 7명 중 왕족들을 먼저 쓰는 원칙에 따라 계양군 이증의 이름이 가장 먼저 거명되었다. 계양군 이증은 세종이 신빈 김씨에게서 낳은 둘째 서자인데, 부인은 한확의 딸이었다. 누이를 명나라에 공녀로 바치고, 그 누이가 명 임금이 죽으면서 순장된 공으로 권세를 얻은 한확도 함께 1등공신이 되었으니 겹공신의 탄생이었다. 다음이 이증의 동생인 익현군 이관(李璭)이었다. 신하로는 한확·윤사로·권람·신숙주·한명회가 1등공신에 책봉되었다. 이중 윤사로는 세종의 딸 정현옹주와 혼인해 영천군에 봉해진 세종의 부마였다.

신빈 김씨의 아들들이 모두 수양 편에 섰다면 단종의 유모였던 혜빈 양씨의 후예들은 모두 단종 편에 섰다. 양씨는 세종과 사이에 한남군, 수춘군, 영풍군의 세 아들을 낳았는데, 모두 단종을 지지하다가 목숨을 잃었고, 양씨 자신도 재산을 빼앗긴 후 청풍으로 유배 갔다가 세조 1년(1455) 12월 교수형을 당해 목숨을 잃었다. 한남군은 함양으로 유배 가 위리안치되었다가 병사했고, 이듬해 동생 영풍군은 청풍 유배지에서 살해되었다. 수춘군은 세조가 즉위하기 직전 이미 사망한 뒤였다. 세조와 그 측근들이 혜빈 양씨를 죽이려 하자 단종이 특별히 목숨을 살려달라고 청했음에도 세조는 결국 단종의 유모이자 자신의 부친 세종이 총애했던 여인의 목숨을 빼앗았다.

이런 비극 속에서 탄생한 것이 좌익공신이었다. 세조는 좌익공신을 제2차 왕자의 난으로 책봉한 좌명(佐命)공신의 예에 따라서 포상하라고 명했다. 세조는 공신각(功臣閣)을 세워서 모든 공신들의 초상화를 그려서 봉안하게 했다.

2등공신은 정인지·이사철·윤암(尹巖)·이계린(李季疄)·이계전·강맹경·최항(崔恒)·전균·양정·권반(權攀)이었는데, 나중에 윤형(尹炯)·홍달손이 추가되었다. 3등공신은 권공(權恭)·이징석·정창손·황수신(黃守身)·박원형·구치관·윤사윤·성삼문·조석문 등이었는데, 상왕 복위 기도 사건 이후 성삼문은 삭탈당하고 대신 정창손이 2등으로 올라갔고, 고변자 김질이 3등공신이 되었다.

1등공신에게는 전토(田土) 150결을 주었는데, 최상등의 토지가 1결에 3,000여 평쯤 되니 가장 좋은 전토 45만여 평이 주어지는 것이었다. 뿐만 아니라 근수(跟隨: 관아의 하례) 7인, 반당(伴倘: 사환) 10인, 노비 13구(口), 백금(白金) 50냥(兩), 내구마 1필을 주었다.

이런 경제적 보상 못지않은 것이 신분 보상이었다. 1등공신들의 부모와 처는 3등급을 뛰어넘는 작위를 주고 자식은 3등급을 뛰어넘는 음직을 주었다. 이런 특권은 대를 이어 계속 세습되는 것이었다. 세조는 공신들이 범죄를 저지를 경우, '공신은 사형죄를 범해도 마땅히 용서해야 한다'(《세조실록》 8년 2월 30일)는 특권을 주었는데, 본인뿐만 아니라 그 자손들도 관료들의 인사안인《정안(政案)》에 "좌익공신 몇 등 ○○○의 후손이다"라고 기록해서 어떤 죄를 지든지 용서하게 했다.

단종 1년(1453) 10월 김종서 등을 죽이고 정난공신을 책봉한 지 2년 만에 다시 대규모 공신을 책봉한 것이다. 그나마 정난 1등공신들에게 전지 200결과 노비 25명을 내려준 것에 비하면 좌익공신의 경제적 보상은 조금 줄어든 셈이었다. 정난 2등공신은 전지 150결에 노비 15명을 받은 데 비해서 좌익 2등공신은 전지 100결에 노비 10명을 받았고, 정난 3등공신이 노비 100결을 받은 데 비해서 좌익 3등공신은 전지 80결에 노비 8명을 받았다.

정난 1등공신과 좌익 1등공신에 중첩 책봉된 인물들은 '한확·권람·한명회' 세 명이었다. 정난 1등공신이었던 정인지는 좌익 2등공신이 되었고, 정난 2등공신이었던 신숙주는 좌익 1등공신으로 올랐다. 같은 얼굴들이 돌아가면서 공신을 차지했다.

이것으로 끝이 아니었다.

세조 1년 12월 정공신(定功臣)의 자제·사위·수종자들을 원종공신(原從功臣)으로 책봉했는데 그 숫자가 무려 2,300여 명이었다. 원종공신에게는 나누어줄 토지가 부족했기 때문에 주로 신분상의 혜택만 주었다. 원종공신 전원에게 벼슬을 한 등급 올리고 자손에게 음직을 주며 후세까지 죄를 용서하는 특혜를 주었다. 원종공신에게 줄 벼슬이 부족하자 우선 나이가 많은 자는 일은 없이 녹봉만 타 가는 검직(檢職)을 제수했으니 공신이 아니면 벼슬을 꿈꾸기 어려웠다. 가족까지 1만 명이 넘는 공신과 그 가족들이 특권층이 된 것이었다. 세조가 아무리 애민과 선정을 강조해도 말장난이자 자기부정으로 끝날 수밖에 없는 이유가 여기에 있었다.

죄를 지어도 처벌받지 않으니 공신들의 범죄가 빈발할 수밖에 없었다. 그중에는 사회를 경악케 한 사건도 적지 않았다. 그중 하나가 공신 민발(閔發)의 이석산(李石山) 살해 사건이었다.

공신 민발의 이석산 살해 사건

세조 1년(1455) 12월 12일, 공신의 아들이자 원종공신인 이석산의 종이 형조에 실종 신고를 했다. 주인이 사라졌다는 신고였다. 이석산이 친구 신간(申澗)과 놀러 나간 이후 행방불명이라는 신고였다. 형조에서 신간을 잡아서 국문하니 신간이 진술했다.

"이석산이 민발의 첩 막비(莫非)와 몰래 간통했고, 또 노래하는 기녀 금자(錦紫)를 유혹하려고 했습니다. 그러나 그가 간 곳은 알 수 없습니다."

이석산은 무관직인 행 사용(行司勇)으로 있던 원종공신이었고, 민발도 원종 1등공신이었다. 공신이 사라졌으므로 대대적인 수색이 벌어졌다. 나흘 후인 12월 16일, 서대문 밖 천연동 서지(西池)에 있는 정자 반송정(盤松亭) 밑에서 이석산의 시신이 발견되었다. 시신의 상태는 눈 뜨고 볼 수 없을 정도로 참혹했다. 먼저 온몸이 칼로 난자당했다. 거기다 두 눈알도 빼버렸고 음경까지 제거했다. 극도의 원한이 있지 않으면 불가능한 일이었다. 의금부는 범인을 신고하는 자에게는 큰 부상을 주자고 건의했다. 천인(賤人)이면 면포 100필을 주고, 양인은 2자급 뛰어오르는 관직을 상으로 주고, 주범 이외에 종범이 자수하면 죄를 면해주자는 것이었다. 세조는 의금부의 계청을 그대로 따랐다가 잠시 후에 말을 바꿨다. 범인이 민발인 것이 거의 분명했기 때문이다.

"대개 사람이 죽으면 얼굴빛이 변한다. 이른바 이석산의 시신이라고 하지만 그것이 진짜인 것을 어떻게 알았느냐?"

세조는 동부승지 이휘(李徽)에게 의금부와 함께 시신을 다시 검사하게 했다. 이휘는 이런 극악한 사건의 범인은 절대 용서할 수 없다는 생각에서 철저하게 조사를 했다. 이석산의 시신만 조사한 것이 아니라 용의자 민발의 첩 막비의 집까지 가서 조사한 후 세조에게 보고했다. 이석산의 눈알을 빼고 음경을 베었으며 온몸을 창으로 찌른 상처

자국이 있다는 것이었다. 막비의 집에 가서 보니 외청(外廳) 벽에 피가 가득했는데, 혹은 피를 닦아내거나 벽지를 새로 바른 흔적이 있었다. 외청 바닥의 흙을 모래로 덮었는데, 파보니 그 아래 피 묻은 흙이 있었고, 어떤 곳은 삽 등으로 피가 배어든 흙을 팠다. 이휘가 무슨 피냐고 물으니 '말을 치료할 때 흘린 피'라고 대답했다. 말을 치료할 때 흘린 피가 외청 벽에 묻을 리는 없었다. 이휘는 막비의 집을 샅샅이 뒤져 작은 철창(鐵槍)을 찾았다. 이석산의 시체에서 창으로 찔린 구멍과 맞춰보니 딱 맞았다. 실종 당일 이석산은 양모로 짜서 만든 신발인 전정(氈精)을 신고 나갔는데, 한 짝이 없어졌다. 이 또한 막비의 집 방석 밑에서 찾았다.

이휘는 세조가 이석산의 시신이 맞느냐고 따진 것이 민발을 비호하기 위함이라는 사실을 알고 있었다. 그래서 발견된 시신이 이석산이라는 물증도 찾아야 했다. 이석산의 친모와 유모, 친구 신간을 불러서 이석산의 몸에 무슨 특징이 있느냐고 묻자 친모가 답했다.

"발꿈치에 검붉은 흔적이 있고, 일찍이 병 때문에 머리털이 모두 빠졌습니다."

신간은 이석산의 시신을 보고 눈물을 흘렸다. 동부승지 이휘는 이런 모든 조사 결과를 보고하면서 범인은 민발이 확실하니 민발을 가두고, 막비를 신문해야 한다고 건의했다. 증거가 명확했으므로 세조도 더 이상 비호하지 못하고 주청에 따랐다. 그러나 세조는 얼마 안 되어 민발을 석방했다.

"민발은 재위가 재상(宰相)에 이르렀고, 또한 원종공신이니 의심만으로 구금하는 것은 옳지 않다."

세조는 민발의 처리 문제를 승정원에 물었다.

"만약 민발이 한 짓이라면 민발이 원종공신인데, 어떤 율로 죄를 주어야 하는가?"

"민발이 비록 공신이지만 이석산도 또한 공신의 후손입니다. 공신이 공신을 살해한 것이니 죄를 감해줄 수는 없습니다."

법대로라면 민발은 사형이었다. 그러나 세조는 민발을 비호했다. 사건을 다시 조사하고 상을 내걸어 범인을 찾게 한 것이다. 세조의 자리에서 쓴 《세조실록》도 "나라 사람들이 모두 민발이 한 짓임을 알고 있었지만 다만 이만 갈 뿐이었다"라고 비판할 정도였다.

이휘는 세조의 사건 처리에 경악했다. 그는 성삼문과 함께 세조 즉위에 공을 세운 좌익공신 3등에 봉해진 공신이었다. 구체적인 공을 세웠다기보다는 세조가 지지 세력 확산 차원에서 책봉한 인물들이었다.

민발이 범인으로 밝혀진 지 한 달 가까이 지났는데도 세조는 딴청이었다. 세조 2년(1456) 1월 14일 세조가 대신 및 시종신들과 편전에서 정사를 의논하던 상참(常參)을 받는 자리에서 동부승지 이휘가 마음먹고 아뢰었다.

"민발이 이석산을 죽인 것은 명백한데 죄를 주지 않으시니 신은 민망하게 여깁니다. 이는 진실로 사람으로서는 할 수 없는 일인데 이런 일을 했으니 이런 일을 차마 할 수 있다면 무슨 일인들 차마하지 못하겠습니까?"

민발이 한 일은 사람으로서는 차마 하지 못할 일이었다. 자신의 첩을 보고 반했다고 눈알을 빼버린 것이고, 첩과 관계했다고 음경을 자른 것이었다. 그러나 세조는 도리어 이휘를 꾸짖었다.

"나라 사람들이 민발이 이석산을 죽였다고 의심하는 것은 모두 네 말에서 비롯되었다. …… 누가 시켜서 그렇게 한 것이냐? 내 너를 죄 주려고 한다."

이휘가 즉시 옥으로 나가서 대죄하자 세조는 파직시켰다. 이휘는 이듬해 상왕 복위 기도 사건에 가담하는데 사육신 이개의 매부이기도 했지만 공사를 구분 못하는 세조의 일 처리를 보고 더 이상 임금으로 모실 수 없다는 판단이 들었을 것이다. 이휘는 상왕 복위 기도 사건에 가담했다가 능지처참을 당하고, 그의 부인 열비(列非)는 이계전에게 주어졌고, 그의 평산 전지는 효령대군 이보가 차지하는 등 집안이 풍비박산 났다.

이석산을 죽이고도 무사했던 민발은 급기야 세조까지 무시하는 지경에 이르렀다. 세조 2년 4월 20일, 명나라로부터 세조가 국왕의 고명을 받는 날이었다. 명나라 사신은 조선 출신 윤봉과 김흥이었다. 크게 기뻐한 세조는 대사령을 반포한 후 상왕 단종과 함께 명나라 사신들이 머무는 태평관에 거둥해서 사신 도착 날 베푸는 하마연을 베풀었다. 하마연이 끝나자 윤봉 등이 단종과 세조를 중문(中門) 밖에서 배송했다. 두 임금이 탄 어가가 종루 아래 이르자 세조는 종친들에게 말을 타도 좋다고 허용했다. 여러 대군과 군들이 말을 타려고 하는데 겸사복(兼司僕) 민발이 임영대군의 말을 막았다. 말을 타려는 임영대군과 이를 막는 민발 사이에 싸움이 벌어졌다. 임영대군은 세종과 소헌왕후 심씨의 넷째아들로서 세조의 친동생이었다. 세조의 바로 아래동생 안평대군이 사형당했으니 살아 있는 동생 중에서는 가장 맏이었다. 민발은 이런 대군의 말까지 막을 정도로 안하무인이었다. 《세조실록》은 민발에 대해 "벌의 눈과 승냥이의 목소리를 갖고 있었는데, 용감했지만 의리가 없었다"고 비판하고 있다. 민발은 그간 형 민서(閔敍)와 많은 물의를 일으켰다. 급기야 공신의 아들이자 같은 공신인 이석산을 죽이고도 무사했으니 세조의 명령까지도 우습게 보게 된 것이었다.

민발이 임영대군의 상마(上馬)를 막은 것을 두고 옥신각신하자 세조가 직접 민발을 불러 제지했다. 그러나 민발은 세조의 말도 듣지 않았다. 세조가 굳게 명하면서 제지한 후에야 드디어 그쳤다. 세조가 말했다.

"네가 나의 명을 굳게 거역했으니 네 죄가 크다."

《세조실록》은 "민발이 자신이 옳다고 고집하면서 불손한 말을 많이 했다"고 전하고 있을 정도로 공개적인 하극상이었다. 세조가 민발의 손을 잡고 여러 번 깨우치자 민발이 취한 체하면서 광화문 안으로 들어갔다. 세조가 호군(護軍) 황석생(黃石生)을 시켜 민발에게 곤장 몇 대를 치게 하고 물었다.

"네가 명을 어긴 잘못을 깨닫지 못하겠느냐?"

민발은 거짓으로 취한 체하면서 답했다.

"조효문(曹孝門)이 신에게 이구(임영대군)를 붙들어 내쫓으라고 시켰으니 신은 진실로 죄가 없습니다."

"네가 다른 사람을 무고해서 끌어 대느냐? 비록 조효문이 네게 시켰더라도 내가 두세 번이나 그치라고 했는데도 따르지 않은 것은 무슨 까닭이냐?"

세조는 민발에게 곤장을 치게 하고 의금부에 하옥했다.

"민발은 고집이 세고 사납다. 일찍이 큰 죄를 범했으나 내가 그 재주를 아껴서 상서(上書)를 올려 목숨을 살려주었고, 또 이석산을 죽여서 온 나라가 죄를 청했어도 내가 불허했다. 지금 잘못을 뉘우치지 않음이 이와 같으니 만약 어린 임금을 만났으면 무엇을 꺼렸겠는가? 저자에서 목을 벰이 마땅하다."(《세조실록》 2년 4월 20일)

세조가 말한 '일찍이 큰 죄'는 세종 30년(1448) 6월 5일에 발생한 일로서 형 민서도 연관된 사건이었다. 민발의 형인 사정(司正) 민서의 첩이 기생 소양비(笑楊妃)였다. 이조정랑 이영서(李永瑞)가 술에 취해 소양비가 있는 집에 들어갔다. 이 소식을 들은 민서는 동생인 사직(司直) 민발과 조카 민효원(閔孝元)을 데리고 소양비의 집에 돌입해 이영서를 묶은 후 머리카락을 잘랐다. 조선에서는 남의 처나 첩과 간통하다가 잡히면 머리카락을 잘라 망신을 주는 풍습이 있었던 것이다. 민서는 이영서에게 칼을 겨누면서 말했다.

"내가 네 목을 자르지 않는 것은 네가 나의 은문(恩門)이기 때문이다."

고려 때 과거의 급제자가 그 과거의 시관(試官: 시험관)을 은문이라고 이른 데서 비롯된 말이다. 민서가 무과에 응시했을 때 이영서가 시험관의 한 명이었기 때문에 은문이라고 한 것이다. 민서와 민발은 이조정랑인 이영서를 죽기 직전까지 때린 후 옷을 벗기고 손을 뒤로 결박해서 소양비와 형조로 끌고 갔다. 이조정랑은 사헌부·사간원을 뜻하는 양사(兩司)에 대한 인사권이 있는 핵심 중의 핵심 벼슬이었다. 이런 이조정랑을 죽기 직전까지 때린 후 옷을 벗기고 뒷결박을 지어 끌고 다녔으니 문관 전체가 큰 망신을 당한 것이었다. 이를 본 한 벼슬아치가 말에서 내려서 그쳐달라고 애절하게 청했지만 민서는 말 위에서 눈을 부라리며 욕설해서 내쫓았다. 형조는 소양비는 가두고 이영서는 석방했는데 들것에 들려갈 정도로 큰 상처를 입었다. 이영서의 종이 형조에 고소하자 세종이 승지들에게 들은 것을 물었다. 좌승지 조서안(趙瑞安) 등이 아뢰었다.

"신 등이 듣기에는 이영서가 술이 취해 중로에 소양비가 사는 곳에 들어간 것을 민서가 구타한 것이지 간음하는 것을 잡은 것은 아닙니다."

조선의 사대부는 1처 1첩을 둘 수 있었다. 첩도 엄연한 유부녀이자 부인이었으므로 첩과 간음하는 현장에서 잡았으면 보복해도 죄가 아니었다. 그러나 이영서는 다만 술에 취해서 들어간 것이지 간음 현장에서 잡은 것은 아니라는 뜻이었다. 세종은 화가 났다.

"이영서가 민서의 첩과 간통했다면 진실로 죄가 있다. 그러나 그 머리카락을 잘랐으면 그칠 것이지 또 길로 끌고 나와 뒷결박을 하고 구타하고 모욕했으니 너무 심하지 않은가?"

승지들도 모두 엄하게 처벌해야 한다고 건의했다. 이때 세종은 민서가 여흥 민씨 중에서도 어느 계파인지를 물었다. 어머니 원경왕후 민씨 집안인지를 물은 것이다. 승정원에서는 임금의 친척인 의친(議親)은 아니라고 보고했다.

"이영서가 만약 죽는다면 민서 무리는 죄가 사형에 관련되니 사형수의 전례에 따라 감금하라."

치료받고 있는 이영서가 죽는다면 살인을 한 것이므로 사형시키겠다는 것이었다. 그런데 이영서가 남의 부인을 건드렸다가 망신을 당한 것은 이번이 처음이 아니었다. 생원으로 성균관에서 공부할 때도 성균관의 종의 처와 간통하다가 붙잡혀 머리카락을 잘린 적이 있었다. 이영서는 큰 망신을 당했지만 과거 일도 있었기 때문에 사건화하지 않고 넘어가려고 했다. 그래서 안평대군을 통해 민서를 달래달라고 부탁했다. 이영서는 명필로 이름났기 때문에 역시 명필이었던 안평대군과 통했다. 안평대군이 송나라 영종(寧宗)의 팔경시(八景詩)를 베끼고 그림을 그리게 한 후 시에 능한 선비들에게 시를 지어달라고 하고 이영서에게는 그 발문을 써달라고 한 적이 있었다. 이영서는 민서의 첩을 건드렸다는 추문이 나는 것이 싫어서 사건을 덮으려 했는데 민서가 거절하는 바람에 할 수 없이 종을 시켜 형조에 고발한 것이었다. 이때 병조정랑 이현로(李賢老)가 이영서의 집에 가서 곤욕을 치른 것을 위로하면서 희롱해서 말했다.

"자네 머리털은 꼭 부추나물일세."

부추나물은 베도 곧 다시 나기 때문에 거듭 바람피우는 것을 조롱한 말이었다. 이영서가 부끄러워 얼굴이 붉어졌다.

무관인 민서 형제가 백주에 문관을 욕보인 일은 문관들을 격노케했다. 그런데 사건 조사 와중에 민서가 충주에 있을 때 어머니를 구타했다는 혐의까지 불거졌다. 불효죄는 사실이면 사형이었다. 민서는 의금부의 곤장을 참으며 어머니를 구타한 사실이 없다고 부인했다. 세종은 "이런 자는 매를 맞다 죽어도 아까울 것이 없다"면서 엄중하게 형신(刑訊)하게 했다. 조선은 혐의가 있어도 끝까지 부인하면 형을 집행할 수 없었다. 반드시 죄를 시인하는 승복(承服)을 얻은 후에야 형을 집행했다. 민서에게 남은 선택은 승복하고 사형당하든지 끝까지 부인하면서 곤장을 맞다가 죽든지 둘 중의 하나였다.

의정부에서 보고한 사건의 개요는 누이의 종 매화(梅花)로부터 비롯

된 일이었다. 민서가 누이의 집 종 매화를 꾀어 간통하려 하다가 매화
가 거부하자 때렸다는 것이다. 어머니가 말리면서 "죄 없는 종을 때리
려면 차라리 나를 때리라"고 울부짖었는데, 민서가 손으로 어머니를
밀쳐 땅에 자빠뜨렸다는 것이다. 부모를 구타하는 것은 사형 집행 전
에 대사령이 내려져도 사면받지 못하는 중죄였다.

　민서는 혹독한 형장을 참으며 어머니를 구타한 사실이 없다고 부인
했다. 여종 매화가 상 아래 엎드려서 민서가 끌어내자 어머니가 말렸
는데, 이를 밀치다가 땅바닥에 넘어졌다는 것이었다. 불효죄는 친고
죄로서 부모가 고발해야 하는데, 민서의 어머니는 그런 사실이 없었
다고 울면서 용서를 빌었다. 민서가 끝내 혐의를 부인하자 쟁점은 민
서가 일부러 어머니를 밀었는지 아니면 여종을 매질하던 중에 우연히
어머니와 부딪쳐서 어머니가 땅에 넘어진 것인지의 여부가 되었다.
일부러 밀었다면 사형이지만 우연히 부딪친 것이면 감형의 소지가 있
었다.

　김종서 등은 우연히 부딪친 것이라고 보고했다. 그래서 사건이 일
어난 지 1년이 되었는데도 결론이 나지 않았다. 지방의 옥사는 오래
끄는 경우가 있지만 의금부의 옥사가 1년 이상 끄는 것은 전례를 찾
기 힘든 일이었다. 사건이 오래 계속되자 민서에 대한 동정론이 일었
다. 이영서를 구타한 사건 때문에 사림과 옥관이 미워해서 죽이기 위
해서 어미를 구타했다고 몰고 갔다는 것이었다.

　세종 31년(1449) 6월 의금부에서 민서를 사형에 처해야 한다고 주청
했지만 세종은 한 등급 감해서 장형 100대를 치고 유배 3,000리에 여
연(閭延)의 군사로 편입시켜 영원히 속량하지 못하게 명했다. 민서의

인생은 끝난 것이었다. 그러나 구세주가 나타났다. 수양대군이었다. 수양이 정권을 장악한 단종 2년(1454) 2월 민서의 석방령이 내려졌다. 민서의 동생 민발이 계유정난 때 수양대군에게 붙었기 때문이었다. 그러나 다른 사람은 몰라도 이영서를 구타하고 어머니에 대한 불효죄를 지었다는 민서의 석방령은 큰 물의를 낳았다. 대간에서 거듭 문제를 제기했지만 세조는 민서를 석방했고, 급기야 세조가 즉위한 해(1455) 12월 민서는 원종 3등공신에 녹훈되는 것으로 화려하게 부활했다. 이 역시 세조 집권에 대한 사대부들의 민심을 크게 악화시켰다.

공신들은 절대 처벌받지 않는다, 홍윤성

그나마 민발은 원종공신이었다. 그 못지않은 인물이었던 홍윤성은 정공신이었다. 홍윤성은 당초 좌익공신이 아니었다가 나중에 좌익 3등공신으로 추록될 정도로 세조가 중히 여겼던 인물이었다. 그 전에 정난 2등공신으로 녹봉되었던 이른바 '겹공신'이었으니 인격이 형성되지 않았으면 눈에 보이는 것이 없는 신분이었다. 게다가 세조는 상왕 복위 기도 사건, 즉 사육신 사건 이후에는 공신과 자신은 한 몸이라는 사실을 공개적으로 표명하고 있었다. 그러나 홍윤성은 워낙 여러 문제를 일으켰으므로 무사히 넘어갈 수는 없었다. 세조 4년(1468) 7월 11일 사헌부에서 홍윤성의 문제를 아뢰었다.

"홍윤성이 고(故) 호군(護軍) 김한(金汗)의 딸을 범하려고 이달 초7일에 강제로 김한의 집에 묵었는데, 김한의 처가 그 딸을 데리고 도망가서 이웃집에 숨었습니다. 홍윤성은 큰 재상으로서 상중(喪中)인데도 혼인을 도모해서 강상(綱常)을 더럽히고 허물어뜨렸습니다. 청컨대 철저하게 죄를 물으소서."

호군은 오위 소속의 정4품 벼슬이었으므로 양반가의 딸이었다. 이런 사대부가의 딸을 강제로 범하려 한 것이니 사실이라면 그 죄는 큰 것이었다. 게다가 홍윤성은 어머니의 상중이었다. 의정부의 사인(舍人) 이익(李翊)이 의정부의 의논을 가지고 세조에게 주청했다.

"신하와 자식의 죄는 불충·불효보다 큰 것이 없습니다. 홍윤성은 어머니의 상중에 있으면서도 혼인을 이루려고 하였고, 사헌부의 관리들은 장고(狀告: 고발장)를 받고도 여러 날이 지나도록 아뢰지 아니하고, 심지어 홍윤성의 집에 왕래하는 자까지 있었습니다. …… 청컨대 홍윤성을 파직하고 의금부에게 국문하게 하고 아울러 사헌부의 관리들도 조사하게 하소서."

이 사건이 심각한 것은 사헌부까지 직무를 유기했다는 점이었다. 태종은 모든 벼슬아치들이 법 아래에 있는 법치국가를 만들었는데, 이는 사헌부·의금부·형조·포도청 등 국가 사법기관들이 제 기능을 할 때만 가능한 일이었다. 특히 사헌부의 역할은 중요했다.《경국대전》은 사헌부에 대해 "백관(百官)을 규찰하며 풍속을 바로잡고 억울한 사정을 풀어주고 협잡 행위를 단속하는 일을 맡는다"고 규정하고 있다. 대신들도 길에서 사헌부 관리들을 보면 피해 간다는 말이 있을 정도로 사헌부의 위세는 당당했다.

그러나 세조가 공신들을 법 위의 존재로 만든 이후의 사헌부는 달랐다. 세조 3년(1457) 4월의 사헌부는 공신의 처첩 중 범죄를 저질렀으나 면죄되기를 바라는 사람이 한둘이 아니라면서 "지금부터는 공신의 조부모·부모·아내 및 공신의 자손과 자식이 있는 첩까지 율문(律文)에 의거하여 죄를 면하게 하소서"라고 주청했다. 공신 가족들이 너무나 많은 범법 행위를 저지르는데 이들이 죄를 지었을 경우 율문, 즉 법조문에 의해서만 죄를 면하게 해달라는 주청이었다. 공신 가족들도 이 정도니 공신 자신은 말할 것이 없었다. 세조의 왕위 찬탈로 공신들의 나라로 변질되자 사헌부도 무력화되고 말았다.

김한의 아들 김분(金汾)이 홍윤성의 행위를 사헌부에 고발했으니 태종·세종 때 같으면 사헌부가 바로 수사에 나서서 구속했을 것이지만 세조 때는 달랐다. 오히려 사헌부 관리들이 홍윤성의 집에 왕래하면서 사적으로 상황을 보고한 것이었다. 더욱 심각한 것은 홍윤성의 집에 가서 사건의 경위를 말해준 인물이 대사헌 어효첨이라는 점이었다. 태종·세종 때 같으면 꿈도 꾸지 못할 일들이 공신들의 나라에서 버젓이 자행되는 것이었다.

세조는 의금부에 전지를 내려 홍윤성과 대사헌 어효첨 등을 수사해서 아뢰라고 명했다. 그런데 정작 다음 날에는 경회루 아래 나아가 활 쏘는 것을 구경하고 술자리를 베풀어 홍윤성을 불렀다. 홍윤성에게 사건에 대해 물으니 변명했다.

"신이 술에 취해서 잘못 들어간 것뿐입니다. 나머지 일은 신이 한 짓이 아닙니다."

세조는 바로 의금부에 새로운 전지를 내렸다.

"홍윤성은 수사하지 말고 김한의 아들 김분 등을 국문하라."

이 조치에 조야는 경악했다. 피의자가 아니라 피해자를 처벌하겠다는 뜻이기 때문이다. 그래서 의정부 사인 이익이 의정부의 의논을 가지고 다시 아뢰었다.

"대소 신민들이 홍윤성의 범죄를 듣고 모두 법대로 다스리는 것이 마땅하다고 생각했는데, 이제 수사하지 말도록 명하시니 실망하지 않는 이가 없습니다."

그러나 이익이 세조에게 제시하는 처벌책 또한 형식적인 것이었다.

"만약 절제사(節制使) 자리를 바꾸지 않는다면 그는 반드시 군민(軍民)들의 마음을 꺼리지 않을 것이니, 청컨대 그를 파면하소서."

홍윤성을 철저하게 수사해서 법대로 처벌하라는 것이 아니라 방금 임명받은 함길도 도절제사 자리를 파면하라는 것이었다. 세조가 홍윤성이 죄가 없다고 판결 내자 어효첨이 대사헌을 맡고 있는 사헌부도 그냥 따랐다. 이를 두고 볼 수 없었던 사간원에서 나섰다. 사간원은 사헌부 같은 수사권을 없지만 백관에 대한 탄핵권이 있는 부서였다.

"홍윤성의 죄를 논하지 말도록 명하셨으니, 신 등은 불가하다고 생각합니다."

"내가 친히 물었더니, 모두 실제 있었던 일이 아니었고, 고소한 자가 거짓말하였기 때문이었다."

"홍윤성 사건은 사헌부에서 고소장을 받고도 즉시 수사하지 않았으니 그 사유를 묻게 하소서."

그러나 세조는 사헌부를 조사해야 한다는 요청도 거부했다. 큰 망신을 당한 사헌부에서도 침묵할 수만은 없어서 지평 권이경(權以經)이 사헌부의 의논을 가지고 홍윤성을 심문해야 한다고 주청했다. 그러자 세조는 "홍윤성이 어디에서 잤느냐?"고 물었고, 권이경은 "김한의 집에서 잤습니다"고 답했다. 홍윤성은 임금에게 거짓말까지 한 것이니 불경죄까지 추가되어야 마땅할 상황이었다. 그러나 세조는 더 이상 말이 없었다.

홍윤성은 무사하고 홍윤성의 범죄를 고발한 김분 등 김한 집안의 사람들만 거꾸로 옥에 갇혀서 신음했다. 이 사건으로 물의가 들끓자 사간원 우정언(右正言) 유권(柳眷)이 나섰다. 김한과 그 부인의 집안사람들은 모두 국문을 받았는데 홍윤성만 수사하지 않는 것은 옳지 않다면서 홍윤성도 수사해야 한다고 주청했다. 그러나 세조는 대놓고 다시 홍윤성을 옹호했다.

"어제 홍윤성의 일이 사실이 아니라고 전지했는데, 어찌 번거롭게 다시 아뢰는가?"

사헌부 지평 권이경이 다시 사헌부의 의논을 가지고 아뢰었다. 지평 개인의 의견이 아니라 사헌부의 의논을 가지고 아뢰는 것은 이유가 있었다. 사헌부 지평 개인 명의로 수사를 요청하면 거꾸로 공격당할 수 있기 때문이었다.

"지금 홍윤성을 고발한 자들만 옥에 갇혀 있고, 홍윤성은 한 번도 빙문(憑問: 증거를 대면서 물어봄)하지 않으니, 신 등은 불가하다고 생각합니다."

그러나 세조는 계속 홍윤성을 옹호했다.

"홍윤성의 일은 빙문(憑問)할 만한 것이 있으면 어찌 빙문하지 아니하겠는가? …… 누가 먼저 이러한 의논을 내었는가?"

사헌부의 누가 먼저 홍윤성을 수사하자고 했느냐고 따져 묻는 것이었다. 뿐만 아니었다. 세조는 우부승지 김질에게 명령했다.

"김인(金濟)과 김분이 홍윤성의 하지도 않은 일을 꾸며서 공신을 무함(誣陷)하려고 하였으니, 그 죄가 가볍지 않다. 마땅히 형문(刑問: 고문하면서 물음)을 가하도록 하라."

김인은 김한 부인의 오빠였다. 피해자인 김한 집안의 김인과 김분에게 고문을 가하라는 명령이었다. 세조는 이 문제가 간단하게 끝나지 않을 것을 알고 있었다. 그래서 김인과 김분에게 혹독한 고문을 가해 '홍윤성을 무고했다'는 거짓 자백을 받아서 사건을 덮으려는 심산이었다. 세조는 사건 와중인 7월 26일 경회루 아래 나아가 활쏘기를 구경하면서 홍윤성도 불러서 활을 쏘게 하였다. 피해자들은 무고했다고 갇혀서 고문당하고 가해자는 국왕과 활쏘기를 하는 세상이 세조와 그 일당들이 만든 화가위국의 세상이었다.

나아가 세조는 홍윤성 문제를 제기한 지평 권이경을 파직했다. 사헌부 장령 김국광(金國光)이 자신들도 파직시켜달라고 요청했지만 세조는 거부했다.

문제는 이뿐만이 아니었다. 홍윤성은 어머니가 세상 떠나기 전에 김한 집과는 이미 혼인을 약속했는데, 김인이 방해한 것이라고 변명했다. 그런데 홍윤성은 부인이 있는 몸이었다. 그사이 대사헌은 민건(閔騫)으로 바뀌었다. 민건은 태종 비 원경왕후 민씨의 족친이었다. 그는 사헌부 집의 구신충(具信忠), 장령 김국광(金國光) 등과 상소해서 홍윤성을 비판했다. 민건 등은 홍윤성이 어머니의 소상(小祥: 1년 만에 지내는 제사)이 지나자마자 이런 행위를 했으나 불효라면서 홍윤성을 수사해야 한다고 청했다.

"보는 사람이 많고 손가락질하는 사람이 많으니, 어찌 덮어둘 수가 있겠습니까?"

"홍윤성이 술에 취하여 그 집에 잘못 들어간 것이지 무슨 죄가 있겠느냐? 불효하다고 말하는 것은 무슨 일인가? 또 김인 등이 무고했다고 자복했으니 만약 홍윤성을 죄주려고 한다면 반드시 김인 등의 죄를 벗겨준 뒤에라야 가할 것이다. 경 등이 과연 빙문(憑問)할 수 있다면 김인 등의 죄를 벗겨주고 홍윤성에게 죄를 돌리겠는가?"

세조는 이미 고변자 김질을 시켜 김인 등에게 혹독한 고문을 가해 '무고했다'는 억지 자백을 받아낸 터였다. 이를 토대로 홍윤성을 죄주려면 먼저 김인 등의 자백을 무효로 만들어야 했다. 민건 등은 홍윤성을 수사하게 허락만 한다면 홍윤성의 유죄를 밝혀내는 것은 문제가 아니라고 생각했다.

"빙문하여 죄를 정하라는 명이 있으면 어찌 사양하겠습니까?"

그러나 세조는 도리어 김분 등을 중하게 논죄할 것이라고 말했다. 세조는 "홍윤성이 죄가 있다면 조건을 만들어 가지고 오라"고 명했다. 김분 등을 중하게 논죄하겠다는 것은 죽이겠다는 뜻이었다. 세조는 경회루 동쪽 편방에 나아가서 좌승지 윤자운, 우부승지 김질을 불러서 정사를 의논했는데, 윤자운이 김분·김인 등의 옥사에 대해서 아뢰자 이렇게 말했다.

"김분 등은 홍윤성이 그 누이를 취하려 했다고 무고해서 홍윤성을 모함하였다. 그 죄가 가볍지 않으니, 모름지기 죽여야 하고 용서할 수 없다."

억울한 일을 당해 고소한 김한 등 피해자들을 반드시 죽이겠다는 것이었다. 윤자운도 공신이지만 이렇게 할 경우 그 파장이 만만치 않을 것이라고 생각했다.

"김분 등이 본래 적(嫡)·첩(妾)의 구별이 있는데 지금 이를 구별하려고 하였기 때문에 그러하였던 것입니다. 또 죄가 국가에 관계된 데에 이르지 않았으니 청컨대 말감(末減: 가벼운 형벌을 좇음)하소서."

김한의 딸은 양반가의 적처 소생이었다. 그런데 홍윤성이 본부인이 있으면서도 양반가의 적처와 중혼(重婚)하려고 했기 때문에 이를 구별하려고 한 것이란 말이었다. 세조의 대답은 엉뚱했다.

"원훈 대신은 나라와 더불어 기쁨과 슬픔을 같이하니, 무릇 백성들이 마땅히 그를 국가와 하나로 보아야 한다. 만약 김분 등이 말한 바대로 한다면 공신을 어떻게 보전하겠으며, 국가를 어떻게 유지하겠는가?"

상왕 복위 기도 사건을 겪으면서 세조는 공신은 어떤 죄를 지어도 처벌하지 않겠다고 결심했다. 공신들만이 자신의 안위를 보전할 수 있다고 생각한 것이다. 그러나 아무리 공신들의 세상이라고 해도 명색이 나라인데, 가해자를 보호하고 거꾸로 피해자들을 죽이겠다는 것은 너무 심한 것이었다. 굳이 법을 들먹이지 않더라도 지옥의 악귀가 아닌 한 가해자를 모른 체하는 것은 몰라도 피해자들을 대놓고 죽이는 것은 개국 이래 없던 일이었다. 그래서 정희왕후 윤씨가 한글 편지를 보냈다.

"근래에 사람들 가운데 사죄(死罪)에 연좌된 자가 많았는데, 김분 등이 범한 죄도 진실로 이런 것에 속한다면 상께서 모름지기 극형에 처하소서. 그렇지 않다면 먼 곳으로 유배 보내 살길을 구해주소서."

세조는 윤씨의 편지를 승정원에 보내 특별히 사형을 감해서 유배형을 내렸다. 가해자는 떵떵거리고 피해자가 사건을 고발했다는 이유로 숨죽여야 했던 세상이었다. 이런 사건을 저지르고도 무사했으니 홍윤성은 사실상 범죄 면허를 취득한 셈이었다. 홍윤성은 세조 재위 기간 내내 갖은 만행을 부렸다.

인조 때의 문신 박동량(朴東亮)의 《기재잡기(寄齋雜記)》에는 이런 이야기가 전해진다. 홍윤성이 문밖 시내에서 말을 씻기는 사람을 보고 사람과 말을 함께 죽였고, 늙은 할머니의 논을 빼앗고는 땅문서를 들고 와서 호소하는 할머니를 바위 위에 엎어놓고 모난 돌로 쳐서 죽이고 시체를 길가에 두었으나 "사람들이 감히 어떻게 할 수 없었다"는 것이다.

《연려실기술》에는 광해군 때의 문신 김시양(金時讓)의 《부계기문(涪溪記聞)》을 인용해 더 심한 이야기를 전해준다. 홍윤성이 곤궁할 때 30년 동안 돌봐줬던 숙부가 세조 즉위 후 이조판서가 된 홍윤성에게 벼슬을 청탁했다는 것이다. 홍윤성이 그 대가로 논 20마지기를 요구하자 숙부가 옛일을 거론하며 항의했고 홍윤성은 숙부를 때려죽였다. 숙모가 고소장을 올렸으나 형조도 사헌부도 받지 않았다. 억울함이 하늘에 사무친 숙모는 세조가 온양에 갈 때 전날부터 버드나무 위에 올라가 기다렸다가 세조의 행차가 이르자 크게 호곡했다. 세조가 사람을 시켜 묻자 "권신(權臣)과 관계된 일이라 한 걸음 사이에도 반드시 그 말 내용이 바뀔 것"이라면서 세조에게 직접 아뢰겠다고 말했다. 홍윤성의 숙모는 세조에게 홍윤성이 숙부를 때려죽인 만행을 모두 아뢰었으나 세조는 홍윤성 대신 그 종만 죽였다는 이야기다.

이처럼 후대에 기록된 개인 문집들 외에 실록에도 홍윤성의 비리는 적지 않게 전해진다. 이런 범죄 행위들은 개인의 일탈이 아니라 공신 집단의 구조적인 것이었다. 그 뿌리는 수양의 왕위 찬탈에 있었다. 백성들의 생사여탈권을 쥔 국왕이 노골적으로 범죄자의 편을 드는 것에서 한발 더 나아가 피해자를 죽이겠고 나서는 '공신들의 천국, 백성들의 지옥'은 계유정난이란 쿠데타의 예정된 결말이었던 것이다.

백성들의 살과 뼈를 갉아먹는 공신들

공신들의 탈법이 빈발하자 세조는 재위 3년(1457) 이런 교서를 내렸다.

"공신들이 잘못된 것을 알면서도 고의(故意)로 범죄하니 금후에는 3차까지는 논죄하지 말고, 그 후에도 범법하면 승정원이 보고하라."

어떤 죄를 지어도 처벌받지 않으니 공신들이 일부러 범죄를 저지른다는 것이다. 이 경우 세 번까지는 처벌하지 않고 네 번째부터 승정원에서 보고하라는 것이다. 네 번 이상 범법 행위를 하면 비로소 처벌에 대해서 논의해보겠다는 것이다. 무한정 불법 허용에서 3차까지 불법 허용으로 공신 범죄 처벌법이 개정된 셈이다.

세조 5년(1459) 6월 원종 2등공신인 북청 부사 서수(徐㴐)는 백성 고현(高玄) 등이 부사의 잘못을 관찰사에게 호소했다는 이유로 곤장을 때려죽였다. 형조는 참대시(斬待時: 춘분에서 추분 사이를 피해서 참형하는 것)에 해당한다고 판결했으나 세조는 공신이라고 용서했다. 세조 7년 (1461) 1월에는 원종 3등공신 이백손(李伯孫)이 아내 천종(千從)이 죽자 처제 종이(從伊)와 간통했으나 종이만 처벌받았다.

원종공신이 이 정도니 정공신은 말할 것이 없었다. 세조 7년 5월에는 충청도 아산현(牙山縣)의 관노 화만(禾萬)이 좌익 3등공신 황수신에게 부친과 조부의 땅을 빼앗겼다고 사헌부에 고소했으나 정작 옥에 갇힌 것은 화만이었다. 사헌부에서 황수신이 실제로 땅을 빼앗았다고 보고했으나 세조는 "황수신은 죄가 없다. 다시 말하지 말라"고 억지를 부렸다. 황수신은 황희의 아들이었으니 황희가 지하에서 부끄러워 통곡할 일이었다.

수양의 대군 시절 종이었던 좌익 3등공신 조득림(趙得琳)은 세조 7년 종복(從僕)을 대거 거느리고 대궐에 들어오다가 시위 군사들이 제지하자 구타했다. 군사가 군무를 총괄하던 진무소(鎭撫所)에 고발했으나 진무는 두려워서 보고도 못할 정도였다.

세조는 재위 5년 풍양(豊壤)에 거둥해서 술 마시며 이렇게 말했다.

"여러 종친·재추(宰樞: 대신)·공신은 나에게 있어서 쇠붙이의 자석과 같아 간격이 없고, 불에 던져진 섶과 같아 기세가 성하여 막을 수 없고, 하늘에 대하여 땅이 생성된 것 같아서 의논할 수 없다."(《세조실록》 5년 2월 6일)

자신과 공신은 한 몸이라는 선언이었다. 세자도 공신의 자손들과 북단(北壇)에서 회맹하고 '자자손손 오늘을 잊지 말라'는 회맹문을 발표했고, 세조 3년(1457)에는 정희왕후 윤씨가 공신의 모친들을 내전으로 초청해 잔치를 베풀자 세조는 그 아들들을 사정전으로 불러 "어머니가 잔치에 나와서 그 아들을 특별히 부른 것이니 각자 실컷 마시고 배불리 먹으라"고 가족으로 대했다. 공신 사이의 결속만이 왕좌를 유지할 수 있다고 판단한 세조는 궁궐에서, 또는 공신의 집으로 자주 행차해 연회를 베풀었다. 《신증동국여지승람(新增東國輿地勝覽)》 한성부 북부(北部)조에 "홍윤성의 집은 숭례문 밖에 있는데, 세조가 일찍이 다녀간 일이 있다"는 기록이 이를 말해준다. 세조 2년(1456) 5월 경연에서 시독관(侍讀官) 양성지가 "어두운 밤중에 민가 사이를 세자, 훈신(勳臣: 공신)과 함께 행차하시니 신은 불가하게 여깁니다"라며 중지를 요청했으나 세조는 "밤에 공신들과 연회하는 것이 무슨 해가 되겠는가?"라고 반문할 정도였다.

공신들의 불법행위는 특별한 경우가 아니면 사헌부나 형조에서 고소장 자체를 접수하지 않았기 때문에 남은 기록이 드물다. 예종 때 《세조실록》을 편찬하면서 사초를 고치다가 원숙강(元叔康)·강치성(康致誠)은 참형(斬刑)에 처해지고 민수(閔粹)는 관노(官奴)로 떨어졌는데 민수가 "사초를 고치고 삭제한 것은 실로 재상(宰相)을 두렵게 여겼기 때문입니다"라고 말한 것이 공신 범죄에 대한 기록이 부실한 이유를 말해준다.

태종이 피의 숙청을 통해 법 아래의 존재로 끌어내린 공신들을 세조는 법 위의 특권층으로 끌어올렸다. 태종이 국가권력을 천명(天命)의 실현도구로 생각했다면 세조는 공신 집단의 사적 이익 실현의 도구로 사용했다. 혁명아 정도전이 계구수전(計口受田: 모든 백성에게 토지를 나누어줌)의 이상으로 건국했던 조선이 수양의 왕위 찬탈로 공신들의 천국이자 백성들의 지옥으로 변한 것이다.

세조 재위 기간이 공신들의 천국이자 백성들의 지옥으로 변한 것은 공신들이 신분상의 특권을 갖고 있었기 때문만은 아니었다. 공신들은 경제적인 특권도 갖고 있었다. 공신 등급에 따라 지급받은 200결부터 80결까지의 막대한 공신전은 세습이 가능한 전지였다. 공신들의 경제적 특권은 공신전만이 아니었다. 세조는 단종 편에 섰던 신하들을 '난신(亂臣)'이라고 부르면서 그들이 소유했던 전토를 빼앗아 공신들에게 주었다. 이것이 난신전(亂臣田)이었다. 그러나 난신전은 대부분 같은 양반들이었던 단종 측 신하들의 전지를 빼앗아준 것이지 백성들의 전지를 빼앗아준 것은 아니었다.

대납권(代納權)은 달랐다. 대납권은 백성들의 재산을 빼앗는 권리였다. 대납이란 백성들에게 부과된 전세(田稅)와 공납(貢納)을 대신 납부해준 후 백성들에게 그 대가를 받는 것을 뜻한다. 지금으로 치면 복잡한 세금을 대신 계산하거나 절세 방법을 가르쳐주고 수수료를 받는 세무사를 떠올리겠지만 그런 단순한 개념이 아니었다. 세금을 대납해주고 백성들에게 대신 받는 대가가 원세금의 서너 배 이상이기 때문이다. 아주 적은 경우가 두 배 정도는 받았으니 백성들은 사실상 원세금의 두 배 내지 서너 배를 더 내야 하는 것이었다. 백성들이 대납을 거부하고 직접 납부하면 되지 않느냐고 생각할 수도 있겠지만 백성들이 자의로 선택할 수 있는 사항이 아니었다.

대납을 방납(防納)이라고도 하는데, '막을 방(防)' 자를 쓰는 이유는 백성들이 스스로 납부하는 것을 막기 때문이었다. 백성들이 납부하는 세금을 막을 수 있는 것은 수령이나 아전과 짜고 막았기 때문이다. 그 배후에 바로 공신들이 있었다. 이 때문에 생긴 이두(吏讀)가 '도등(ㄱ 蹬)'이란 용어였다. 도등은 백성들이 직접 바치는 공물의 품질을 검사하는 아전들이 물건에 대해서 이리저리 흠을 잡아 바치지 못하게 막는 것을 뜻하는 용어였다.

세금이란 원액수를 마련하려고 해도 가난한 백성들은 등골이 휠 지경이었다. 그런데 백성들이 낸 세금을 강제로 못 바치게 막고 공신이나 종친들의 하수인에게 몇 배 이상의 액수를 주어야 납부할 수 있었다. 힘없는 백성들의 자리에서 대납을 용인하는 국가권력은 국가가 아니라 조직폭력배의 갈취라고 해도 과언이 아닐 것이다.

성종 때 완성한《경국대전》에는 "대납자는 장형 80대와 도형 2년에 영구히 관리로 서용하지 않고, 대납을 허용한 수령은 제서유위율(制書有違律: 임금의 명령을 어긴 율)로 논한다"고 규정하고 있다. 대납 자체를 불법으로 규정하고 있는 것이다. 그러나 이는 예종과 성종 때를 거치면서 생긴 조항이다. 세조 때는 달랐다. 세조 7년 1월 3일 호조에서《경국대전》에 규정한 대납의 조건에 대해서 아뢰었다.

"《경국대전》에 '공물은 쌍방의 정원(情願: 진정으로 바람)에 따라 대납(代納)하되 수령이 정한 값에 의해 받는다. 만약 억지로 대납하게 하거나 갑절 이상 댓 곱절(倍徙: 배사)로 값을 거둔 자와 관(官)에 고하지 않고 마음대로 값을 거둔 자는 모두 제서유위율로 논하고, 그 값과 물품은 관에 몰수하여 등록(謄錄)한다."

법 규정 자체는 '대납을 허용한다'라고 할 수 없으니 '쌍방의 정원'이라고 표현한 것이다. 세조 때 사용하던《경국대전》에는 백성들과 대납자 쌍방이 원하면 대납을 허용하는 것으로 규정하고 있었다는 뜻이다. 백성들이 원세금보다 몇 배를 더 내야 하는 대납을 원할 이유는 없었다. 아주 예외적인 경우가 있을 수도 있었다. 어느 고을에서 구하기 힘든 공물을 부과받았을 때 백성들이 그런 물품들을 직접 구입하러 다니는 것보다 대납업자가 대신 사서 납부하는 것이 더 싸게 먹힐 경우였다. 그러나 이런 경우는 많지 않았다. '쌍방의 정원'이라고 표현했지만 대부분 대납업자 일방의 정원일 뿐이었다. 그 대납업자 뒤에 공신이나 종친이 있다는 사실은 세상이 다 알고 있었다. 대납은 공신과 세조 즉위를 지지한 종친들의 경제적 이득을 보장하기 위한 제도였다. 세조의 뒤를 이은 예종에 관한 실록인《예종실록》1년 1월자는 대납에 대해서 이렇게 말하고 있다.

"처음에 세조께서 무릇 민간의 전세(田稅)와 공물을 타인들이 경중(京中: 서울)에서 선납하도록 허락하고, 그 값을 민간에서 두 배로 징수하였는데, 이것을 대납이라 한다."

여기에서 말하는 '타인들'의 배후는 물론 공신과 종친들이었다. 그래서《예종실록》의 같은 기록은 이렇게 말하고 있다.

"대납하는 무리들이 먼저 권세가에 의탁하여 그 고을 수령에게 청하게 하면서 후한 뇌물을 주면, 수령들은 위세도 두렵고 이익도 생각나 억지로 대납하라는 명을 내리므로 백성들이 감히 어기지 못했다."

권세가란 물론 공신이나 종친들을 뜻했다. 대납업자들은 모두 공신이나 종친들의 앞잡이들이었다. 이들이 공신과 종친들의 위세를 배경으로 고을 수령에게 뇌물도 주는 한편 은근한 협박을 가하면 대납 요청을 거부할 수 있는 지방 수령들은 거의 없었다. 대납제는 공신, 종친들에게 고을 전체 세금의 몇 배 이익 착취를 법적으로 허용한 제도였다. 《세조실록》에는 대납의 고통에 대한 백성들의 호소가 끊이지 않고 있는데, 그때마다 세조는 자신 때 시행되던 《경국대전》대로 "백성의 정원에 따르라"고 모호하게 답했다. 그 폐단을 방지하는 유일한 방법은 대납 금지와 처벌이었으나 세조는 그렇게 하지 않았다. 세조 역시 공신, 종친들의 앞잡이였기 때문이다.

대납의 폐단이 워낙 크기 때문에 최소한의 피해 방지 조항을 만들지 않을 수 없었다. 그것이 바로 후납이었다. 방납업자들이 먼저 세금을 납부한 후에 백성들에게 그 값을 받는 것이었다. 세조 때 사용되던 《경국대전》에는 이렇게 규정되어 있었다.

"무릇 공물은 모두 다음 해 6월까지 다 납부한다. 그 대납하는 자는 모름지기 제사(諸司: 여러 관청)에서 다 바쳤다는 문첩(文牒)을 받은 후에 비로소 그 값의 수납을 허용하는데, 이를 어긴 자는 그 값을 관에서 몰수한다."(《세조실록》 7년 1월 3일)

대납업자는 먼저 세금을 관청에 납부해서 납부필증을 받은 후에 백성들에게 그 대가를 대신 받을 수 있다는 뜻이었다. 그러나 그렇게 하지 않고 백성들에게 먼저 값을 받는 경우도 있었다. 그래서 호조에서 이런 사례를 처벌해야 한다고 주청했다.

"지금 수령들이 백성들의 정원을 듣지 않고 억지로 대납하게 하며, 그 대납하는 사람은 공물을 바치지도 않고 먼저 그 값을 거두니, 이익을 추구하는 사람은 진실로 논하여도 족하지 않지만 수령마저 입법(立法)을 받들지 않는 것은 심히 부당합니다. 청컨대 이제부터 공물은 진성(陳省: 납부 보고서)에 대납인지 자비(自備: 백성들이 납부하는 것)인지를 갖추어 기록하여 한결같이 입법한 대로 시행하게 하고, 만약 자비라고 핑계하고서 몰래 대납을 행하거나 혹 간청에 따라 법을 어기고 폐단을 만드는 자는 유사(宥赦: 대사면령) 전을 논하지 말고 즉시 파출(罷黜)하게 하소서."《세조실록》7년 1월 3일)

대납업자들이 백성들에게 먼저 그 값을 받은 다음에 그중 일부를 떼어 관청에 납부하는 불법이 횡행했다. 그야말로 꿩 먹고 알 먹는 장사이자 땅 짚고 헤엄치는 장사였다. 수령들이 억지로 대납하게 하는 것은 대납업자들의 배후가 공신과 종친들이기 때문이었으니 이래저래 죽어나는 것은 백성들이었다. 그래서 호조에서 앞으로는 백성들에게 먼저 공납가를 받는 것을 금지시켜야 한다고 주청한 것이다. 그러자 공신들과 종친들이 반발했고, 세조에게 먼저 백성들에게 공납가를 받고 나중에 관청에 납부할 수 있도록 해달라고 청했다. 세조가 아무리 공신·종친들의 앞잡이라도 이것까지 용납할 수는 없었다. 그래서 세조가 전지를 내렸다.

근래 효령대군 이보와 충훈부(忠勳府: 공신 관할 부서)에서 공물을 대납하기 전에 그 값을 먼저 거두게 해달라고 청했다. 무릇 이렇게 한다면 공물은 아직 대납하지 않았는데 먼저 그 값을 거두는 자가 잇달아 일어나서 민간이 피해를 입는 것이 이루 말할 수 없게 될 것이다.《세조실록》7년 3월 9일)

세조의 즉위를 지지한 효령대군과 공신들을 관할하는 충훈부에서 공물을 대납하기 전에 먼저 백성들에게 공물가를 받아 먼저 돈을 챙긴 후 그중 일부를 떼어 관청에 납부하게 해달라고 요청했다는 것이

연주대 효령각에 봉안되어 있는 효령대군
의 영정

다. 세조의 즉위 자체가 비정상과 불법이다 보니 이를 지지한 공신, 종
친들도 비정상을 정상으로 알고 불법을 허용해달라고 버젓이 요청하
는 것이었다.

　영의정 강맹경 또한 좌익 2등공신으로서 수양의 즉위에 큰 공을 세
운 인물이지만 이런 일까지 허용할 수는 없다고 생각했다.

　"대납의 폐단이 진실로 성상의 교지와 같습니다. 신은 듣기에 조사
(朝士: 조정 벼슬아치)가 장사아치〔商賈: 도매상〕와 연결되어 대납하는 자가
많다고 하며, 수령도 역시 간청에 의하여 민간에서 쉽게 갖출 수 있는
물건도 모두 대납하도록 한다고 하니 오직 백성을 병들게 할 뿐만 아
니라 사풍(士風: 선비들의 기풍)도 또한 더럽힙니다."《세조실록》 7년 3월 9일)

　영의정 강맹경이 동조하자 세조는 각도 관찰사와 수령들에게 백성

들이 반대하면 대납을 허용하지 않게 하라는 유서(諭書)를 내렸다. 그러나 세조의 유서 한 장으로 대납의 폐단이 사라질 수는 없었다. 그 배후가 세조도 어쩌지 못하는 공신들과 종친들이었기 때문이다. 대납 문제는 해결되지 않았고, 백성들은 날로 가난해지고 공신·종친들은 날로 부자가 되었다. 가난해진 것은 백성들뿐만이 아니었다. 영의정 강맹경의 말이 이를 말해준다.

"근년 이래 여러 해 흉년이 들어서 군자(軍資)가 날로 감소되어, 세종조 때 축적(蓄積)된 것에 비하면 10분의 6, 7이나 감소되었습니다. 옛사람이 이르기를 '나라에 3년 쓸 저축이 없으면 나라가 나라로서 존립할 수 없다'고 하였습니다."

군량으로 쓸 곡식이 세종 때에 비해 6~7할이 감소했다는 것이다. 흉년 탓도 있겠지만 백성들이 가난한데 나라가 부유할 수는 없었다. 이런 상황에서 공신·종친들이 먼저 백성들에게 공납가를 거둘 수 있게 해달라는 파렴치한 주청을 할 수 있는 것은 세조의 왕위는 자신들과 공동의 것이라고 생각하기 때문이었다. 대납 문제는 세조 정권의 구조적인 문제였다. 세조가 백성들이 원치 않는 대납을 하는 경우도 처벌하는 시늉만 하고 강하게 대처하지 못하는 것 역시 그 배후가 공신·종친들이라는 사실을 잘 알고 있기 때문이었다. 이 문제가 크게 불거지면 세조는 결국 공신·종친들의 편을 들 것이 명약관화하기 때문이었다.

그러나 예외가 있었다. 공신들이 국왕의 정치권력까지 직접 나누려고 할 경우였다. 즉 왕권과 공신권이 충돌할 경우는 상황이 달랐다.

세조를 '너'라고 부르는 정인지

정인지·신숙주 등은 세종의 총애를 받았던 집현전 학사 출신으로서 문종의 적자인 단종을 버리고 수양을 택군(擇君: 임금으로 선택함)해 유학 사회에 큰 충격을 주었다. 정인지와 신숙주는 모두 정난·좌익공신에 거듭 책봉된 이른바 '겹공신'이었다. 정인지는 정난 1등, 좌익 2등공신에 책봉되었고, 신숙주는 정난 2등, 좌익 1등공신에 책봉된 '겹공신'들이었다. 이들은 유학자가 충(忠)을 버리고 역(逆)을 선택했을 때, 즉 명분을 버리고 이익을 선택했을 때 어느 지경까지 갈 수 있는지를 잘 보여주었다. 정인지는 영의정으로서 한때 임금으로 모셨던 단종과 자신을 사랑했던 세종의 아들 중 단종 편을 선택했던 왕자들을 죽여야 한다고 앞장서 주창해 유학자들에게 큰 충격을 주었다. 신숙주는 단종의 왕비를 내려달라고 청해 더 큰 충격을 주었다. 정인지나 신숙주가 수양을 선택했던 것은 천명을 받은 임금으로 여겼기 때문이 아니라 자신들의 이익을 위한 것이었다. 그중에서도 정인지에게는 세조가 임금이고 자신은 신하라는 의식이 별로 없었다. 그래서 정인지는 자주 불경죄 시비에 걸렸다.

세조 4년(1458) 2월 12일 세조는 사정전(思政殿)에 나가서 공신들에게 연회를 베풀었다. 조선 개창 이래 5공신이 한자리에 모인 연회였다. 말이 5공신이지 태조 때의 개국공신과 태종 때의 정사·좌명공신들은 모두 세상을 떠났다. 세조는 대신 그 자손들을 대신 불러 조선의 개국공신들부터 좌익공신들까지 모두 자신을 지지하는 것처럼 포장

신숙주의 초상

이덕형은 《죽창한화》에서 "그 죄를 논한다면, 정인지가 으뜸이 되고 신숙주가 다음이다"라고 말했다.

했던 것이다. 세조는 개국·정사·좌명공신의 자손들이 대신 술을 올리게 했고, 정난공신 중에서는 정인지, 좌익공신 중에서는 이증 등이 나와서 술을 올리게 했다. 세조는 크게 기뻐서 직접 쓴 어서(御書)를 내렸다.

"5공신이 헌수(獻壽)하니 내가 스스로 경사로움을 이기지 못하겠다. 자리에 있는 공신·재신(宰臣)·종친과 부마를 위하여 뜻을 일러두겠다. 만약 죽어서 더 이상 아는 것이 없다면 자손을 위한 계획이 없음이 마땅하지만 개국공신들이 자손이 있으니 오늘의 성대한 광경이 어떠한가? …… 기뻐하는 것이 어찌 나쁠이겠는가? 하늘이 반드시 이를 도울 것이다."

세조는 개국공신의 후예부터 살아 있는 좌익공신까지 5공신이 모두 모인 잔치를 마치 개국공신들부터 모든 공신들이 자신의 왕위 찬탈을 합리화하는 것으로 생각해서 크게 기뻐했다. 세조는 어서를 충훈부에 내리고 궁녀와 기녀들에게 음악을 연주하게 하고 여러 신하들에게 일어나 춤을 추게 했다. 이때 영의정 정인지가 임금의 상 아래 나아가 말했다.

"성상께서 주자소에서 《법화경(法華經)》 등 여러 불교 경서 수백 벌과 《대장경(大藏經)》 50벌을 간행하셨는데, 또 이제 《석보상절(釋譜詳節)》을 간행하시니 신이 그윽이 생각할 때 옳지 못한가 합니다."

세조와 정희왕후 윤씨는 독실한 불교 신자였다. 그래서 서적을 간행하는 주자소에서 여러 불경을 간행했는데, 지금 또 《석보상절》을 간행하게 한 것은 잘못이라는 것이었다. 《석보상절》은 세종이 재위 28년(1446) 왕비 소헌왕후 심씨가 세상을 떠나자 그 영혼을 위로하기 위해서 아들 수양에게 석가모니의 일대기와 설법을 담아 편찬하게 한 책이었다. 정인지가 유학자로서 이를 그르다고 진언한 것이다. 뿐만 아니라 정인지는 "부처를 좋아한다고 하루라도 보전할 수 없습니다" 라고 말했는데, 이 말은 세조의 심기를 크게 건드렸고, 크게 분노한 세조는 잔치를 파하였다.

다음 날 세조는 도승지 조석문을 시켜서 정인지에게 묻게 했다.

"내가 복세암(福世庵)을 세울 때도 경은 대신으로서 한마디 말도 없더니, 바로 어제 취중에 나를 욕보였으니 왜인가?"

정인지는 술 핑계를 댔다.

"취중의 일이라 살펴 기억하지 못합니다."

"어제의 말은 경이 취해서 기억 못한다고 하는데, 지금은 경이 취하지 않았으니 일일이 내게 고하라. 불교의 도리는 어떠하며 유학의 도리는 어떠한가?"

정인지가 분명하게 말하지 못하였다.

"군왕이 묻는데 경이 대답하지 못하니, 이것은 불경이다."

정인지는 어제 크게 취했다고 핑계하며 끝내 명확하게 말하지 않았다. 세조는 정인지에게 술을 올리라고 명했다. 정인지는 술이 약하기 때문에 일어난 일이라고 핑계를 냈다. 정인지가 물러가면서 말했다.

"신숙주는 잘 마시면서도 마시지 않았는데, 나는 신숙주가 잘 마시면서도 마시지 않음만 같지 못해서 이 지경에 이르렀다."

세조는 정인지의 고신을 거두고 의금부에 추국하게 했다. 의금부에서는 정인지를 체포해 추국했는데, 다음 날인 14일 세조로부터 석방 명령이 내려왔다.

"정인지는 스스로 높다고 하는 자이므로 부득이 의금부에 내렸다. 그러나 늙은 신하를 오랫동안 옥중에 두는 것은 옳지 않으니 모름지기 오늘 국문을 끝내라."

세조는 얼마 후 정인지를 석방시켰다. 다음 날부터 좌의정 정창손, 우의정 강맹경, 우찬성 황수신, 좌참찬 박중손 등 의정부의 고위 관료들이 정인지의 처벌을 주청했다.

"정인지가 성상께 무례하였으니 죄가 아주 큽니다. 그 죄를 논하기를 청합니다."

세조는 계양군 이증에게 전교했다.

"정인지는 명예를 낚고 이기기를 좋아하는 데 지나지 않는 사람이다. 그의 고신을 돌려주고 복직시키라."

정인지는 유학자로서 불교를 배척했다는 명예를 낚으려는 사람이고 이기기를 좋아하는 인물이어서 자신에게도 잘못했다고 하지 않는다는 말이었다. 유학자인 정인지를 충(忠)을 버리고 역(逆)을 택하고 나서는 불교를 배척하는 것으로 명예를 낚으려 했지만, 그 또한 맑은 정신이 아니라 술 취한 행동이었기 때문에 지지를 받기 힘들었다. 세조는 정인지에 대한 거듭된 처벌 요청에 "공신을 보전하려는 것이다"라고 거절했다.

그러나 정인지의 이 불경은 약과였다. 세조 4년(1458) 9월 16일 의정부와 충훈부, 육조의 참판 이상이 아뢰었다.

"어제 하동부원군(河東府院君) 정인지가 성상 앞에서 한 말이 불공했으니 청컨대 죄를 주소서."

"정인지는 실로 죄가 없다."

전날 세조는 경회루에 나가서 왕세자 및 종친들과 의정부, 육조판
서를 거느리고 양로연을 베풀었는데, 이때도 정인지는 술에 취해 세
조에게 불경을 저질렀다. 세조가 정인지의 죄를 묻지 않겠다고 했으
나 여러 사람이 있는 자리에서 한 행위를 모른 체 덮어둘 수는 없었
다. 다음 날 의정부·육조·충훈부에서 다시 죄를 청하자 세조는 정인지
가 한 말을 공개했다.

　　"그날 정인지가 나에게 '너'라고 칭하면서, '그런 일들은 내가 모두
취하지 않겠다'고 했는데, 이는 비록 술이 몹시 취한 것이지만 옛사람
이, '술에 취하면 그 본정(本情)을 볼 수 있다'고 하였다. 정인지가 한
말은 너무 거만한 것이다. 그러나 훈구(勳舊)이기 때문에 가벼이 죄를
줄 수 없다."

　　정인지가 술에 취해서 세조를 '너'라고 불렀다는 것이다. 한마디로
속마음으로는 세조를 임금으로 보지 않는다는 것이었다. 세조의 동생
인 임영대군 이구가 아뢰었다.

　　"정인지가 한 말을 볼 때 진실로 역신(逆臣)이 되었으니, 성삼문과
다를 것이 없습니다. 그 죄는 주벌을 받아야 합니다."

　　정인지가 임금을 '너'라고 부른 것은 성삼문과 같은 역신이라는 것
이다. 성삼문은 단종을 임금으로 섬겼지만 정인지는 자신이 추대한
세조도 임금으로 인정하지 않는 것이니 같은 반열에 놓을 수 없었다.
그러나 세조는 정인지를 처벌할 수 없었다.

　　"대신의 죄는 종친과 더불어 논하기 마땅하지 않다."

　　정인지는 세조 1년(1455) 자신의 아들 정현조(鄭顯祖)를 세조의 딸 의
숙공주와 혼인시켜 하성위(河城尉)가 되었으니 세조와 사돈 사이였다.

영중추원사 이계전이 "정인지는 성상께 '너'라고 칭하였으니, 청컨 대 그를 베어 죽이소서"라고 처벌에 가세했다. 세조는 지난번 회맹할 때 하늘의 해를 가리켜 함께 맹세했다면서 "나라의 원훈인 권 판원사 (權判院事)의 뜻이 어떤지 모르겠다"고 권람의 뜻을 물었다. 권람이라 고 임금을 '너'라고 부른 것을 옹호할 수는 없었다.

"정인지의 말은 죽어도 그 죄를 속죄할 수 없습니다."

세조가 "경의 말은 너무 엄하다"라고 말하자 권람은 한 등급 낮추어 제안했다.

"먼 지방에 안치해서 그 목숨을 보전하게 하는 것은 어떻습니까?"

의정부·육조·충훈부는 물론 대간에서도 연일 정인지를 죽여야 한 다고 주청했다. 대간은 이렇게 주청했다.

"무릇 신하 노릇하지 않는 불경의 죄는 나라의 변하지 않는 법이 있 습니다. 법은 천하 만세의 공법(公法)으로 전하 또한 사사롭게 할 수 없습니다. 엎드려 바라건대, 강단(剛斷)으로 의심하지 마시고 정인지 를 법으로 처치해서 나라의 형벌을 바르게 하시면 나라에 큰 다행하 겠습니다."

정인지를 사형시켜 나라의 법을 바로 잡으라는 대간의 청에 대한 세조의 답은 엉뚱한 것이었다.

"말한 바는 비록 옳으나 어디에서 명확하게 들었느냐? 들은 것이 있 으면 바르게 써서 오는 것이 좋다. 어찌 애매하고 확실한 근거 없는 말로 묻지 않고 죄줄 수 있겠느냐? 불경한 죄는 내가 본래 반드시 다 스렸다."

정인지가 세조에게 '너'라고 한 것은 다름 아닌 세조 이유 자신이 공개한 것이었다. 그래놓고 이제는 근거를 대라고 말하는 것이었다. 세조는 덧붙였다.

"정인지가 취중에 한 말은 모두 옛 친구의 정을 잊지 못해서 한 말이지, 다른 뜻이 있는 것이 아니다. 더구나 정인지는 나라 일을 맡아보는 대신도 아니고 쇠약하고 늙은 한 부유(腐儒: 썩은 유학자)일 뿐이니, 어찌 족히 논하겠느냐?"

이때도 정인지는 그냥 넘어갔다. 그러나 정인지는 이후에도 계속 술에 취해서 세조에게 불경한 언사를 계속했다. 이듬해인 세조 5년(1459) 1월 20일에도 의정부에서 다시 문제를 제기했다.

"어제 행행(行幸: 임금이 궁궐 밖에 나가는 것)하셨을 때 정인지가 성상 앞에서 말한 것이 무례하고 불경함이 심했습니다. 청컨대 죄를 주소서."

세조가 윤허하지 않자 의정부에서 다시 아뢰었다.

"신들은 정인지가 훈구 대신인 줄을 알지 못하는 바가 아닙니다. 그러나 관계되는 바가 크므로 청하지 않을 수 없습니다."

"쇠약하고 늙은 대신을 강제로 문책할 수 없다."

정인지는 술만 마시면 습관처럼 세조에게 막 대했다. 한 번이면 모를까 같은 실수를 거듭하는 것은 마음속으로 세조를 임금으로 여기지 않는다는 방증이었다. 그러나 세조는 거듭된 처벌 요청에 고신을 환수하고 편한 곳에 거주하도록 하는 형식상의 처분만 내렸다.

세조 6년(1460) 11월 3일에는 세조가 파주의 파평에 사냥을 갔을 때의 일이다. 파주 광탄에 이르렀을 때 한 사람이 굶주려 누워 있었다. 《세조실록》은 "주상께서 한 사람이 굶주려 누워 있는 것을 보고 말 위에서 직접 밥을 풀어 먹였다"고 기록하고 있다. 그다음 기록은 밤중에

벽제역에 이르자 백관이 대가를 맞이했고, 세조가 정승들과 육조판서 이상을 불러서 술자리를 베풀었다고 말하고 있다. 세조가 사냥 가다가 굶주려 누워 있는 백성을 보고 밥을 풀어 먹인 후 그대로 떠났다는 것이다. 부친 세종 같으면 굶주려 죽어가는 백성을 보고 그 백성 한 사람에게만 밥을 풀어서 먹이고 그 자리를 떠나지는 않았을 것이다. 백성 한 사람의 굶주림을 보고 백성 전체의 삶을 생각해야 군주의 자격이 있었다. 세조의 행위는 한 필부의 행위로 봐도 하급 필부의 행위였지 임금의 행위가 아니었다. 임금은 천하의 굶주림을 고민하는 자리지 굶주린 한 백성에게 밥을 먹이고 떠나도 되는 자리가 아니었다.

그런데 이 자리에서 정인지가 다시 문제를 일으켰다. 세조가 평양 외성에 행궁을 설치하기에 아주 좋은 자리가 있다고 하자 정인지가 대꾸했다.

"평양은 수세가 비록 좋지만 주산(主山)이 미약하여 궁실(宮室)을 세울 수는 없습니다. 송도(개경)는 주산의 기복(起伏)이 연원이 있지만 남산이 너무 멀어서 한양만 같지 못합니다. 만일 지리의 깊고 오묘한 것에 대해 논한다면 주상께서는 실로 알지 못합니다."

정인지가 또다시 세조를 무시한 것이었다. 세조는 대군 때부터 풍수에 능하다고 자부하는 터였고, 나라 사람들도 세조가 풍수에 능하다는 사실을 모두 알고 있었다. 정인지도 풍수에 능하다고 자부했는데 세조의 견해는 그르고 자신의 견해가 옳다고 주장한 것이었다.

이날 정인지는 공물을 대납하는 일을 맡아하는 간사승(幹事僧)의 폐단에 대해서 말했다. 그러나 세조가 간사승이 대답에 관여하는 자세한 상황을 묻자 대답하지 못하고 "불가합니다. 불가합니다"라고 총론으로만 말해서 다시 세조를 화나게 했다. 정인지는 공신이자 고리대금업자로 유명한 인물이었다. 대납업자들과 결탁한 것은 물론이었다. 그가 비판한 것은 대납 자체가 아니라 '간사승'이라는 승려가 대납에 관여하는 것이었다. 불교를 억압하는 유학자임을 과시하려는 의도에서 나온 발언이었다. 세조가 화를 내며 말했다.

"술을 마시고 담론하면서 정인지가 문득 나를 욕했는데 정인지가 무슨 소견이 남보다 나은 것이 있기에 오만하게 남을 깔보는 것이 여기에 이르렀는가? 경박하기가 당대 제일이다. …… 유사(攸司: 관계 기관)에 붙여서 죄를 다스려야 하겠지만 노인이고 또 술에 취해 실수한 것이 수를 셀 수도 없으니 내가 죄를 가하지 않겠다."

정창손·권람 등이 나아 와서 말했다.

"정인지는 늙고 쇠하여 술만 마시면 갑자기 대납에 실수합니다."

세조는 정인지의 아들이자 자신의 사위인 하성위 정현조를 불렀다.

"네 아비를 데리고 나가라."

《세조실록》 사관은 정인지가 오히려 깨닫지 못하고 자주 "주상께서 나를 향해 어찌 매번 이렇게 하시는가?"라고 원망했다고 말하고 있다. 정인지는 심지어 세조를 물러난 임금인 태상(太上)이라고 부른 일도 있었다. 세조 12년(1466) 2월 14일 백관이 왕손이 탄생한 것을 진하하는 자리였다. 술이 오르자 세조가 재추(宰樞)에게 일어나서 춤을 추라고 명했는데, 정인지가 세조 앞에 나가서 한담을 나누다가 갑자기 세조를 '태상'이라고 불렀다. 세조가 놀라서 물었다.

"경은 왜 시군(時君: 현 임금)을 태상이라 이르는가?"

세조는 여러 재신(宰臣)들을 돌아보며 물었다.

"오늘 군신(君臣)이 기쁘고 즐거워하는 때에 하동군(河東君)의 이 말이 불가하지 아니한가?"

양성지가 답했다.

"정인지에게 죄가 있습니다."

정인지가 머리를 조아리며 사죄하자 세조가 말했다.

"갑자기 망발한 것이지, 무슨 마음이 있었겠는가? 사죄하지 않는 것이 가하다."

이튿날 봉원군(蓬原君) 정창손·영의정 신숙주 등이 죄를 주어야 한다고 주청했으나 세조는 거절했다.

"하동군이 내게 이렇게 말한 것은 예전에도 있었는데, 경 등은 무엇을 괴이하게 여기는가? 또 그가 훈공(勳功)이 있는데, 어찌 죄를 가하는 것이 마땅하겠는가?"

태종 때 같으면 현 임금을 물러난 임금인 태상이라고 불렀으면 다른 인물을 임금으로 염두에 두고 있는 것이 분명하다면서 큰 역모로 비화했을 일이었다. 그러나 세조는 이 역시 술에 취한 주사로 치부하고 그냥 넘어갔다.

정인지뿐만 아니라 신숙주도 술에 취해 세조에게 주사를 부린 일이 있었다.

연회 때 세조가 술에 취해 신숙주의 팔을 잡으면서 신숙주에게도 자신의 팔을 잡으라고 하였다. 술에 취한 신숙주가 세조의 소매 속에 손을 넣어 세게 잡으니 세조가 비명을 질렀다.

"아야, 아파!"

곁에 있던 세자(예종)의 낯빛이 변하였다. 세조가 세자의 이름을 부르면서 타일렀다.

"나는 이래도 되지만 너는 안 된다."

술자리가 파하여 집에 돌아온 한명회는 청지기를 불러 일렀다.

"보한재(保閑齋: 신숙주의 호)는 평소에 취했더라도 조금 깨면 일어나 등을 켜고 책을 보는 사람이다. 하지만 오늘은 그러면 안 되니 네가 가서 내 말을 전하라."

청지기가 가보니 한명회의 말대로 신숙주는 등을 켠 채 책을 보고 있었다. 신숙주는 한명회의 말을 듣고 불을 끄고 자는 시늉을 했다. 밤중이 되자 역시 술이 조금 깬 세조가 내시를 신숙주의 집에 보내어 엿보게 하였다. 내시는 신숙주가 자고 있더라고 보고했다. 세조는 술에 취해서 한 행동으로 인정해서 문제 삼지 않았다. 세조는 공신들이 왕권을 넘보지 않는 개인 비리는 대부분 용서해주었다. 이들은 마치 국법이 없는 것처럼 각종 탈법 비리를 저질렀고 백성들은 이들의 전횡에 신음했다. 수양의 쿠데타로 사회는 마치 개국 이전 고려 말 같은 사회로 환원하고 있었다.

나도 수양처럼 할 수 있다, 봉석주

아무리 공신이라도 왕권을 직접 위협하는 경우는 달랐다. 정난 2등 공신 봉석주(奉石柱)가 그런 경우였다. 봉석주는 세종 24년(1442)에 여기(女妓) 패강아(浿江兒)와 간통했다가 80대를 맞는 주인공으로 처음 실록에 등장한다. 그 후 단종 1년(1453) 10월 수양이 김종서를 제거하던 이른바 계유정난이란 쿠데타 때 임금을 호위하는 내금위에 있으면서 수양의 편에 섰다. 이 공으로 정난 2등공신에 책봉되면서 출세의 기회를 잡았다. 이후 정4품 행 호군(行護軍)이 되었다가 당상관인 정3품 첨지중추원사(僉知中樞院事)로 승진했다. 세조 2년(1456)에는 사육신 박팽년의 동생 박대년(朴大年)의 아내 정수(貞守)와 상왕 복위 기도 사건에 가담했다가 네 아들과 함께 사형당한 송석동(宋石同)의 아내 소사(召史)와 유응부의 첩의 딸 환생(還生)을 차지했고, 역시 상왕 복위 기도 사건에 가담했다가 사형당한 유한(柳漢)의 해주(海州) 전지도 차지했다. 세조 6년(1460) 윤6월에는 전라도 처치사에 임명되었다. 도처치사는 수군도처치사라고도 하는데, 그가 떠나는 날 충훈부에서 한강가에서 전송하는 자리를 마련하자 세조가 주악을 내려주었다. 취기가 오른 권람·황효원(黃孝源) 등은 그냥 헤어지기 아쉬워서 정난 3등공신인 이흥상(李興商)의 집에 다시 모였다. 이흥상의 집 연회가 파하려는데 세조가 탄 대가(大駕)가 이르렀다. 임금이 궁궐 바깥의 술자리까지 찾아다니는 것이었다. 이에 감격한 권람이 7언절구를 지어 올려 세조를 칭송했다.

"충훈부에서 이날 훈신을 전별하는데 / 특별히 화려한 연석을 내려주시니 영광과 은택이 새롭도다 / 전송을 파하고 돌아오는 길에 망극한 은혜가 이르니 / 돌아가는 길에 천춘수(千春壽: 천년 동안 살라는 뜻)를 올리도다(忠勳此日餞勳臣, 特賜華筵寵渥新. 餞罷歸來恩罔極, 還程擬獻壽千春)."

이런 환대를 받으며 전라도 처치사로 내려간 봉석주는 모리(謀利)를 일삼았다. 하도 모리를 일삼아서 물의가 끊이지 않자 세조 7년(1461) 10월 19일 사헌부 지평 이영부(李永敷)가 사헌부의 의논을 가지고 아뢰었다.

"행 상호군 봉석주가 전라도 처치사가 되었을 때에 면화를 황원곶에 심어서 100여 석을 거두어 배로 그 집에 실어 갔으며, 또 나주에서 전토와 동산을 넓게 차지했으니 청컨대, 행대(行臺: 사헌부 관원)를 보내어 조사하게 하소서."

아무리 공신이라도 개인 비리가 있는데 조사까지 하지 못하게 할 수는 없어서 사헌부 행 대감찰 김자정(金自貞)을 파견해 진상을 조사하게 했다. 그해 12월 김자정이 보고한 봉석주의 혐의는 심각한 것이었다. 김자정은 "처치사 봉석주는 위임받은 중책은 돌아보지 않고 오로지 모리 만을 일삼아……"라고 시작되는 보고서를 올렸다.

선군(船軍: 수군) 30명에게 황원곶 목장의 묵은 땅을 갈아서 목면(木縣) 6석(石)을 파종하게 하고, 가노(家奴)에게 김을 매게 해서 면화 74석 6두를 거두었는데 이를 팔아 차지했다는 것이다. 또한 면화의 씨도 군사에 쓸 군수미로 샀다는 것이었다. 또 나주의 갑사(甲士) 박중선(朴仲先)의 논 4구(區)를 사기로 약속하고 문서를 작성했으나 돈은 주지 않고 수군에게 경작하게 했다는 것이다. 또한 첩 두 명과 여종 두 명을 영문(營門) 안에 두었다는 것이다. 사헌부는 법에 따라 벌을 주고 모리한 면화와 남용한 쌀, 콩은 관가에 바치게 해야 한다고 주청했다.

세조는 봉석주에게 전지해서 꾸짖었다.

"너는 가진 것이 부족한가? 불가에서 말하기를 '삼독(三毒) 중에 탐욕스런 마음이 첫머리에 있다'고 했다. 나는 비록 네가 훈신이기 때문에 너의 죄를 용서하지만 대간에서 반드시 용서하려 하지 않을 것이다. 너는 심하게 망령된 사람이니 빨리 죄를 시인하라."

그러나 봉석주는 엎드려 부복만 할 뿐 잘못했다는 사죄의 말이 없었다. 사헌부에서 거듭 죄를 청했으나 세조는 모두 윤허하지 않았다. 사헌부에서는 계속해서 봉석주를 처벌해야 한다고 주청했다.

"전(傳:《논어》〈양화(陽貨) 편)에 '소인은 담을 뚫거나 넘어 들어가는 좀도둑과 같다'고 했는데 만약 봉석주 같은 자라면 어찌 다만 담을 뚫거나 넘어갈 뿐이겠습니까? …… 소인이 담을 뚫거나 들어가는 것은 혹 굶주림과 추위에 쫓기어서 한 것이지만 봉석주도 굶주림과 추위에 쫓겨서 그렇게 했습니까? 인신(人臣)으로서 임금을 속이고 자기를 더럽게 한 죄는 이보다 지나친 것이 없으니, 이를 다스리지 않으면 장차 어떤 것을 징계할 수 있겠습니까?"(《세조실록》 8년 1월 2일)

대간의 거듭된 탄핵에 세조는 그의 벼슬을 파직시키지 않을 수 없었다. 그러나 불과 넉 달 후인 세조 8년 5월 6일 세조는 봉석주에게 강성군(江城君)이란 군호(君號)를 내려주고, 9월에는 사대장(射隊長)으로 삼았다.

그 후로도 봉석주는 여러 차례 물의를 일으켰고, 그때마다 세조는 봉석주를 타일렀다. 세조는 재위 9년 12월 봉석주에게 이렇게 말했다.

"너는 나의 옛 친구인데, 단지 네가 여러 차례 국법을 범했으므로 내가 너를 여러 훈신(勳臣)들과 같이 대접하지 않는데, 이것은 네가 스스로 얻은 것이니 혐의스럽게 생각하지 말라."

세조는 봉석주를 계속 타일렀지만 봉석주는 끊임없이 물의를 일으켰다. 세조 10년(1464) 8월에 또 사건을 일으켰다. 봉석주 여종의 남편

김말생(金末生)이 충주에 살았는데, 울산의 공리(貢吏: 공납을 담당하는 아전)의 미포(米布: 쌀과 포)를 받아서 썼다. 그 아전이 봉석주의 종과 함께 김말생의 행위를 봉석주에게 호소하자 봉석주는 김말생에게서 그 미포를 빼앗아 자신이 가지려고 마음먹었다. 봉석주는 김말생에게 "그 미포는 내 물건인데 네가 마음대로 썼다"면서 김말생 소유의 배를 빼앗아 자신의 반인(伴人: 시중드는 사람) 박근(朴根)에게 주었다. 울산 공리의 억울한 사정을 이용해 김말생의 배를 갈취한 것이었다. 억울하다고 생각한 김말생은 그 배를 몰래 훔쳐 주을포로 옮겨놓았는데, 봉석주의 눈이 두려워 운항하지는 못했다. 참판 이연손(李延孫)의 아내 윤씨(尹氏)는 주을포에 빈 배가 있다는 말을 듣고 종을 시켜 배를 용산강으로 가져다났다. 반인 박근이 이 배를 찾아내서 배를 지키던 자 2인을 봉석주에게 고발했다. 봉석주는 반인을 시켜서 윤씨 집으로 가서 배를 가지고 간 자를 구타해서 부상을 입혔다. 봉석주는 배는 되찾았지만 한몫 더 잡을 생각이었다.

"내 배에 소금 40석(石)과 큰 나무 2조(條)를 실었는데, 네가 어디에다 두었느냐?"

배에 실려 있지도 않았던 소금과 나무 값까지 더 뜯어낼 생각이었다. 봉석주는 윤씨를 형조에 고발했는데, 윤씨는 봉석주 못지않은 배경이 있는 사녀(士女)였다. 남편 이연손이 좌익원종 1등공신이었을 뿐만 아니라 판중추부사 윤번(尹璠)의 사위였는데 윤번은 다름 아닌 세조의 장인이었다. 이연손의 부인 윤씨는 정희왕후 윤씨의 친여동생이었다. 윤씨는 세조에게 상언(上言)했다.

"주인이 없는 배가 집 앞을 흘러가므로 집의 종이 취한 것인데, 봉석주가 사람을 보내 여자만 사는 집을 수색하여 체포하고 침학 능멸해서 자녀들이 놀라고 당혹했으니, 통분함을 이기지 못하겠습니다."

처제의 상언을 들은 세조는 봉석주를 불러서 영순군(永順君) 이부(李溥)·호조판서 김국광에게 진상을 묻게 했다. 봉석주가 대답했다.

"배를 훔친 자를 체포하느라고 구타하지 않을 수가 없었습니다."

봉석주는 공신이란 위세를 믿고 세조의 처제 집까지 무단으로 들어가 폭행한 것이었다. 왕비의 친여동생 집까지 쳐들어가서 횡포를 부릴 정도였으니 일반 평민들은 말할 것도 없었다. 이부 등은 박근과 김말생도 붙잡아 사건을 조사하고는 세조에게 보고했다.

"봉석주는 본래 간사한 꾀로 김말생의 배를 빼앗았으며, 또 윤씨를 위력(威力)으로 침학하고 능멸했습니다. 또 배 위에 물건을 실었다고 무고하여 형조에 마음대로 소송했습니다."

왕비 윤씨의 친여동생 집까지 손을 댔으니 아무리 세조라고 그냥 봐줄 수는 없었다. 세조는 봉석주를 꾸짖었다.

"이연손의 아내는 중궁(中宮)의 자매인데 너는 어찌 사람을 보내어 그 집을 수색하고 사람을 체포했는가? 또 그 배가 나오게 된 것이 또한 어찌 바르지 아니한가? 너는 나의 공신으로서 나라의 헌법을 받들어 봉행하지 못하고, 여러 번 죄망에 걸려 임금을 욕되게 했는데, 네 마음은 편안한가? …… 너는 어찌하여 마음에 부끄러움이 없는가? …… 네가 그 공신임을 믿는가?"

세조가 꾸짖는 소리가 낭청을 울렸지만 봉석주는 여전히 공신임을 믿었다. 공신들은 어떤 죄를 지어도 용서하겠다고 선언한 인물이 세조 자신이었다. 공신들에게 국가권력은 사익 추구의 도구로 전락한

지 오래였다.

"너는 내가 소년 시절부터 서로 알았고, 또 공신이 되었으니, 네가 비록 죄가 있더라도 내가 무슨 마음으로 너를 죄주겠는가?"

세조가 직접 꾸짖는데도 봉석주는 뉘우치는 기색이 없었다. 오히려 죄를 불복하고 말이 불손했다. 세조가 화가 나서 다시 꾸짖었다.

"내가 너를 가르치려고 하지 않는 일이 없는데, 너는 어찌 도리어 원망하는 말을 하는가? 너는 부끄러움이 없는가? 네 면상에는 쇠가죽을 몇 겹이나 씌웠는가? 너는 결코 조정에 설 수 없다."

"너는 결코 조정에 설 수 없다"는 것이 봉석주에 대한 처분의 전부였다. 정창손·신숙주·구치관 같은 공신들도 처벌해야 한다고 주청했으나 아무 소용이 없었다. 심지어 봉석주와 누가 더 패륜아인지 경쟁해야 할 홍윤성까지 봉석주 처벌을 주청했으나 세조는 따르지 않았다. 겨우 고신(告身: 벼슬 직첩)을 빼앗은 것이 고작이었다. 그러나 그 고신도 두 달 후인 10월에는 다시 돌려주었다.

세조는 재위 11년(1465) 3월 25일 봉석주에게 이렇게 말했다.

"너의 작위(爵位)는 모두 내가 내려준 것인데, 너는 왜 내 말을 듣지 않고 탐오(貪汚)한 것이 오히려 그러한가? 한 번 심하다고 말했는데 두 번 다시 하는 것이 옳으냐? 낮에 쇠가죽을 싼 것이 무릇 몇 겹이냐?"

《세조실록》 사관은 세조가 "희롱으로 경계한 것이었는데, 봉석주는 달리 부끄러운 구석이 없었다"라고 전하고 있다. 봉석주는 부끄러운 기색은커녕 오히려 이런 꾸짖음에 원한을 품었다. 다른 공신들과 손잡고 세조를 내쫓으려고 한 것이다.

세조 11년(1465) 4월 12일 봉석주는 김처의(金處義)·최윤(崔閏) 등이 난을 일으키려 한다고 고변했다. 이 고변에 조정은 깜짝 놀랐다. 김처의, 최윤은 모두 정난 3등공신이기 때문이다. 게다가 김처의의 아버지 김효성(金孝誠)은 정난 1등공신이었다. 이것이 사실이라면 세조가 천하의 욕을 다 먹으면서도 감쌌던 공신들이 반란을 일으키려 한 것이었다. 깜짝 놀란 세조는 상당부원군(上黨府院君) 한명회, 좌의정 구치관, 좌찬성 박원형, 좌부승지 윤필상(尹弼商) 등에게 사건을 조사하게 했다. 불과 이틀 만에 사건의 진상이 드러났다.

"봉석주가 실로 난의 모의에 참여했는데도 자수하지 않았습니다."

고변자 봉석주도 모의에 가담했다는 것이었다. 개인 비리가 아니라 역모라고 판단한 세조는 봉석주에게 즉시 목에 끼우는 항쇄(項鎖)를 채워 옥에 가두었다. 최윤은 목천에서 잡혀 오고, 김처의·김처례(金處禮) 형제는 홍천에서 잡혀 왔다. 자신을 쫓아내려 한 사건이므로 세조도 놀랐다. 봉석주는 잇단 물의를 일으켜 벼슬에서 소외된 것에 원한을 품고 세조를 내쫓으려 한 것이었다. 봉석주는 같은 공신들인 김처의, 최윤 등과 함께 난을 일으키려 했다.

"죽음을 각오하는 장사 스무 명만 있으면 난을 일으킬 수 있다."

"먼저 병조의 당상관을 살해하고 다음으로 승지를 살해한다면 거사할 수 있을 것이다."

이들의 계획은 수양대군이 단종을 몰아내던 계획과 흡사한 것이었다. 소수의 무사들이 먼저 거사해 국정을 장악한다는 계획이었다. 그러나 그때와는 상황이 달랐고, 계획은 어설펐다. 김처의는 사태가 여의치 않자 홍천 농장으로 내려갔다. 그러자 김처의 등이 자칫 먼저 고변할까 두려워진 봉석주가 선수를 치고 나간 것이었다. 봉석주가 자신까지 쫓아내려 했다는 사실에 세조는 격분했다. 4월 19일 좌승지 김수령(金壽寧)을 불러 봉석주 등을 주살하는 교서(教書)를 작성하게 하고는 말했다.

"내가 오늘 세 공신을 죽이니, 마음에 편하겠느냐?"

"그들은 공신이 아니고 바로 적신(賊臣)입니다. …… 반드시 주살해야 할 적신입니다."

"네가 내 마음을 편안하게 위로하려고 하는가?"

"왕법이 응당 그러한 것이지 신이 어찌 마음을 쓰는 것이겠습니까?"

결국 봉석주와 최윤, 김처의는 능지처사를 당했다. 봉석주의 아들 봉계손(奉繼孫)도 교수형을 당했다. 봉석주의 첩의 집은 임영대군 이구에게 내려주었다. 또한 봉석주가 불법으로 빼앗은 논밭과 노비를 다시 조사해서 그 주인에게 돌려주게 했다.

이로써 봉석주과 김처의·최윤 등의 거사 계획은 수포로 돌아갔으나 이 사건의 여파는 작지 않았다. 공신 집단이 분열한 것은 둘째로 치더라도 누구라도 세력만 있으면 왕을 쫓아내고 새 왕을 세울 수 있다고 생각하는 시대가 된 것이었다. 임금 자리는 선왕의 적장자이거나 천명의 결과가 아니라 힘만 있으면 누구나 앉을 수 있는 자리가 된 것이다. 그렇게 세조의 왕위는 공신 내부에서도 정당성이 무너져 내려갔다.

북방의 회오리바람

이징옥은 대금 황제를 자칭했는가?

수양의 쿠데타와 왕위 찬탈은 조선의 정상적인 국가 체제를 모두 붕괴시켰다. 헌법에 따라 즉위한 단종에게 충성을 바쳤다는 이유로 숱한 신하들이 죽어갔고, 그 가족들까지 화를 당했다. 서울에서 벌어진 쿠데타 소식은 압록강~두만강 북쪽의 조선 북방 영토에도 큰 영향을 끼치게 되어 있었다. 수양은 조선 유학자들이 야인(野人)이라고 부르는 여진족의 동태가 중요하다는 사실을 잘 알고 있었다. 그중에서도 함길도 도절제사 이징옥(?~1453)의 동태가 중요하다고 생각했다.

이징옥은 김종서, 최윤덕(崔閏德)과 함께 세종 때 북방 개척의 주역이었다. 김종서는 문신이었지만 최윤덕과 이징옥은 무신이었다. 이징옥은 세종 15년(1433) 11월에 함길도 영북진(寧北鎭) 절제사로 부임했으니 함길도와는 긴 인연이 깊었다.

쿠데타를 도모하는 수양 측에게 압록강~두만강 북쪽 북방 강역 안정의 주역 김종서, 이징옥 등은 제거 대상이었다. 최윤덕은 세종 27년 사망했으니 김종서를 제거한 수양에게 남은 것은 이징옥이었다. 이징옥은 어린 시절부터 남다른 용력을 지니고 있었다. 이징옥에게는 네 살 위의 형 이징석이 있었는데 어릴 때부터 사이가 나빴다. 이징옥 14세 때 어머니가 "살아 있는 산돼지가 보고 싶다"라고 말하자 이징석은 당일로 산돼지를 잡아 돌아왔다. 이징옥은 이틀 후에 빈손으로 돌아왔다.

"남들은 네 용력이 형보다 낫다고 말하는데 헛말이었구나. 네 형은 산돼지를 잡아서 내게 보였는데 너는 이틀 만에 맨손으로 돌아오니 웬일이냐."

"문밖에 나가보십시오."

나가보니 더 큰 산돼지가 대문밖에 누워 씨근거리고 있었다는 것이다. 이징옥은 산돼지의 기운을 빼놓은 후 몰고 온 것이었다. 《세종실록》은 김종서와 6진 개척에 나섰던 이징옥에 대해 높게 평가하고 있다.

이징옥이 회령을 지키고 있는데, 성질이 굳세고 용감하며 정령(政令)이 매우 엄격하였으며, 적변(賊變)이 있으면 즉시 무장을 갖추어 성 밖으로 나가서 적을 기다리니, 싸움에 크게 이기지 않은 적이 없었다. 여러 부의 야인(여진족)들이 매우 그를 두려워하고 꺼려서 감히 침범하지 못하고,

그를 '어금니가 있는 큰 돼지(有牙大豬)'라고 불렀다. 야인 중에 원망을 품고 있는 사람이, "그가 술 취한 틈을 타서 쏘아 죽이자"라고 모의하자 그 측근의 사람은 "비록 술에 취하더라도 범할 수가 없을 것"이라고 말했다.(《세종실록》18년 11월 27일)

수양은 쿠데타 다음 날 하삼도 도체찰사 정분(鄭苯), 충청도 절제사 지정(池淨), 경성 도호부사 이경유(李耕畂) 등 군사권을 가진 단종 측 인물들을 모두 숙청했다. 이징옥만 제거하면 된다고 생각한 수양은 상호군 송취(宋翠)를 의금부 진무(鎭撫)로 삼아 함길도 도절제사 이징옥을 체포해 평해(平海)에 안치하라고 명령했다. 그러나 《세종실록》에서 "이징옥은 무예가 있어 양계(兩界)를 20여 년간이나 진압했는데 야인이 두려워 복종하였다"라고 기록할 정도로 세력이 있던 인물이었다. 양계란 고려 때부터 나라의 서북쪽 강역인 북계와 동북쪽 강역인 동계를 뜻하는데, 북계는 압록강 북쪽 땅이고, 동계는 두만강 북쪽 땅이었다.

계유정난이란 쿠데타로 단종을 무력화시킨 수양은 단종의 명을 빌려 이징옥을 죽이려 했다. 수양은 평안우도 도절제사 박호문(朴好問)이 이런 역할의 적임자라고 생각했다. 박호문은 세종 때 여러 차례 김종서를 무고했던 인물이었다. 김종서와 상극이었으니 이징옥의 자리를 빼앗는 데 적격이라고 판단한 것이다. 수양은 박호문을 자헌대부(資憲大夫)로 승진시켜 함길도 도절제사를 맡기고 빨리 임지로 가서 이징옥을 대신하라고 명령했다.

박호문은 함길도로 가서 이징옥에게 자신이 함길도 도절제사가 되었음을 통보했다. 수양이 단종의 왕권을 사실상 빼앗았다는 말은 하지 않았다. 단종의 교지가 있었으므로 이징옥은 자리를 넘겨주고 서울로 향했다. 남쪽으로 약 60리쯤 가면서 생각해보니 이상한 생각이 들었다. 그는 말을 멈추고 휘하의 장사를 불렀다.

"새 도절제사와 면대하여 의논할 일이 있다."

이징옥은 변방 방위의 중요한 직책을 맡은 자신을 정식 계통도 밟지 않고 몰래 와서 교대하는 것이 이상하다는 생각이 들었다. 또한 이징옥은 부친이 사망해서 3년상을 치르고 있었는데, 문종은 즉위년 (1450) 7월 기복(起復: 상중의 대신을 벼슬길에 나아가게 하는 것) 출사를 시켰다. 세종 때도 어머니가 세상을 떠나서 3년상을 치르고 있었는데 조정에서 기복 출사시켰었다. 그런 자신을 하루아침에 정상 계통도 밟지 않고 해임한 것이 이해가 가지 않았다. 더구나 단종을 보필하는 고명대신인 좌의정 김종서가 박호문에게 자신의 자리를 대신하게 할 리가 없다는 생각도 들었다.

이징옥은 말을 돌려 도절제사 병영으로 다시 돌아왔다. 이미 늦은 시간이었으므로 박호문은 잠자고 있었다. 이징옥은 도진무(都鎭撫) 이행검(李行儉)을 급히 불렀다.

"박호문은 평안도 도절제사인데, 지금 갑자기 이곳으로 왔으니 어찌 까닭이 없겠는가? 내가 그 까닭을 물어보겠다."

박호문은 단종 즉위년 10월 말 평안좌도 도절제사가 되었다가 같은 해 12월 평안우도 도절제사로 자리를 옮겼다. 통상 변방의 장수들은 그 지역 사정에 정통해야 하기 때문에 오래 근무하는 것이 관례인데 평안우도 도절제사가 갑자기 함길도 도절제사로 부임되어 왔으니 그 사정을 의심한 것이었다.

이징옥은 휘하의 장사에게 문을 밀치고 들어가게 했다. 당황한 박호문은 큰 돌로 문을 막고 문틈으로 활을 쏘았다. 이징옥 휘하의 장사가 옥상으로 뛰어올라 박호문에게 화살을 날렸다. 박호문은 이 화살을 맞고 죽고 말았다. 군졸이 밀치고 들어가 박호문의 아들 박평손(朴平孫)을 잡아 물었다.

"네 아비는 과연 조정에서 제수한 것이냐?"

두려움에 질린 박평손이 대답했다.

"조정에서 제수한 것이 아닙니다."

이징옥이 "과연 내 말이 맞구나"라고 소리쳤다. 단종이 아닌 수양이 제수했으므로 조정에서 제수한 것은 아닌 셈이었다. 박평손을 베라고 명하자 그는 자신을 잡으려는 병사들에게 소리 질렀다.

"어찌 조정에서 제수받지 않고 도절제사가 되는 자가 있겠습니까? 당신들이 이 절제사(이징옥)의 말을 따르면 뒤에 반드시 후회할 것입니다. 당신들이 나를 살려주면 내가 당신들이 협종(脅從 : 위협 때문에 따름)한 것을 변명하겠지만, 만일 나를 죽이면 누가 당신들을 변명해주겠소?"

이 말에 흔들린 병사들은 박평손을 놓아주었다. 박호문이 가져온 교지에는 단종의 옥새가 찍혀 있었던 것이다. 이징옥은 박평손을 통해 수양대군이 난을 일으켜 김종서 황보인 등을 죽이고 단종을 무력화시켜 사실상 왕권을 장악했다는 소식을 들었다. 이징옥은 군사를 일으켜 수양을 토벌하기로 결심했다. 이징옥은 만주의 여진족을 끌어들이면 승산이 있다고 생각했다.

수양 측에서 작성한 《노산군일기》는 이징옥이 '대금 황제(大金皇帝)'

를 자칭했다고 기록하고 있다. 군사를 일으킨 이징옥이 종성교도(鍾城教導) 이선문(李善門)에게 이렇게 말했다는 것이다.

"이 땅은 '대금 황제'가 일어난 땅이다. 때에는 고금(古今)이 있는데 영웅도 마찬가지이다. 내가 지금 큰 계책을 세우고자 하니 너는 조서를 초안하라."

이징옥이 부른 조서의 초안은 이렇다 한다.

"대금 이후로 예의가 폐하고 끊어져서 여러 종류의 야인들이 혹은 무죄한 사람을 죽이고, 혹은 부모를 죽이어 화기(和氣)를 상하게 하므로, 하늘이 헤아려 다스리라고 유시하였다. 짐이 박덕하여 천명대로 한다고 보증하기는 어렵지만 감히 스스로 마지못해 위에 오른 지가 해가 넘었다. 지금 하늘이 다시 유시하시니, 내가 감히 상천(上天)의 명령을 폐하지 못하여 모년월일(某年月日) 새벽녘에 즉위하였으니, 경내의 대소 신민(臣民)은 마땅히 그리 알라."

군사를 일으킨 이징옥이 여진족 완옌씨〔完顔氏〕가 세웠던 금나라(1115 ~1234)를 이어 대금을 다시 세우고 황제를 자칭했다는 것이다. 그리고 오국성(五國城)에 도읍을 정하고 여진족에게 후원을 요청했다는 것이다. 오국성은 현재 광개토태왕릉비와 장수왕릉 등이 있는 옛 고구려 수도 국내성 자리라고 추정한다. 또한 송나라 두 황제인 휘종(徽宗)·흠종(欽宗) 부자가 금나라에 생포되어 구금되었던 성이기도 하다.

조선에서 드물게 '황제'를 자칭한 사건이지만 그가 실제 황제를 자칭했는지는 의문의 여지가 많다. 불과 4년 전인 세종 31년(1449) 평안도에 몽골족의 침입이 임박했을 때 상중임에도 기복 출사하고 전선으로 달려간 인물이 이징옥이었다. 수양대군을 제거하기 위해서라면 몰라도 조선 왕조 자체에 반기를 들 그런 인물은 아니었다. 이징옥은 수양을 타도하고 단종의 왕권을 되돌리기 위해서 군사를 일으켰을 것이다. 수양은 이징옥이 명나라에 사람을 보내 자신의 행위를 역모라고 주장할 것을 두려워해서 이징옥의 행위를 '대금 황제' 운운하는 반명(反明) 행위로 둔갑시켰을 가능성이 있다. 조선 정조 때 좌의정을 지낸 채제공(蔡濟恭 : 1720~1799)은 《번암집(樊巖集)》에서 이징옥은 수양의 불법성을 명나라에 직소해 단종의 실권을 회복시키려는 것이었지 대금 황제가 되려는 것이 아니었다고 적은 것이 이를 말해준다.

여진족의 행색을 그린 초상

이징옥의 봉기 소식이 보고된 다음 날인 단종 1년 10월 26일 수양은 단종의 명을 빙자해 스스로 중외병마도통사(中外兵馬都統使)를 겸임해 정벌 군사에 대한 지휘권을 장악했다. 여기저기서 동조 봉기가 일어날 것을 두려워한 수양이 부랴부랴 병마도통사 자리까지 빼앗은 것이었다.

상황은 이징옥에게 불리했다. 수양의 포로가 된 단종은 이징옥의 난을 진압하라는 명을 내릴 수밖에 없었다. 왕명이 있자 이징옥에게 가담했던 군사들이 점점 흔들리기 시작했다. 결국 이징옥은 함께 따라다니던 종성 판관 정종(鄭種)과 이행검(李行儉)에게 살해당하고 거사는 실패로 끝났다.

단종 1년(1453) 10월 27일 함길도 관찰사 성봉조(成奉祖)가 치계한 내용에 따르면 이징옥의 살해 장면은 이렇다.

　이징옥의 경호가 엄중했기 때문에 정종과 이행검은 좀체 이징옥을 제거할 틈을 얻지 못했다. 이징옥은 항상 활과 칼을 몸에서 떼놓지 않고, 등불을 켜서 밤을 새우며, 뜰에는 작도(斫刀: 작두)를 벌려 만일에 대비했다. 정종은 자신을 따르는 읍졸(邑卒)들에게 "내가 돌아보면 너희들이 일시에 공격하라"고 명령했다. 정종은 이징옥에게 "오늘은 몹시 추우니, 군사에게 술을 먹이기를 청합니다"라고 말해 허락을 받았다. 정종이 작은 소반(小盤)에 술상을 차려 잔을 올리니 이징옥이 마시려 했다. 이때 정종이 돌아보자 읍졸들이 일시에 북을 치면서 활을 쏘았다. 화살을 맞은 이징옥이 주사(廚舍 : 주방)로 달려 들어가자 읍졸이 쫓아 들어가 살해했다는 것이다.

　이징옥이 봉기했다는 소문이 돌자 중외의 인심이 흉흉해졌다.

　"이징옥이 5진(五鎭)의 정병을 거느리고 야인과 연결하니, 그 형세가 제어하기 어려울 것이다."

　그러나 이징옥의 봉기는 치밀한 준비에 의한 거사가 아니라 조건반사적인 거사였으므로 실패하고 말았다. 그러나 이징옥의 반발은 시작에 불과했다.

　이징옥의 난과 비슷한 시기에 종부 판관(宗簿判官)을 역임한 안악군 군사 황의헌(黃義軒)도 봉기를 계획하고 있었다. 그는 수양의 쿠데타 소식을 듣고 안악군의 시위군·진군(鎭軍)·기선군(騎船軍)·잡색군 등을 모아 병기를 점고하며 이렇게 말했다.

　"다시 명령을 내리면 일제히 모이라."

그러나 그의 거사 계획은 같은 군의 부사정(副司正) 이포(李苞)가 수양에게 밀고함으로써 사전에 발각되었다. 황의헌은 단종 1년 11월 수양이 보낸 지통례문사(知通禮門事) 유규(柳規)에게 체포되어 국문을 당했다. 단종 2년 3월 황의헌과 고양 기관(記官) 식배(植培), 현감 고덕칭(高德稱)과 병방 기관 중은(仲銀) 등은 역모로 몰려 참형을 당하고 가산은 적몰되었다. 이들의 부친들은 제주도와 진도, 남해도, 거제도 등의 여러 고을에 종으로 보내졌으며, 16세 이상의 자식은 교형(絞刑: 교수형)으로 죽이고, 나머지 어머니나 딸, 처첩, 자매 등은 모두 관노비로 떨어뜨렸다. 이때 식배의 아내는 관비로 떨어지느니 차라리 죽는 것이 낫다 하여 목을 매어 죽었다.

이징옥과 황의헌의 거사는 조선의 북방 강역 경영 능력을 크게 약화시켰다. 압록강~두만강 북쪽은 명나라와 합의된 조선 강역이었고 이 북방 강역의 여진족들은 조선에 세금을 바치는 조선의 신민이었다. 그러나 수양의 쿠데타 이후 조선 장수들끼리 피를 흘리면 싸우는 와중에 여진족들에 대한 조선의 통제권은 약화될 수밖에 없었다. 그렇게 조선의 북방 강역은 실질적인 지배 강역에서 점점 이완되어갔다.

여진족을 적으로 돌리는 세조 정권

고려와 명나라, 그리고 조선과 명나라가 맺은 국경선은 철령에서 공험진까지였다. 철령은 지금의 요녕성 심양 남쪽의 진상둔진 봉집보(奉集堡) 지역이고, 공험진은 지금의 흑룡강성 영안 부근이다. 철령은 압록강 북쪽 600여 리 지점이고 공험진은 두만강 북쪽 700여 리 지점이다. 철령과 공험진을 이은 선이 고려·조선과 명의 국경선이었다. 일제강점기 식민사학자 이케우치 히로시(池內宏) 등이 고려·조선사를 반도사로 축소하기 위해서 이 국경선을 왜곡했다. 이들은 고려 국경이 지금의 압록강 서쪽에서 함경남도 안변 부근까지라면서 사선(斜線)으로 그려놨는데, 현재 사용하는 한국사 교과서는 모두 일본인들이 왜곡한 국경선을 그대로 가르치고 있다. 현재 한국의 대학 사학과를 완전히 장악한 강단 사학자들이 아직도 일본인 식민 사학자들을 스승으로 섬기기 때문이다.

고려·조선 국경을 왜곡한 것은 전적으로 일본인 식민 사학자들과 그의 한국인 추종학자들의 책임이지만 조선의 중화 사대주의 유학자들의 책임도 전혀 없지는 않다. 사대주의 유학자들은 조선 북방 강역에 사는 여진족들을 같은 동이족의 일원으로 포용하기보다는 이민족으로 여겨 야인으로 부르면서 배척했다. 그래서 이 지역을 직접 다스리는 대신 여진족 우두머리에게 벼슬을 주어 대신 다스리게 하는 간접 통치 방식을 택했다. 일종의 기미(羈縻)정책이었다. 기미는 모두 고삐를 뜻하는데, 기미정책이란 이민족들에게 굴레는 씌우듯 얽매고 구속한다는 뜻으로서 일종의 자치권을 주는 듯하지만 큰 틀에서는 자국의 지배 체제 내에 묶어두는 것을 뜻한다.

북방 여진족은 크게 셋으로 분류한다. 아무르강과 우수리강 일대에 사는 야인여진(野人女眞), 송화강 동쪽의 해서여진(海西女眞), 송화강 서쪽의 건주여진(建洲女眞)이 그것이다. 이들은 모두 조선의 강역 내에 사는 조선의 백성들인데, 조선이 명나라에 사대 외교를 펴는 것이 문제였다. 조선이 명나라에 사대하는 것을 목도한 여진족들은 조선에 복종하는 한편 때로는 명나라에 붙는 방식으로 조선으로부터 독자적 지위를 가지려 했다.

조선이 사대하자 명나라도 만주에 대한 지배권을 강화하려 했다. 명나라 영락제는 1403년(조선 태종 3년) 건주여진이 거주하는 지역에 건주위(建州衛)를 설치하고 건주여진 중 한 부족인 올량합(兀良哈)의 족장인 아합출(阿哈出)을 지휘사(指揮事)로 삼았다. 명나라는 아합출에게 이승선(李承善)이라는 이름을 주었다. 이승선의 지휘사 자리는 손자인 이만주(李滿住)가 이었다. 이만주는 1424년(세종 6년)에 야인여진인 올적합(兀狄哈)이 압박해오자 올량합을 거느리고 파저강 유역의 다회평(多回坪)으로 근거지를 옮겼다. 이때 올량합이 이주한 파저강의 위치에 대해서 여러 견해가 있는데 현재 중국에서는 심양 동북쪽인 길림성 매하구(梅河口)시 북쪽 해룡현 휘발하(輝發河)로 보고 있다.

이들은 때로는 토산물을 바치는 것으로 조선에 충성을 맹세하다가 때로는 조선을 공격하기도 했다. 여진족들이 강계(江界)와 여연(閭延)을 공격해 수십 명의 사상자가 발생하자 세종은 재위 15년(1433) 병마도절제사 최윤덕 등에게 1만 5,000명의 군사를 주어 파저강을 공격하게 했다. 조선이 지금의 매하구시에 있는 파저강까지 공격할 수 있는 것은 이 지역이 조선 강역이었기 때문이다. 이때 조선의 대군이 진군하자 여진족들은 맞서 싸우는 대신 흩어져 달아났기 때문에 큰 전투가 벌어지지는 않았다. 이후 조선은 이 지역의 여진족 우두머리들에게 만호(萬戶), 부만호(副萬戶), 천호(千戶) 등의 벼슬을 주어 다스리게 했는데, 이는 세조 때도 마찬가지였다.

파저강에 사는 천호 동아라수(童阿羅愁)를 본처(本處)의 부만호로, 파저 강의 도지휘(都指揮) 심이시합(沈伊時哈)을 본처(本處)의 만호로, 건주위 에 사는 지휘(指揮) 왕거다(王車多)·왕곤이(王昆伊) 등을 본처(本處)의 부 만호로, 여오(汝吾)에 사는 부만호 김역류(金亦留)를 본처(本處)의 만호로 삼았다. (세조실록 5년 3월 28일)

조선은 만주에 사는 여진족 우두머리들에게 만호 등의 벼슬을 두어 그 부족을 다스리게 하는 것으로 이 지역을 지배했다. 조선에서 벼슬 을 받은 여진족 우두머리들은 대마도의 왜인들과 함께 새해 첫날 조 정 회의에 참석해 하례했다. 세조 2년(1456) 1월 1일 백관의 조하를 받 을 때 왜인·야인 500여 인이 함께 절한 것이 이를 말해준다. 만주는 물론 대마도도 조선의 강역으로 간주했던 것이다.

단종 때 도만호로 있던 두 여진족 우두머리가 동속로첩목아(童速魯 帖木兒)와 낭발아한(浪孛兒罕)이었다. 단종은 재위 2년(1454) 동속로첩목 아와 낭발아한에게 모두 정2품 정헌대부 지중추원사(知中樞院事)의 벼 슬을 제수했다. 여진족 우두머리에게 벼슬을 주어 조선의 신하로 삼 는 것은 만주 지역의 영유권을 유지하는 중요한 수단이었다. 세조도 북방 여진족을 조선의 통치권 내에 묶어두는 것이 중요하다고 생각해 서 단종 3년(1455) 낭발아한 등 여진족 추장 15명을 사저로 초청해 음 식과 술을 먹였다.

세조는 양정을 여진족을 주로 상대하는 함길도 도절제사로 삼았다. 양정은 수양이 김종서를 제거할 때 따라갔던 무사로서 신숙주, 홍윤성 등과 정난 2등공신에 책봉된 인물이었다. 함길도 도절제사는 무예뿐만 아니라 정치력도 있어야 하는 자리인데 양정에게는 이런 면이 부족했다. 여진족 우두머리들은 자주 조선 조정에 입조하기를 원했다. 한번 입조하면 벼슬뿐만 아니라 많은 선물도 받기 때문이었다. 그런데 세조 4년(1458) 11월 함길도 도절제사 양정과 여진족 사이에 분쟁이 발생했다.

"야인 낭발아한 등 11명이 경성부에 와서 입조하고자 했는데, 신이 가깝고 믿을 만한 자 5, 6명만 거느리고 입조하라고 했더니 낭발아한이 노하여 고(告)하지도 않고 돌아갔는데, 주장(主將: 양정)을 가벼이 보고 업신여기는 것 같습니다."

낭발아한이 자신을 업신여기는 것 같다는 보고였다. 도절제사 양정은 종2품이고, 낭발아한은 정2품 정헌대부였으므로 낭발아한이 더 높았지만, 공신이란 생각이 머리에 박힌 양정은 이를 무시했다. 낭발아한은 그 아들 낭이승거(浪伊升巨)를 한양으로 보내 궁궐을 시위했을 정도로 조선에 충성을 바치는 인물이었으므로 우대해야 했지만 양정에게는 이런 정치력이 부족했다. 그나마 세조가 이런 면에서는 한 수 위여서 낭발아한 등 15명을 한양으로 불러 위로하면서 양정에게 여진족을 상대하는 법을 가르쳤다. 그런데도 양정이 자신을 무시하자 낭발아한은 아들 낭이승거에게 "도절제사가 나를 심하게 배신했다"라고 불평할 정도로 양정에게 분개했다. 세조는 양정에게 이렇게 유시했다.

세조, 성군을 꿈꾸었던 참군(僭君) 🌑 181

"낭발아한이 경을 원망함이 아주 심하니 내가 짐작하기에 반드시 불화해서 여러 종류의 여진족들을 선동하고 경의 단점을 말할 것이다. 경은 마땅히 부드럽게 제어하되 모나게 하기도 하고 둥글게 하기도 하여 불화를 일으키지 말도록 하고 위엄과 은혜를 아울러 베풀라."《세조실록》5년 1월 7일)

양정과 낭발아한은 이미 숙적이 되었다. 양정에게 불만을 품은 낭발아한은 신숙주가 경원에 와서 여러 여진족 추장들을 불러 모았을 때도 오지 않았다. 신숙주가 통역을 맡은 통사(通事)를 보내 이유를 묻자 낭발아한은 이렇게 대꾸했다.

"조선에서 장차 군사를 내어 우리를 치려고 너희들을 보내 내 출처를 염탐하는 것이다."

양정에 대한 불신이 조선에 대한 불신으로 확대된 것인데,《세조실록》은 이를 "낭발아한은 평소에 양정에게 원한을 품고 있었다"라고 말하고 있다. 양정은 낭발아한이 조선을 버리고 명나라로 가려고 한다고 의심했다. 아들 낭이승가가 한양에서 시위를 마치고 만주로 돌아간 후 명나라에 가려고 계획했다는 것이다. 이를 사실로 우려한 세조는 재위 5년(1459) 8월 낭발아한 부자를 잡아 가두라고 명했다. 세조의 명을 듣고 신이 난 양정은 즉시 낭발아한과 그 아들 구난(仇難)과 구난의 아들 모다가(毛多哥)를 회령에 가두었다. 그러나 양정이 내세우는 낭발아한의 죄라고는 좌의정 신숙주가 여러 추장들을 불렀을 때 오지 않았다는 것뿐이었다. 여기에 여진족들이 부족 사이에 의사를 전할 때 돌리는 목계(木契)를 전하면서 '조선군이 들어올 것이다'라고 말했다는 것이 더해졌다. 이때 낭발아한의 아들 아비거(阿比車)는 체포를 면하고 도주 중이었다. 이때 신숙주가 낭발아한의 아들 낭이승거의 목을 벨 것을 주장했다.

"낭이승가가 배반한 정상이 이미 드러났는데, 만약 지체하면서 목을 베지 않는다면 혹시 저 사람들의 도당(徒黨)들이 연루될까 의심해서 다시 사건을 일으킬까 염려되니 속히 목을 베는 것만 같지 못합니다."

그러자 세조는 의금부에 명해서 속히 낭이승가의 목을 베라고 명령하고, 낭발아한의 아들과 손자들도 잡히는 대로 모두 목을 베라고 명령했다.

평소 미워하던 낭발아한의 집안을 주륙하라는 명령이 떨어졌으니 양정은 낭발아한은 물론 낭발아한의 아들 구난의 어린 아들 두 명까지 목을 베었다. 심지어 통사 박영수는 올량합의 낭타화루(浪打化婁)가 서울로 올라올 때, 낭발아한의 먼 친척이라는 이유로 그의 의복까지 빼앗았다.

여진족들은 조선에 보복을 다짐했다. 건주위 이만주는 낭발아한의 친당(親黨) 화라온(火剌溫)의 가창합(可昌哈)이 1,000여 명의 군사를 거느리고 변방을 침범하려고 한다고 알려왔다. 낭발아한의 아우 사은도합(舍隱都哈)과 종제(從弟) 좌화루(佐化婁) 등은 공공연하게 말하고 다녔다.

"조선에서 우리 친족을 죽였으므로 군사를 모아서 보복하려고 한다."

낭발아한의 아들 아비거는 형제 낭이승가의 아들인 어린아이를 데리고 도주했다. 이들은 여진족들을 모았고 세조 6년(1460) 초 아비거는 수천여 여진족 군사를 거느리고 회령을 공격했다.

세조는 신숙주를 함길도 도체찰사로 삼고, 홍윤성을 부체찰사로 삼아 도절제사 양정과 함께 여진족 정벌에 나서게 했다. 보병과 기병 모두 8,000명이 넘는 군사였다. 신숙주가 이끄는 조선군은 세조 6년 8월 27일 종성을 출발해서 여진족 경내로 들어갔으나 패전하고 말았다. 신숙주는 같은 달 30일 다시 종성으로 돌아와 패전 사실을 알렸다. 세조는 제2차 정벌을 명령했고, 조선군은 다시 여진족 경내로 들어가 공격했는데, 9월 11일에 승전보를 올렸다.

"신이 여러 장수들과 길을 나누어 공격하고 토벌해서 그 굴혈(窟穴)을 다 없애고 돌아왔는데, 잡아 죽인 것이 430여 급(級)이고, 불태워 없앤 집이 900여 구(區)로 재산을 함께 없앴고, 죽이거나 사로잡은 소와 말이 1,000여 마리입니다."(세조실록 6년 9월 11일)

세조 6년(1460)이 경진년이므로 이를 '경진북정(庚辰北征)'이라고 부른다. 세조는 크게 기뻐해서 이렇게 말했다.

"아아! 적을 제압하고 백성들을 평안히 하는 것은 임금 된 자의 용기요, 은혜를 미루어 경사를 보이는 것은 성인의 인정(仁政)이다."

세조는 사면령을 내렸다.

그러나 이는 쓸데없이 여진족을 자극해 여진족의 마음을 조선에서 멀어지게 한 것이었다. 이후에도 세조는 때로는 여진족을 회유하고 때로는 군사를 보내 정벌했는데, 여진족들의 마음은 예전 같지 않았다.

그해 윤11월 9일 양정이 함길도에서 오자 세조가 인견하고 대화를 나누었다.

"북방이 이미 평정되었느냐?"

"지금은 변경을 범하는 자가 없습니다."

"저 사람들 중 중원(中原: 명나라)에 갔던 자가 이미 돌아왔느냐?"

"이달 그믐께 시가(時可)가 돌아왔습니다."

그러나 북방이 평정되었다는 양정의 보고 한 달 남짓 뒤인 그해 12월 19일 함길도 도절제사가 여진족이 침공했다고 급하게 보고했다. 세조가 밤 이경(二更: 9시~11시)에 좌의정 신숙주, 도승지 성임(成任), 병조판서 한명회, 도진무 양정과 급하게 대책을 의논해야 할 정도로 변방은 시끄러웠다. 사실 경진북정이라는 것이 말만 거창했지 겨우 여진족 430여 명을 잡아 죽인 것이었다. 대신 여진족의 마음을 잃었다. 이 지역을 계속 조선 강역으로 유지하는 가장 좋은 방법은 여진족들에게 조선의 벼슬을 주고 조선의 지배권 내에 묶어두는 것이었는데, 이는 양정같이 정세를 보는 시야는 부족하면서 힘에만 의지하는 인물들이 수행할 수 있는 일이 아니었다. 여진족들의 마음을 잃으면서 압록강에서 두만강 북쪽의 만주 지역의 실질적 지배는 더욱 어려워져갔다.

처형당하는 양정

양정은 사실 무력 외에는 별 쓸모가 없었다. 양정 또한 더 이상 북방에 있고 싶지 않았다. 세조 8년(1462) 7월 11일 함길도 관찰사 강효문(康孝文)이 국경 부근 여러 읍의 사찰들을 모두 없애고 승려들을 이주시키자고 주장했다. 이때 양정도 논의에 참여하면서 술을 올렸는데, 세조에게 실례가 많았다. 양정이 어떤 실례를 했는지는 자세하게 알려지지 않았지만 "왕세자를 따르려고 합니다"라고 말했다는 소문이 전해졌다. 태종 때 같으면 역모로 몰릴 사안이었으므로 효령대군 등의 종친들과 대신들이 "양정의 말은 반드시 그 사연이 있을 것이므로 국문하게 하소서"라고 청했다. 세조가 윤허하지 않자 다음 날 도승지 홍응(洪應)이 다시 국문을 청했다.

"신 등은 처음부터 끝까지 갖추어 듣지는 못하였으나 그가 '왕세자를 따르려 합니다'라고 말하였다니 이것이 무슨 말입니까? 그 사정을 국문하기를 청합니다."

태종이 세자에게 전위하겠다고 선언했을 때 민무구(閔無咎)·민무질(閔無疾) 형제가 극력 반대하지 않고, 속으로는 화색을 띠었다는 것이 사형당한 가장 큰 이유였다. 태종 때 같으면 양정은 바로 대역으로 논단되어 사형당했을 것이다. 그러나 이때도 세조는 양정을 보호해서 무사히 넘어가게 되었다.

양정은 평안도 도절제사로 있던 세조 12년(1466) 6월 8일 한양으로 와서 세조를 알현했다. 세조는 양정의 안색이 살졌다고 기뻐하면서 이틀 후에 훈구 공신들을 불러 잔치를 하겠다면서 준비를 명했다. 세조의 정사는 대부분 술이 함께했는데 술이 반쯤 취한 세조가 종부시 첨정(僉正) 최호원(崔灝元)과 관상감 첨정(僉正) 안효례(安孝禮)를 불러서 혼원가령(昏元假令)에 대해 의논하게 했다. 그러나 둘은 서로 버티면서 말하지 않았다. 세조가 승부(勝否)에 대해서 물었으나 즉시 대답하지 않자 화가 나서 말했다.

"고금 천하에 어찌 임금이 묻는데 신하가 대답하지 않는 이가 있겠는가?"

세조는 여러 번 힐책하고는 옥에 가두라고 명했다. 이때 양정이 앞으로 나와서 꿇어앉아 말했다.

"성상께서 어찌 이토록 힘들게 일하십니까?"

"군주는 만기(萬機)를 모두 다스리니 어찌 근심하고 부지런하지 않을 수가 있겠는가?"

양정이 대답했다.

"전하께서 자리에 있으신 지 이미 오래니 유유자적하고 한가하게 지내시는 것이 마땅할 것입니다."

세조에게 물러나라는 소리였다. 세조가 물었다.

"경의 말은 성공한 자는 물러나는 것이 사시(四時)의 차례에 맞다는 것인가?"

"예!"

"내가 평소부터 퇴위하고 스스로 편안하려 했으나 아직 하지 못하고 있다."

세조의 입에서 '퇴위'라는 말이 나왔다는 것은 사태가 심각하다는 뜻이었다. 그러나 양정은 물러서지 않았다.

"이것이 신의 마음입니다."

"경이 서방(西方: 평안도)에 오랫동안 있었는데, 서방의 인심도 이와 같던가?"

"사람이라면 그 누구라도 이렇게 말하지 않겠습니까?"

모든 사람이 세조의 퇴위를 원한다는 답이었다.

"내가 죽고, 신숙주, 한명회도 죽고, 경도 죽어서 임금과 신하가 모두 죽는다면 국가의 일은 누가 하겠는가?"

"차차(次次) 있을 것입니다."

세조의 목소리가 높아졌다.

"내가 어찌 천위(天位: 임금의 자리)를 탐내는 사람인가?"

세조는 즉시 승지 등에게 명해서 대보(大寶: 옥새)를 가져오라고 명했다. 세자에게 전위하겠다는 것이다. 승지 등은 엎드려서 일어나지 않았고, 신숙주·한명회 등이 눈물을 흘리고 울면서 큰 소리로 외쳤다.

"어찌 이런 말씀을 하십니까? 종묘와 사직을 어찌하겠습니까?"

"옛날에 성인은 천하를 관가(官家)로 여겨서 집안에 현명한 아들이 없으면 도부(陶夫: 도자기 굽던 순임금)를 구해서 천하를 물려주었다. 하물며 지금 세자의 재주는 능히 나라를 다스릴 수 있지 않은가? 내가 이미 덕이 적어서 인심이 떠났다. 양정은 직신(直臣: 강직한 신하)이기 때문에 이렇게 말한 것이다. 내가 어찌 감히 천위에 오래 있겠는가?"

도승지 신면(申㴐)에게 대보를 가지고 오라고 재촉하자 신면이 상서원(尙瑞院)에 가서 옥새를 받들고 와서는 꿇어앉아서 어쩔 줄 모르고 있었다. 신면은 신숙주의 아들이었다. 세조는 다시 승지 윤필상에게 재촉했다. 두 승지는 "차라리 임금의 명령을 어긴 죄를 받겠습니다"라면서 옥새 가지고 오기를 거부했다.

"승지 등은 어찌 옥새를 가지고 오지 않는가? 옛날에 우리 태종께서 전위하려고 하셨는데, 그때도 여러 신하들이 즉시 옥새를 가져오지 않았는데, 오늘도 이렇게 하는 것이 옳은가? 만약 대사(大事)가 이미 정해졌다면 대보를 전하고 전하지 않는 것이 무슨 관계가 있겠는가? 빨리 가져오라."

세조는 홍도상(洪道常)을 비롯한 여러 신하들에게 재촉했지만 모두 명을 받들기를 거부했다. 세조는 영순군 이부·귀성군 이준 등의 종친들에게 다시 명했고, 사위인 정인지의 아들 정현조에게도 옥새를 가져오라고 명했다.

이런 소동이 벌어지는데 양정은 어탑(御榻: 임금의 의자) 아래에서 타는 불에 기름을 부었다. 양정은 세조 못지않게 큰 목소리로 부르짖었다.

"임금의 전교가 이와 같은데 승지 등은 왜 대보를 가져오지 않는가?"

양정이 두세 번 대보를 가져오라고 재촉했다. 왕조 국가에서 살기를 포기한 행위라고 해도 과언이 아니었다. 왕권은 한없이 추락했다. 신숙주·한명회 등은 슬프게 통곡하고 머리를 조아리면서 세조에게 진정하라고 요청했다. 밤 삼경(三更: 11시~새벽 1시)이 되었다. 그사이 세조의 감정이 조금 풀려서 신숙주에게 술잔을 올리라고 명하고 내전으로 돌아갔다. 신숙주·한명회·한계희(韓繼禧) 등의 공신들이 양정의 국문을 요청했으나 세조는 거부했다.

양정의 행위는 대놓고 세조에게 물러가라고 한 것이므로 세조가 국문을 거부한다고 끝날 수 있는 문제가 아니었다. 이튿날부터 여러 신하들이 양정의 국문을 거듭 요청했다. 세조가 거부하자 공신들의 관청인 충훈부와 의정부에서 양정을 법대로 처치할 것을 요청했다. 나흘 후인 6월 12일 도승지 신면과 의금부 판사 윤자운 등이 양정을 법대로 처치해야 한다고 청하자 세조가 글로 유시했다.

"무릇 두 마음을 품고 금장(今將: 반역을 일으키려 하는 짓)하는 것은 고금의 대악(大惡)이다. 공의에 힘써 따라 사정을 끊고 죄를 정해 8도(道)에 돌리되 부자 이외에는 모두 연좌를 면하게 하라."

양정을 능지처참하고, 그 아들도 죽이라는 명령이었다. 세조는 잠시 후 "양정의 죄가 비록 크지만 공훈이 있으니 참형은 그 자신에게만 미치게 하라"라고 아들의 목도 베지 말라고 명했다. 양정의 목은 도성문 밖에서 베어졌고, 아우 양지(楊沚)·양호(楊浩)·양형(楊泂) 등은 모두 파직시켰다. 《세조실록》의 사관은 "양정은 미천했으나 팔 힘이 있고 말타기와 활쏘기를 잘해서 세조의 계유정란 때 공이 있어 존귀해졌다"고 말하고 있다. 또한 북방의 양계(兩界)에서 진수하면서 오랫동안 지방에서 노고했다고 여겨서 불만이 있었다고 말하고 있다. 또한 평안도에 있을 때 교만하고 방종하고 거리낌이 없어서 "사람을 죽인 것이 또한 많았다"고 비판하고 있다. 서울의 중앙 관직을 원했으나 변방을 대신할 사람이 없어서 그대로 두었더니 분개해서 사고를 쳤다는 것이다. 결국 양정은 몸이 찢기는 형벌을 당하고 그 자식들은 성주(星州)의 관노로 떨어졌다.

양정의 하극상 또한 세조 정권의 특징을 잘 보여주고 있다. 함께 난을 일으켜 공신이 된 자들은 세조를 임금이 아니라 동지로 대했다. 겉으로는 세조에게 군신의 예를 취했지만 마음속으로는 임금으로 여기지 않았다. 단종의 왕권이 재상들에게 제약당한다면서 쿠데타를 일으켰지만 정작 세조의 왕권은 쿠데타 동지들에게 막히는 상황이었다. 그나마 정인지 같은 문신들은 그나마 술에 취한 것으로 치부되어 넘어갔지만 봉석주나 양정 같은 무인들은 달랐다. 이들은 수양을 왕으로 만든 것이 무력이라는 사실을 잘 알고 있었다. 자신들이 단종을 몰아내고 수양을 왕으로 만든 것처럼 세조를 몰아내고 다른 종친을 왕으로 만들 수 있다고 여겼다. 봉석주와 양정의 행태는 세조의 권위를 땅에 떨어뜨렸다. 북방에서는 계속 문제가 발생했다.

이시애의 봉기와 신공신의 탄생

세조의 쿠데타 이후 북방은 계속 혼란스러웠다. 이징옥의 제거로 국방에 큰 공백이 생겼을 뿐만 아니라 세종 때의 김종서, 최윤덕 등과 달리 공과 사를 구분 못하는 양정 같은 인물들이 북방을 맡으면서 여진족들의 마음을 조선에서 돌아서게 했다. 낭발아한처럼 자식을 한양으로 보내 궁궐을 숙위시킨 여진족 우두머리들을 적으로 돌린 결과 여진족들은 같은 동이족 국가인 조선을 원망하고 명나라에 기울었다. 한반도 못지않게 큰 북방의 광대한 영토에 대한 조정의 지배력이 현저하게 약화된 것이다.

이런 상황에서 발생한 것이 세조 13년(1467) 5월 함길도 길주 출신 이시애(李施愛)의 난이었다. 이시애의 할아버지는 검교문하부사(檢校門下府事) 이원경(李原京), 아버지는 함길도 첨절제사(僉節制使) 이인화(李仁和)였는데, 이시애도 세조 4년 경흥진 병마절제사, 세조 6년 경흥 부사, 세조 7년 첨지중추원사 등을 역임한 무인 집안이었다.

세조 13년 전(前) 회령 부사 이시애는 상사를 당해 집에 있으면서 그 아우 이시합(李施合)과 함께 군사를 일으키기로 모의했다. 이시애 형제가 군사를 일으킨 이유에 대해 북방민 회유 정책으로 중용되었으나 세조가 북방민 등용을 억제하고 중앙집권 체제를 강화하자 반란을 일으켰다고 설명하고 있으나 분명하지는 않다. 이때 함길도 절도사 강효문은 문종 즉위년(1450) 식년문과에 을과로 급제한 문신이었는데 세조 즉위 당시 평안도 도사로 있다가 원종공신에 책록되었다. 강효

문은 세조 4년(1458) 이조정랑 등의 요직을 역임하고 신숙주의 경진북
정 때는 종사관으로 출정해서 문무에 두루 능하다고 평가를 받았다.

강효문이 길주에서 사통하는 기생 산비(山非)는 이시합의 첩의 딸
이었다. 산비가 강효문이 깊이 잠든 것을 엿보다 문을 열어서 이시애
의 군사를 불러들인 것이 봉기의 시작이었다. 이시애의 정병(正兵) 최
자지(崔自池)가 강효문을 찌르려 하자 강효문이 몸을 빼 뛰쳐나왔지만
결국 추격병에게 찔려 죽고 말았다. 이시애는 그 머리를 뜰의 나무에
매달아 기세를 올렸다. 이시애는 길주 목사 설징신(薛澄新), 부령 부사
김익수(金益壽)를 죽이고 길주를 점령했다. 이시애는 지인(知印) 이극
지(李克枝)를 조정에 보내 강효문이 여진족과 손잡고 반란을 일으키려
해서 자신이 군중에서 회의해서 죽였다고 보고했다.

세조는 재위 13년(1467) 5월 16일 이극지를 불러 보고받았는데, 설
명이 납득가지 않았다. 그래서 구치관·조석문·윤필상에게 다시 국문
하게 하고는 의금부 옥에 가두었다.《동각잡기(東閣雜記)》같은 책들에
는 이극지가 "이시애는 나라에 충성하고 본도를 평안케 하려는 것이
지 결코 모반을 꾸미는 마음이 없다"고 말했는데 그 역시 이시애에게
속은 것이라고 말하고 있다.

그런데 이극지가 보고한 이시애의 서장에 강효문이 한명회·신숙
주·김국광·노사신(盧思愼)·한계희 등과 내통했다는 말이 있었다. 이때
함길도 관찰사는 신숙주의 아들 신면이었는데, 세조는 신숙주에게 이
렇게 말했다.

"이시애가 이미 경을 구실로 삼았고, 경의 아들 신면이 지금 마침
관찰사이니 이시애가 반드시 죽일 것이다. 속히 교체해서 오게 하는

것이 좋겠다."

세조는 즉시 좌승지 어세공(魚世恭)을 대신 보냈다.

세조는 동생 임영대군의 둘째아들 귀성군 이준을 함길도·강원도·평안도·황해도 4도의 병마도총사(兵馬都摠使)로 삼고, 의정부 좌찬성 조석문을 부사(副使)로 삼았다. 《세조실록》사관은 "이준은 나이가 어리고 배우지 못했으며, 조석문은 서생(書生)으로서 군사를 익히지 못했는데, 하루아침에 갑자기 중대한 일을 맡기니 사람들이 모두 깜짝 놀랐다"고 말하고 있다.

세조가 이준과 조석문을 중용한 것은 공신들이 강효문이나 이시애와 결탁했을까 불신했기 때문이었다. 조석문은 좌익 3등공신이었으나 구체적인 공을 세워 공신에 책봉된 인물은 아니었다. 세조는 이준, 조석문 외에 부친상을 당해 시묘살이하던 허종(許琮)을 기복시켜 함길도 절도사로 제수하고 강순(康純)·어유소(魚有沼)·남이(南怡)를 대장으로 삼아서 여섯 도의 군사 3만 명을 징발해 함흥에서 모여 가게 하였다. 강순·남이·허종 등은 선발로 영흥으로 갔고 귀성군 이준은 10만 대군을 거느리고 출발했는데, 이때 그의 나이 만 스물여섯이었다.

이시애는 우발적으로 거사한 것이 아니었다. 그는 자신의 수하들을 먼저 북도 여러 곳에 분산시켜놓고 기일을 정해서 거사하기로 약조했는데 함흥 이북에서는 이시애의 수하들이 여러 고을 사람들과 함께 수령들을 다투어 죽이고 호응했다.

이시애 군사의 기세가 불같았기에 나라 안의 인심이 흉흉했다. 단종의 왕위를 빼앗고 끝내 목숨마저 빼앗아버린 세조 정권에 대한 민심의 저항이 더해졌다. 세조는 상중에 있던 허종에게 자급을 뛰어넘어 절도사를 제수했는데, 북방으로 떠날 때 그 친구들이 "적이 한참 기세등등하니 공은 머뭇거리면서 사세를 관망하는 것이 좋겠다"라고 권했다. 허종이 웃으면서 대답했다.

"지금의 형세를 보니 실로 불에 타는 사람을 구출하고 물에 빠진 사람을 건져야 하는 때여서 하루에 천 리를 달리지 못하는 것이 오히려 한스러운데, 어찌 차마 잠시라도 지체하리오."

허종과 달리 귀성군 이준이 이끄는 군사의 행진 속도는 느렸다. 세조에게 숙배한 지 5일 만에 양주에 도착하고 10일 만에야 철원에 도착했다. 세조가 화가 나서 발을 구르면서 말했다.

"창졸 간에 큰일을 어린애에게 맡겼으니 나의 실수다."

세조가 군사를 빨리 전진시키라고 엄하게 독촉하자 이준은 "철원은 길이 험해서 빨리 전진하지 못한다"면서 강원 감사의 목을 벴다. 군사들이 행군할 길을 닦지 못했다는 이유였다. 허종은 도총사 이준에게 글을 보내 말했다.

"군사의 일은 신속한 것이 귀하니 미적거리다가 좋은 기회를 잃지 마시오. 백성들이 유언비어에 뇌동하는데 인심이 안정된다면 시애가 반란을 일으켜도 걱정이 있겠소이까?"

이준이 이끄는 군사들의 행진이 더딘데다 한명회·신숙주·노사신·한계희 등이 이시애와 내통한다는 소문이 돌면서 한양 민심이 흉흉해졌다. 양정이 세조에게 공개적으로 물러나라고 했다가 참형당한 것이 불과 한 해 전이었다.

사흘 후인 5월 19일 함길도 관찰사 신면이 함길도 사람 최부상(崔富商)을 통해 글을 전했다.

"만약 군사들이 함흥에 모이면 민간이 소요할까 두려우니, 여러 읍에서 군사를 정돈하여 명령을 기다리게 하소서."

신면이 보낸 이 글은 세조의 의심을 부추겼다. 군사를 한 군데 모이지 못하게 하는 저의가 있다고 여긴 것이다. 같은 날 세조는 양의전(兩儀殿) 문에 나아가 이복동생인 밀성군 이침(李琛)과 구치관, 승지 등을 불렀다.

"근자에 신숙주와 한명회 등이 모든 벼슬아치의 우두머리로 있으면서 여러 사람들의 입에 오르내렸다. 비록 반역은 아닐지라도, 반종(伴從: 수행원)을 타일러 경계하지 못하고 임금을 배반했다는 악명을 받아서 멀고 가까운 의혹이 일어난 것은 모두 스스로 취한 것이다. ……우선 이들을 가두어두는 것이 옳겠다."

세조는 곧 군사를 동원해 신숙주와 그 아들 신찬(申澯)·신정(申瀞)·신준(申浚)·신부(申溥) 등을 붙잡아 의금부에 가두었다. 한명회는 종기가 나서 집에 있었는데 군사를 보내 지키게 하고, 그 아들 한보(韓堡)와 사위 윤반(尹磻)을 가두었다. 또한 의금부 진무(鎭撫) 김기(金琦)를 보내 함길도 관찰사 신면을 잡아 오라고 명했는데, 이는 구치관의 밀계에 따른 것이었다. 구치관은 계유정난 직후 수양의 명으로 함경도에 가서 경성 부사 이경유를 참살한 인물이자 좌익 3등공신이었으니 이 또한 공신 집단의 분열이었다.

세조는 내시에게 신숙주와 한명회를 감시하게 했는데, 내시가 "두 사람에게 큰칼을 씌웠으나 칼이 가볍고 또 목에 닿는 구멍이 넓었습니다"라고 보고하자 격분했다. 세조는 금부 당상을 추고하고 도사 남용신(南用信)을 거열형에 처할 정도로 분노했다. 신숙주·한명회가 이시애와 내통한 것이 사실이라고 믿은 것이다. 세조가 이렇게 생각한 것은 신숙주의 아들이자 함길도 관찰사인 신면이 이시애에게 가담했다고 여겼기 때문이다. 한양에서는 신숙주가, 함길도에서는 신면이 손잡고 자신을 몰아내려 한 것으로 판단한 것이다. 세조는 신면의 자리를 어세공(魚世恭)으로 교체하고 김기를 보내 체포하려 했으나 신면이 이시애에게 가담했다는 것은 세조의 의심일 뿐이었다. 신면은 이시애의 군사들이 청사를 포위하자 성루에 올라가 활을 쏘며 저항하다가 화살이 다하자 활을 꺾어버리고 싸우다가 전사한 것이었다.

강순·허종 등이 홍원과 북청에서 이시애군과 부딪쳤다. 만령에서 이시애군이 지세가 높고 험한 곳을 점령해 화살을 빗발처럼 내리 쏟자 토벌군이 올라가지 못했다. 어유소가 계략을 써서 작은 배에 정예병을 싣고는 푸른 옷을 입혀 풀색과 구별하지 못하게 했다. 이들을 바다 어귀부터 나무를 휘어잡고 기어 올라가게 해서 높은 봉우리에 이르게 하는 데 성공했다. 이들이 뒤에서 고함을 지르자 이시애의 군사가 크게 당황하는 가운데, 만령 밑에 있던 군사도 방패로 얼굴을 가리면서 개미떼처럼 붙어 올라가자 이시애 군사가 흩어져 달아났다.

이 싸움에 패한 이시애는 다시 길주로 가서 무기를 싣고 여진족이 사는 곳으로 들어가려고 계획했다. 여진족과 손잡고 봉기를 계속하려한 것이다. 모든 장교가 급히 이시애의 뒤를 추격해 체포하려고 하자 허종이 말했다.

"옛날부터 원흉이 세력을 잃으면 아랫사람들은 반드시 자신들이 살아날 방법을 도모하는 것이니 시애의 목이 장차 올 것이다."

이때 사옹원 5품 별좌(別坐)로 있던 길주 사람 허유례(許惟禮)라는 인물이 있었다. 그는 고향 길주에 변이 발생했다는 말을 듣고 세조에게 나아가 자신이 전선에 가서 공을 세우겠다고 자청했다. 세조는 허유례를 별시위(別侍衛)로 임명해 보냈는데, 그는 이시애 측에 있던 이주(李珠)·황생(黃生)·이운로(李雲露) 등을 회유했다.

이시애는 그간 죽인 절도사와 수령 등의 의복과 안마 등을 여진족 우두머리들에게 전하면서 호응을 요청했다. 이시애는 용성에서 다시 5진(五鎭)의 군사와 합해서 재기하려고 경성(鏡城) 건가퇴(件加退)에 이르렀다. 이때 허유례의 사주를 받은 이운로·이주·황생 등에게 동생 이시합과 함께 사로잡혔다.

도총사 이준이 이시애를 심문했다. 이시애는 혐의를 부인했다.

"강효문이 모반해서 내가 먼저 군사를 일으켜 성상의 은혜를 갚으려 했다."

이준이 물었다.

"신숙주·한명회는 왜 모반했다고 말하였는가?"

"조정의 우두머리 재상을 다 죽인다면, 일이 쉽게 이루어질 것이기 때문이다."

이시애는 혹독한 장(杖)을 맞은 후 실토했다. 먼저 함길도를 장악한 후 군사를 수년 동안 길러서 서울로 들어가려 계획했다는 것이다. 세조는 이시애와 이시합의 사지를 찢어 죽여서 5진(鎭)에 전해 보이게 했고, 이로써 북방을 흔들었던 이시애의 거사는 실패로 돌아갔다. 세조는 신숙주·한명회를 석방시키면서 버선발로 전 아래로 내려가 자신의 여덟 가지 잘못을 자책하면서 다시 복직시켰다.

《세조실록》은 "국가에서 호패법을 시행하자 이시애가 그 정비하는 것을 싫어해서 역모를 일으켰다"고 말하고 있다. 호패법은 일종의 신분 증명서로 열여섯 살 이상의 남자가 차고 다니는 것이었다. 호패를 받으면 호적과 군적에 올려져서 군정(軍丁)으로 뽑히거나 여러 군역을 져야 했으므로 백성들은 호패를 받기를 꺼렸다. 심지어는 세력 있는 양반가에 기탁해서 노비가 되기를 자청해서 양인(良人)의 숫자가 줄기도 했다. 평안·함길도는 다른 지역보다 지방자치제 성격이 강했으므로 백성들이 호패제 실시에 거부감을 가졌을 것은 쉽게 이해할 수 있다. 그러나 이 때문에 이시애의 봉기에 광범위하게 호응했다는 것은 이해하기 쉽지 않다. 세종이 김종서, 최윤덕 등을 보내 만주 지역을 조선의 실질적인 지배권 아래 두려고 했던 것과 달리 세조 정권은 만주는 물론 함길도 등의 북방 강역도 이질적인 눈으로 보고 통치했기에 발생한 봉기였을 것이다.

이시애의 봉기를 평정했으니 공신 책봉이 없을 수가 없었다. 세조는 그해 8월 43명의 적개공신(敵愾功臣)을 다시 책봉했는데, 귀성군 이

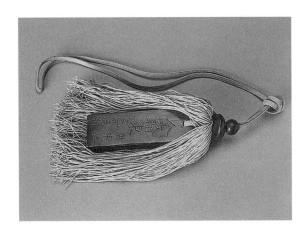

조선시대의 호패

준과 조석문·강순·어유소·박중선·허종·윤필상·김교·남이·이숙기(李淑琦) 등 10명이 1등공신이었다. 김국광·허유례·이운로·어세공 등 23명이 2등공신이었고, 영순군 이부·한계미 등 12명이 3등공신이었다. 1등공신에게는 전(田) 150결과 노비 13구(口)를 주고, 2등공신에게는 전 100결과 노비 10구, 3등공신에게는 전 80결과 노비 8구를 비롯해 여러 부상이 주어졌다. 세조 즉위 때 책봉한 좌익공신과 같은 수준이었다.

적개공신 책봉은 세조 정권에 중대한 의미가 있었다. 바로 신공신의 탄생이기 때문이다. 계유정난 이후 책봉한 정난공신과 좌익공신이 구공신(舊功臣)이라면 이준·남이 등으로 대표되는 적개공신은 신공신이었다. 이시애의 봉기 와중에 구공신 세력의 중추였던 신숙주·한명회는 투옥되어 감시까지 받았다. 비록 이시애와 내통한 물증이 드러나지 않아 무사했지만 이는 구공신들에 대한 세조의 신임이 옛날과 같지 않음을 말해주는 것이었다. 이제 조정에는 세조와 동지였던 구공신 일색이 아니라 세조의 정권을 지킨 신공신도 포진하게 되었다. 조정의 성격이 변화하게 된 것이다. 그러나 신공신이 책봉되었다고 해서 구공신 세력을 몰락시킬 수는 없었다. 이런 상황에서 세조의 수명이 다해가고 있었다.

해체시키지 못한 유산들을 남기고

원상제와 분경 허용

    수양은 대신들이 단종의 왕권을 제약한다면서 쿠데타를 일으켰지만 그가 왕위에 있을 때만큼 대신들의 권한이 강한 때도 없었다. 그 대신들은 세조와 쿠데타 동지였기 때문이다. 세조는 공신들을 법 위의 존재로 만들었다. 세조는 "공신은 사형죄를 범해도 마땅히 용서해야 한다"(《세조실록》 8년 2월 30일)고까지 말했다. 실제로 세조는 자신의 왕권을 직접 위협하지 않는 공신들의 죄는 모두 용서했다. 모든 신민들이 법의 지배를 받는다는 기본적인 법질서는 세조와 공신들에 의해 무너졌다. 공신들에게 세조는 충성의 대상인 임금이 아니라 동지였다. 국가권력의 공적 성격은 무너지고 사적 전횡만 남았다.

세조는 공신들에게 왕권을 나누어주었다. 사망 1년 전인 재위 13년 (1467)에 실시한 원상제(院相制)가 그것이었다. 백옹(白顒)·황철(黃哲) 등의 명나라 사신이 오자 신숙주·한명회·구치관 등에게 승정원에 나가 집무하게 한 것이 원상제의 시초였다. 사신이 돌아간 후에도 원상제를 폐지하지 않으면서 공신들이 원상이라는 이름으로 승지의 역할까지 하게 된 것이었다. 왕명을 출납하는 승정원은 다른 기관과 달랐다. 승정원은 임금의 말을 대신한다고 해서 대언사(代言司)로 불리기도 하고, 임금의 목소리를 대신 말하는 기관이라는 뜻으로 목구멍 '후(喉)' 자를 써서 후원(喉院)이라고도 불렸다. 승정원은 대신들이 임금의 왕권을 조금이라도 침해하려는 기색이 보이면 당연히 크게 반발하게 되어 있었다. 그러나 세조는 실세 공신들에게 승정원을 장악하게 한 것이니 왕권이 사실상 둘로 나뉜 셈이었다.

세조는 또한 재위 14년(1468) 3월에는 분경(奔競)마저 허용했다. 분경은 '분추경리(奔趨競利)'의 준말로 벼슬을 얻기 위해 권력자의 집을 분주하게 찾아다니면서 엽관 운동하는 것을 가리킨다. 조선은 인사의 공정성을 확보하기 위해 분경을 엄격하게 금지했다. 정종 1년(1399) 제정한 분경 금지법은 일족 중에서 3·4촌의 근친이나 각 절제사의 군관을 제외하고는 일체 높고 낮은 관리들을 사사롭게 만나지 못하게 금지했다. 공무 이외에는 사적으로 만나지 말라는 것이었다. 고위직들과 사적으로 만나면 인사 청탁이 이루어질 것을 염려해서 만나는 자체를 금지시킨 것이었다. 세조는 재위 14년(1468) 3월 13일 분경이 문제가 아니라 분경을 금지시킨 것이 문제라고 주장했다.

"분경 금지는 본래 어두운 밤에 애걸하는 자 때문에 만든 것이다.

요즘에 법도가 대단히 엄해서 붕우·친척·이웃이 경조사를 당했을 때 맞이하고 전송하는 예(禮)는 인정에 없을 수 없는 것인데도 일체 금지하니, 이는 사람의 도리를 끊는 것이다. 고금 천하에 어찌 이런 법이 있겠는가? 앞으로는 재상의 집에서 발자취를 몰래 속이는 자 외에는 금하지 않는 것이 좋겠다."《세조실록》14년 3월 13일)

분경 금지가 문제라는 것이었다. 분경 금지는 공직 선발이나 승진 등을 맑고 투명하게 하기 위한 제도였다. 배경이나 돈이 없는 인물들도 어질고 능력이 있으면 인사에 불이익을 받지 않는다는 사실을 보장하는 제도였다. 그러나 단종 즉위 때 종친들의 분경을 금지시키자 크게 반발했던 세조에게 분경은 나쁜 것이 아니었다. 권력자의 관점에서 이 문제를 바라보기 때문이었다. 원상제를 만들어 사실상 육조 직계제를 폐지시킨 세조는 이제 분경 금지까지 철회시켜 공신들의 천국이자 배경 없는 벼슬아치들의 지옥을 만든 것이었다. 자신이 내세웠던 유일한 쿠데타 명분마저 스스로 저버린 것이었다. 집현전과 의정부서사제를 폐지한 후 권한이 대폭 강화된 승정원에 실세 공신들이 출근해서 업무를 보았으니 왕권이 제약될 수밖에 없었다. 게다가 분경 금지까지 철회시켰으니 국왕의 권한인 인사권마저 사실상 대신들에게 넘어간 셈이었다.

세조는 지친 것인지도 몰랐다. 세조는 재위 12년(1466) 즈음부터 몸이 좋지 않았다. 이듬해 2월에는 몸이 좋지 않아서 여러 국사를 신숙주·한명회와 의논해 처리하라고 명령했다. 세조는 다시 세자에게 국사를 처리하라고 명하면서 신숙주·한명회·구치관 등과 의논해서 시행하라고 명했다. 이처럼 국사를 신숙주·한명회·구치관에게 맡긴 상황에서 이시애의 봉기가 일어났는데 구치관이 신숙주·한명회가 이시애와 내통한 것으로 의심된다고 밀계하자 신숙주·한명회를 잡아가두었던 것이다. 이시애의 군사를 평정한 후에는 몸이 좋아지는 듯하더니 재위 14년(1468) 7월경부터 다시 몸져누웠다.

그 두 달 전인 재위 14년(1468) 5월에 세조는 술자리에서 의미심장한 말을 남겼다.

"내가 잠저로부터 일어나 창업의 임금이 되어 사람을 죽이고 사람을 형벌한 것이 많았으니 어찌 한 가지 일이라도 원망을 취함이 없었겠느냐?《주역(周易)》에 '소정(小貞)은 길(吉)하고 대정(大貞)은 흉(凶)하다'고 하였다."

《주역》둔괘(屯卦) 구오(九五)에 나오는 이 효사(爻辭)에 대해 왕필(王弼)은《주역주(周易注)》에서 '작은 일에서는 곧으면 길하지만 큰일에는 곧아도 흉하다'라고 설명했다. 세조는 자신의 쿠데타를 큰일이라고 생각했다. 그래서 뒤끝이 좋지 않을 것이라고 우려했던 것이다.

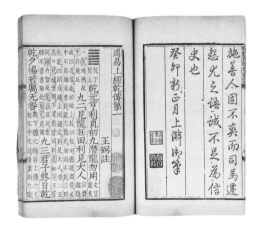

위(魏)나라 왕필이 집필한 《주역주》

7월 19일에는 신숙주·구치관·한명회·조석문·김질 등을 불러 세자에게 전위할 것을 논의했다. 2년 전 양정이 노골적으로 세자에게 전위하라고 한 때와는 다른 상황이었다. 그러나 양정이 참형을 당한 전례가 있기 때문에 신숙주 등이 굳게 간쟁해서 전위 논의는 중지되었다. 대신 세자가 사정전(思政殿) 월랑(月廊: 행랑)에 앉아서 신숙주 등과 의논해 국사를 결정하게 했는데, 여기에 영순군 이부와 귀성군 이준도 참여시켰다. 이시애의 봉기를 진압한 적개공신인 이부·이준은 신공신들이었다.

세조의 병은 낫기 쉽지 않아 보였다. 7월에 이어 8월에도 병이 떠나지 않았다. 8월 6일에는 이미 죽은 장남 의경세자의 둘째아들이자 손자인 자을산군(者乙山君: 성종)의 사저로 이어했다. 병석을 옮기는 피병(避病)으로서 병이 따라오지 못하게 하려는 것이었으나 별 효과는 없었다. 이틀 후에는 안효례(安孝禮)와 이영은(李永垠) 등에게 《주역》의 이치를 강론하게 했다. 안효례는 평민 출신으로 주역에 능해 출세한 인물이었다. 세조는 이들을 자주 불러 주역에 대해서 논하게 했는데 사후 세계가 궁금했기 때문이었다.

세조의 심사는 복잡했다. 와병 중이던 재위 14년 7월 17일 영의정을 조석문에서 귀성군 이준으로 교체했다. 드디어 신공신의 대표인 이준이 스물일곱의 젊은 나이로 영의정 자리를 차지했다. 그야말로 소년 수상이었다.

9월에 들어서자 세조의 병환은 더욱 심해졌다. 세자는 비상수단이 필요하다고 생각했다. 하늘의 도움을 받아야 한다는 생각이었다. 그를 위해서는 이른바 계유정난 때 죽은 신하들의 가족들과 상왕 복위 기도 사건 때 죽은 신하들의 가족들을 방면해야 한다고 생각했다. 세자는 이 문제를 제기했지만 대신들이 반대했다. 정창손만이 찬성 견해를 피력해서 이른바 계유정변과 상왕 복위 기도 사건 피해자의 친족 일부를 석방했는데 그 수가 200여 명에 달했다.

그러나 이미 피해자 일부를 석방시키는 조치도 효과가 없었다. 9월 7일 세조는 다시 세자에게 전위하겠다고 발표했다. 두 달 전처럼 공신들이 반대했으나 세조는 반대하는 대신들을 꾸짖었다.

"운이 간 영웅은 자유롭지 못한데 너희들이 내 뜻을 어기려고 하느냐? 이는 나의 죽음을 재촉하고자 하는 것이다."

가망이 없다고 생각한 세조는 이날 면복을 직접 세자에게 내려주며 "오늘 당장 수강궁(壽康宮: 창경궁)에서 즉위하라"고 명했다. 세조 14년 (1468) 9월 7일 세자가 수강궁에서 즉위했다.

피로 점철되었던 세조 시대가 가고 예종 시대가 막이 열렸다. 다음 날 세조는 세상을 떠났는데 그 직전 세자의 후궁이었던 한백륜(韓伯倫)의 딸 소훈(昭訓) 한씨를 왕비로 삼으라고 명했으니 그가 안순왕후이다. 태종이나 세조는 모두 칼로 일어나 왕위를 차지했으나 그들이 남긴 유산은 전혀 달랐다. 태종은 왕권에 저항하는 모든 공신들을 숙청한 깨끗한 조정을 세종에게 남겨주었다. 반면 세조는 자신의 동지들인 공신으로 점철된 조정으로 남겨주었다. 세종은 왕권에 도전하는 대신들이 아무도 없는 조정에서 국사에 매진하면 됐지만 예종은 아버지의 동지들과 피비린내 나는 권력 쟁탈전에 나서야 했다. 그것은 세조가 남긴 유산이었다.

세조의 동지들도 말년이 그리 순탄하지는 않았다. 《연려실기술》은 한명회에 대해 "만년에 권세가 떠나자 슬퍼하며 적막하게 탄식을 하곤 하였다"라고 전하고 있다. 단종의 왕비 송씨를 여종으로 삼으려 했던 신숙주도 마찬가지였다. 《해동악부(海東樂府)》는 신숙주에 대해 이렇게 말하고 있다.

"59세로 임종할 때 한숨 쉬며, '내 인생이 마침내 여기에서 그치고 마는가?'라고 탄식했으니 후회하는 마음이 싹터서 그러하였다 한다."

정인지도 다를 바가 없었다. 《대동운옥(大東韻玉)》은 "수상(영의정) 정인지가 백관을 거느리고 노산을 제거하자고 청하였는데, 사람들이 지금까지 분하게 여긴다"고 말하고 있다.

《죽창한화》는 세조의 동지들에 대해 이런 평가를 남기고 있다.

"(단종을 죽인) 죄를 논한다면, 정인지가 으뜸이 되고 신숙주가 다음이다."

유신(儒臣)의 가장 기본인 충(忠)을 버리고 역(逆)을 선택해 부귀영화를 누렸으나 그 부귀영화가 헛된 것임을 죽을 즈음에야 깨달았던 것이다. 지금도 이런저런 말장난으로 권력의 단맛만을 좇는 인간들에게 반면교사가 될 인물들이고 시대라고 하지 않을 수 없다.

2부
—
예종, 공신 집단에 칼을 겨눴던 젊은 왕

등림영회도 登臨詠懷圖

1467년 남이가 이시애의 난을 진압하고 돌아오다가 백두산에 올라 시를 지은 일을 그렸다. 남이를 싫어했던 예종은 그를 제거함으로써 신공신 세력을 몰락시켰고 결국 공신 권력 제어에 실패했다.

왕권을 나누어야 하는가

혜성 속의 즉위

재위 14년(1468) 9월로 접어들자 세조의 병세는 가망이 없어졌다. 9월 들어 흉조가 뒤를 이었다. 초하루에 경상도에 메뚜기 같은 황충(蝗蟲)이 일어 곡식을 갉아먹었다. 이튿날부터는 혜성이 나타나 사라지지 않았다. 혜성은 불길한 징조였다. 9월 2일부터 시작한 혜성이 3일과 4일에도 거듭 나타나자 조정에서는 도승지 권감(權瑊)과 관상감 정(正) 안효례(安孝例)에게 별자리를 살피게 했다. 4일 밤 권감과 안효례가 간의대(簡儀臺)에 올라서 혜성을 살폈다. 밤 3고(三鼓)에 서남쪽에 홀연히 검은 기운이 있었고, 말 만 마리가 떼를 지어 달리는 소리가 나더니 잠시 후 우레와 번개가 치고 비가 와서 권감 등은 황급히 비를 피했다. 비가 그친 후 권감 등이 다시 간의대에 올라가보니 혜성의 빛살 끝[光芒: 광망]은 전과 같았다. 6일에도 혜성이 나타났는데 다음 날 세조의 병세는 더욱 나빠졌다.

세조는 예조판서 임원준을 불러들여 명을 내렸다.

"내가 세자에게 왕위를 물려주려 하니 그에 따른 여러 일을 준비하라."

임원준이 나와서 정인지, 신숙주, 한명회, 박원형, 홍윤성, 강순, 조석문, 김질, 김국광 등에게 알렸다. 정인지 등이 반대 의사를 표했다.

"성상의 병이 점점 나아가는데 어찌 갑자기 자리를 물려주려 하십니까? 신 등은 옳지 못하다고 여깁니다."

임원준이 정인지의 말을 아뢰자 세조가 화를 내면서 말했다.

"운이 간 영웅은 자유롭지 못한 것인데, 너희들이 내 뜻을 어기려고 하느냐? 이는 나의 죽음을 재촉하는 것이다."

세조 이유는 자신의 시대가 저물어간다는, 아니 이미 저물었다는 사실을 깨달았다. 모든 인간들이 피할 수 없는 운명, 즉 죽음이 자신의 앞길에 어른거리고 있다는 사실을 부인할 수 없었다. 만 쉰한 살이었다. 임금으로 있었던 기간도 만 열세 해에 불과했다. 겨우 만 열세 해의 임금 자리를 위해 그토록 많은 피를 손에 묻혔던 것인가? 저승길이 두려울 수밖에 없었다. 자신이 죽인 수많은 단종의 충신들보다 선조들의 얼굴이 더욱 두려웠다. 저승에서 만날 수많은 선조 중에 그 누구 한 명 "사직을 지켰으니 수고했다"면서 등을 두드려줄 선조는 없을 것이란 사실을 잘 알았다. 증조부인 태조 이성계는 물론 조부인 태종 이방원도 자신의 쿠데타를 사직을 위한 혁명으로 칭찬하지는 않을 것이라고 그의 양심이 말해주고 있었다. 다섯째아들 광평대군 이여가 스무 살의 나이로 요절했을 때 세상을 잃은 듯 상심했던 부친 세종은 또 어떻겠는가? 바로 밑의 안평대군 이용과 여섯째 금성대군 등 아버지와 어머니가 같은 친형제들은 물론 화의군, 한남군, 영풍군 등 어머니는 다르지만 아버지는 같은 서(庶)형제들을 대거 죽여버렸으니 세종이 무엇이라고 하겠는가? 무엇보다도 부왕 세종이 아끼고 사랑했던 손자 단종까지 죽여버렸다. 저승에서 세종이 무릎 위에 앉힌 단종을 어루만지면서 "네가 인두겁을 쓰고 어찌 내 사랑하는 손자를 죽일 수 있느냐?"라고 꾸짖을 듯했다.

세조는 이미 두 달 전 정사에서 손을 떼어야겠다고 결심했다. 재위 14년 7월 19일. 세조가 고령군 신숙주, 능성군 구치관, 상당군 한명회 등 공신들을 부른 것은 이 때문이었다. 김종서 등을 죽인 계유정변 직후 책봉한 정난공신, 단종을 쫓아내고 즉위한 직후 책봉한 좌익공신의 핵심 인물들이었다. 병석의 세조가 공신들에게 선포했다.

"내 세자에게 전위하고자 한다."

모든 공신들이 반대했다.

"전하께서는 곧 병을 떨치고 일어나실 수 있습니다."

임금이 전위의 뜻을 밝히면 무조건 반대하는 것이 신하들의 공식 관례였다. 그러나 과거 건강하던 세조에게 물러나야 한다는 속셈까지 표출했던 공신들이 무조건 반대하는 데는 관례를 넘어서는 이유가 있었다. 세자와 권력 분점에 대한 합의가 이뤄지지 않은 것이었다. 세조와 공신들이 함께 다스리던 집단 지도 체제를 세조 사후에는 어떻게 운영할 것인지를 합의해야 했으나 그런 논의가 없었다. 공신들은 세자 즉위 후 자신들의 권력이 더 커져야 한다고 생각했다. 그러나 세자 이황(李晄)의 생각은 달랐다.

왕권 강화를 명분으로 쿠데타로 즉위한 세조는 권력을 공신 집단과 나눌 수밖에 없는 자기모순에 처해 있었다. 더구나 상왕 단종 복위 기도 사건(사육신 사건)이 발생하자 세조는 공신 집단과 더욱 굳게 결탁할 수밖에 없었다.

급기야 세조는 "공신은 사형죄를 범해도 마땅히 용서해야 한다"(《세조실록》 8년 2월 30일)면서 공신들을 법 위의 특권층으로 만들었다. 왕조 국가의 기본 질서인 군신(君臣)의 분의(分義)는 이들의 쿠데타로 무너졌다.

세조는 또한 사망 1년 전인 재위 13년(1467)에 원상제를 실시해 승정원의 권력을 공신들에게 주고, 재위 14년(1468) 3월에는 인사 청탁인 분경까지 허용했다. 법 위의 존재들인 공신들이 정치적으로 승정원의 업무를 겸직하는데다가 분경까지 허용했으며, 경제적으로 대납까지 허용했으니 나라의 주인은 백성도, 왕실도 아닌 공신들인 셈이었다.

세자는 이것이 비정상적인 정치 행태라는 사실을 잘 알고 있었다. 신숙주가 세조의 팔을 잡았을 때 부왕이 "너는 이러면 안 된다"고 말한 것을 세자는 왕권 강화 지시로 해석했다. 세자는 자신이 즉위하면 부왕 때와는 다를 것이라고, 아니 달라야 한다고 생각했다. 부왕은 공신들 덕분에 국왕이 되었는지 몰라도, 자신은 세자였던 부왕의 장남 의경세자가 세조 3년(1457) 세상을 떠나는 바람에 차남인 자신이 세자가 된 것이었다. 혈통 덕분이지 공신들 덕분이 아니었다.

공신들의 생각은 달랐다. 자신들이 수양대군을 세조로 만든 것이었다. 자신들이 목숨을 걸고 김종서를 죽이고, 단종을 내쫓아 수양을 임금으로 만들었고, 그 아들 이향은 그 덕분에 세자가 된 것이었다. 세자의 즉위 또한 자신들의 쿠데타 덕분이라고 생각했다.

공신들이 전위에 반대하자 세조는 한 단계 낮춰 대리청정을 명했다. 그러나 일반적인 대리청정과는 달랐다. 사정전 월랑에서 고령군 신숙주 등과 더불어 국사를 논의해서 처리하게 한 것이다. 세조는 또한 영의정인 귀성군 이준과 영순군 이부도 대리청정에 참여하게 했다. 신숙주는 구공신, 이준과 이부는 신공신이었으니 신·구공신들과 더불어 국정을 운영하라는 뜻이었다. 세조 생각에는 그나마 신공신을 참여시킨 것이 세자가 구공신의 전횡에서 조금은 벗어날 수 있는 길이라고 생각했다. 구공신과 신공신을 서로 대립시킴으로써 왕실이 양자의 갈등을 조정하는 지위에 있을 수 있게 짠 것이었다.

대리청정을 맡은 세자는 공신들과 더불어 정사를 처리하는 한편 부왕의 간호에 전력을 기울였다. 《연려실기술》에 인용된 예종의 〈지장(誌狀)〉에는 "예종이 세자일 때 세조가 병이 나니 수라상을 보살피고 약을 먼저 맛보며 밤낮으로 곁에 있어 한잠도 못 잔 지가 여러 달이 되었다"고 전하고 있다.

세자는 부왕의 병을 낫게 하기 위해서는 하늘을 감동시켜야 한다고 생각했다. 하늘을 감동시키는 가장 좋은 방법은 대대적인 사면을 베푸는 대사령이었다. 세자는 대리청정 다음 날 대사령을 내려 7월 20일 이전의 죄는 대역(大逆)·모반, 조부모·부모 살해 등을 제외하고 "이미 발각되었거나, 아직 발각되지 않았거나" 모두 용서했다.

　그러나 부왕의 병은 차도가 없었다. 세조는 8월 1일 호조판서 노사신에게 수릉(壽陵)을 만들 것을 지시했다. 임금이 죽기 전에 미리 준비해두는 무덤이 수릉인데 중국 전국 시대 조(趙)나라 수도 한단(邯鄲)에 있던 수릉이 유명했다.《세조실록》은 이때 "세조가 눈물을 뿌렸고, 노사신으로부터 이 사실을 들은 여러 재추(宰樞: 재상들)도 모두 눈물을 흘렸다"고 전하고 있다. 정인지가 반대했다.

　"이제 만약 수릉을 만든다면 인심이 놀라서 해괴하게 여길 것이니 옳지 않습니다."

　구치관이 대안을 제시했다.

　"수릉을 만든다는 말은 너무 지나치니 성상께 아뢰는 것은 옳지 않습니다. 마땅히 '성상의 옥체가 병이 나아서 평상시 같아지기를 기다려서 친히 능 자리를 고르는 것이 좋겠습니다'라고 말씀드려야 합니다."

　노사신이 아뢰자 세조는 다시 수릉에 대해서 말하지 않았다.

　죽음 앞에서는 인간 세상의 권력의 크기가 아무 소용이 없었다. 진시황이 서복(徐福)을 보냈어도 이미 북망산천에 간 지 오래인 것이 이를 말해주고 있었다. 현실의 권력이 클수록, 그리고 지은 죄가 많을수록 죽음이 두렵고 이생에 대한 집착이 컸지만 피할 길은 없었다. 세자는 대사령을 내린 지 한 달여 만인 8월 27일 다시 대사령을 내렸다. 그래도 차도가 없자 세자는 납부하지 못한 세금을 탕감하거나 깎아주고 내전에 불상을 모셔놓고 기도도 올렸다. 그러나 백약이 무효여서 9월에 들어서자 병세가 더욱 악화되었다. 이 가운데 황충이 추수를 앞둔 들판을 습격하고 혜성까지 거듭 나타났다.

세자는 문제의 본질에 다가가야 한다고 생각했다. 그것은 바로 세조가 만든 업보(業報)를 푸는 길이었다. 그것은 이른바 계유정난과 상왕 복위 기도 사건 가족들에게 가했던 업(業)을 풀어 보(報)를 바꾸는 것이었다. 비록 계유정난 때 직접 죽인 신하들과 상왕 복위 기도 사건 때 직접 죽인 단종과 왕족들, 그리고 신하들을 사면할 수는 없지만 연루된 가족들의 한은 풀어줘야 했다. 16년 전인 단종 1년(1453)의 계유정변 때 황보인·김종서 등의 가족들을 공신들이 나누어 가졌고, 13년 전인 세조 2년(1456)의 상왕 복위 기도 사건 때는 성삼문·박팽년·이개·하위지·유응부·유성원 등 사육신들과 그 직계가족은 모두 죽이고 살아남은 사람들은 난신(亂臣)의 친척이란 논리로 공신들이 나누어 가졌다. 남편과 아버지를 죽인 원수 집의 여종이 되고 성 노리개가 된 이들의 원한을 풀지 않고서는 대사령이 아무 소용이 없다고 세자는 생각했다.

세조의 병세가 점점 심각해지자 세자는 9월 3일 의정부와 승정원에 이 문제를 논의하라고 지시했다. 세자가 논의하게 한 사면 대상은 크게 세 부류였다. 첫 번째는 태종의 부인 원경왕후 민씨의 친족들 가운데 아직도 유배되어 있는 사람들이었다. 태종 때 사형당한 민무구·민무질·민무회(閔無悔)·민무휼(閔無恤) 형제들의 가족 중에서 아직도 유배 중인 사람들이었다. 두 번째는 이른바 계유정난 때 죽인 신하들의 가족들을 석방시키는 것이었다. 마지막으로 상왕 복위 기도 사건 관계자들의 가족들을 석방시키는 것이었다.

이들의 석방을 의논해야 한다는 세자의 말에 공신들은 경악했다. 민씨의 친족들은 몰라도 이른바 계유정난과 심지어 상왕 복위 기도 사건 관련자의 가족들 문제는 시대의 금기였다. 이들은 세조가 아니라 단종을 임금으로 모신 자들로서 공신들과는 공존이 불가능한 원수들이었다.

세자와 공신들 사이에 긴장이 조성되었다. 공신들은 일단 세자의 요구를 사안별로 분리해 대응하는 것이 좋다고 판단했다. 정인지·정창손·신숙주·한명회·홍윤성·심회(沈澮)·조석문·김질·권감·한계순(韓繼純) 등은 세자에게 자신들의 견해를 제시했다. 이중 공신이 아닌 자는 승지 한계순과 세종의 장인으로서 사형당했던 심온(沈溫)의 아들 심회뿐이었다. 세종이 재위 말년 심온을 사면했고, 문종이 외숙인 그를 음직으로 돈녕부주부에 등용하면서 관직에 나와 공조판서 등의 요직을 역임한 터였다. 비교적 덜 알려진 권감도 세조 즉위 직후 책봉한 좌익원종공신 3등에 책봉되었던 인물이었다.

"병자년 난신(亂臣: 상왕 복위 기도 사건)의 일은 세월이 오래되지 않았는데 갑자기 논의할 수 없습니다. 계유년 난신의 숙질(叔姪)과 자매와 기타 도형(徒刑: 노동 유배형)·유형(流刑)과 부처(付處)된 자와 민씨의 족친으로서 당대(當代)의 이성(異姓) 5촌과 동성(同姓) 8촌을 아울러 용서해주는 것이 마땅하겠습니다."

민씨의 친족들과 이른바 계유정난 관련자들의 일부는 용서할 수 있지만 병자년, 즉 상왕 복위 기도 사건 관련자는 논의 자체를 할 수 없다는 주장이었다. 사안을 분리해서 처리해야 한다는 공신들의 견해에 세자는 반대했다.

"만약 난신에 연좌된 자를 모두 방면한다고 하면 어찌 세월의 오래되고 가까운 것을 논하겠는가?"

상왕 복위 기도 사건 관련자의 친족들도 모두 방면하자는 뜻이었다. 세자는 공신들의 속내를 잘 알고 이렇게 말했다.

"공노비가 된 자는 석방이 어렵지 않겠지만 공신에게 나누어준 자도 방면한다면 대신들이 싫어할까 염려해서 결정하지 못하고 머뭇거리는 것이다."(《세조실록》 14년 9월 3일)

국가 소유의 공노비는 괜찮지만 공신들의 재산인 상왕 복위 기도 사건 관련자의 친족들을 석방하려고 하면 공신들이 싫어할 것이란 뜻이었다. 사위 김질의 고백을 받고 상왕 복위 기도 사건을 고변했던 봉원군 정창손이 세자의 견해에 찬성했다.

"누가 싫어하겠습니까? 방면하는 것이 좋겠습니다."

그래서 세자는 계유정변과 상왕 복위 기도 사건 관련자의 친족 일부를 석방했는데 그 수가 200여 명에 달했다. 9월 6일 사면 대상자를 선정해 발표하는데 좌익 3등공신인 좌의정 박원형이 공개적으로 반기를 들었다. 박원형은 동부승지 한계순에게 계유정변 때 사형당한 양옥(梁玉)의 누이 의비(義非)가 사면 대상에 든 것에 대해 반발한 것이다.

"의비는 본래 계통이 천인이니 방면해도 또한 천인이요, 방면하지 않아도 또한 천인이다. 하물며 이 여종은 곧 나의 공신녹권(功臣錄券)에 기록된 비자(婢子)이다. 그를 대신해서 또한 충급(充給)에 응할 테니 이러한 뜻을 주달해달라."

박원형의 말은 의비 대신 다른 여종을 내놓겠다는 것이다. 의비는 박원형의 재종숙(再從叔), 즉 아버지의 육촌 형제의 첩이었는데 미모가 빼어났다. 이른바 계유정난에 연좌되자 재종숙에게서 빼앗아 자신의 여종이자 첩으로 삼아 두 아들을 낳은 사이였다. 박원형의 항의에 한계순은 대답하지 않고 가만히 있었다. 그러자 좌찬성 김국광이 한계순에게 다시 재촉했다.

"이 일을 왜 처음에 도모하지 않았는가? 지금 비록 즉시 계달하지 않더라도 황표(黃標)로 의비란 두 글자를 덮어 붙이고 전지를 내려도 방해되지 않을 것이다."

황표는 노란 쪽지를 뜻한다. 의비의 이름에 황표를 붙여서 사면에서 제외한다는 전지를 내리자는 주장이었다. 한계순은 다시 침묵하고 대답하지 않았다. 거부의 뜻이었지만 비공신으로서 공신들의 요구를 끝까지 거부할 수는 없다고 판단했다. 한계순은 한참 생각한 후에 '의비' 옆에 빈 황표를 붙여서 올리고 세자에게 보고했다. 세자는 즉각 거부했다.

"오늘 아침에 봉원군(정창손)이 '연좌된 자가 비록 본래 계통이 천인이더라도 본주인에게 돌려주는 것이 또한 성상의 은혜입니다'라고 말했다. 일이 이미 의논해서 결정되었는데, 본주(本主)에게 방환(放還)하는 것이 또한 성상의 은총입니다'라고 하였다. 일이 이미 의논하여 정해졌는데 다시 되돌리는 것은 옳지 않다."

세자가 거부함으로써 의비는 본주인에게 돌아갔다. 다른 인물들도 모두 방면되거나 본주인에게 돌아갔다. 그러나 세조의 육신의 병은 차도가 없었다. 억만 겁 쌓였던 죄업이 조금 덜해졌을 뿐이었다.

다음 날인 9월 7일 세조는 세자에게 전위하겠다고 선언했고, 대신들은 반대했지만 세조의 병세로 봐서 되돌릴 수는 없었다. 세조는 이날 면복을 직접 세자에게 내려주며 "오늘 당장 수강궁(창경궁)에서 즉위하라"고 명했다. 세조 14년(1468) 9월 7일 세자가 수강궁에서 즉위함으로써 피로 점철된 세조 시대가 가고 예종 시대가 막이 열렸다.

다음 날 세조는 세상을 떠났다. 예종은 부왕의 사망 하루 전날 왕위에 올랐으나 세종이 왕위에 올랐을 때와는 전혀 다른 정국이었다. 태종은 자신을 왕으로 만든 숱한 공신을 제거해 깨끗한 조정을 물려주었다. 심지어 처남 네 명을 모두 죽일 정도로 공신들을 가혹하게 숙청해서 그 누구도 왕권에 도전할 꿈을 꾸지 못했다. 태종이나 세조는 모두 무력으로 즉위했지만 공신 집단 처리 방식이 너무 달랐다. 태종과 달리 세조는 왕권을 능가하는 거대한 공신 집단도 예종에게 넘겨주었다. 공신 집단을 해체하지 못하는 한 예종은 왕 노릇을 할 수 없었다. 예종이 왕 노릇을 하겠다고 결심하는 순간 양자는 충돌할 수밖에 없는 구조였다. 예종은 세조가 남긴 짐을 고스란히 짊어진 채 명목뿐인 왕위에 올랐다. 험난한 길이 앞에 펼쳐져 있었다.

구공신과 신공신의 권력투쟁

구공신은 신공신의 부상을 신경 썼다. 신공신들은 대부분 왕실의 일가 아니면 왕실의 외척들이었으니 더 신경이 쓰였다. 세조는 때로는 두 공신을 대립시키고 때로는 도닥거리면서 왕권 강화를 꾀했다. 세조는 구공신을 구훈(舊勳), 신공신을 신훈(新勳)이라고 불렀는데, 구훈은 정인지·한명회·신숙주·권람 등이 핵심이고, 신훈은 귀성군 이준·영순군 이부 등의 종친들과 강순·남이 등이 핵심이었다. 귀성군 이준은 세종의 4남 임영대군의 아들로서 세조에게는 조카였고, 영순군 이부는 세종의 5남 광평대군의 아들로서 역시 세조의 조카였다. 남이의 할머니는 태종의 4녀인 정선공주였으니 왕실의 외척이었다.

세조는 사망 넉 달 전인 재위 14년(1468) 5월 1일 경복궁 후원의 서현정(序賢亭)에 나가서 여러 신하들에게 활을 쏘게 했다. 이날 구공신과 신공신, 그리고 신공신 사이의 권력 다툼이 발생했다. 세조는 무장들을 불러 활을 쏘게 한 후 상과 술을 내리는 일이 잦았는데 이날도 그랬다. 유자광(柳子光)과 남이가 각각 활 잘 쏘는 무사들을 천거했는데, 유자광이 천거한 최강(崔岡)이 과녁을 가장 많이 맞히자 활 1장(張)을 상으로 내려주었다. 다시 내구마 한 필을 상품으로 삼아 활 솜씨를 겨루게 했는데 이조참판 이숙기가 가장 많이 맞혀 내구마를 차지했다. 이숙기는 단종 1년 무과에 급제해 벼슬에 나온 무신 출신이었다. 무신이 병조가 아닌 이조참판을 역임하는 것은 이례적인 일이었다. 이숙기는 이시애의 봉기 때 강순 휘하에서 공을 세워 적개공신 1등에 책록된 신공신이었다. 남이는 평소 활을 잘 쏘았는데 이날은 웬일인지 여러 번 빗나가서 세조가 웃었다.

활쏘기가 끝난 후 세조는 술자리를 베풀었는데, 한명회·김국광 같은 대신들과 승지들이 참석했다. 세자와 아종(兒宗)도 참석했는데, 아종이란 귀성군 이준·영순군 이부·은산부정(銀山副正) 이철(李徹)·하성위 정현조 등을 일컫는 것이다. 하성위 정현조는 정인지의 아들이자 세조의 딸 의숙공주와 혼인한 부마였는데, 세조가 이 네 명의 종친과 외척을 두 명씩 입직시키게 하면서 '아종(兒宗)' 즉 어린 종친이라고 일컬은 데서 유래한 것이었다. 이날 술에 취한 남이가 세조 앞에 나와서 이준을 헐뜯었다.

"성상께서 귀성군을 지나치게 사랑하시는데, 신은 그르다고 여깁니다."

"귀성은 지극히 가까운 친척이고 또 큰 공이 있으니, 귀성을 사랑하지 않고 누구를 사랑하겠느냐? 너의 말은 반드시 사정이 있다. 누구와 의논했느냐?"

"다른 사람과 의논하지 않았습니다."

세조는 김국광에게 남이를 끌어내어 의금부 옥에 가두게 하였다. 세조는 여러 장수들을 불러서 물었다.

"남이의 말이 옳으냐? 그르냐?"

이숙기가 "아주 옳지 못합니다"라고 대답하자 세조가 "너의 무리도 이런 말을 발설했느냐?"라고 되물었다.

"신은 남이가 아닌데 어찌 남이의 망언을 발설하겠습니까?"

세조가 유자광을 불러서 "남이의 말이 옳으냐?"라고 묻자 유자광도 아주 옳지 못하다고 대답했다. 세조는 세조와 귀성군 이준에게 술을 올리고 일어나 춤을 추게 명하고는 아홉 명의 기녀들에게 노래를 부르게 했다.

"누가 대장군인가? 귀성군이로다. 누가 천하를 평정하였는가? 귀성군이로다. 누가 천하의 인물인가? 귀성군이로다. 누가 소자(少子)인가? 귀성군이로다. 누가 대훈(大勳: 큰 공훈)인가? 귀성군이로다."

세조가 이 정도로 조카인 귀성군 이준을 크게 높이는 판국이니 구공신들로서는 위기를 느낄 만했다. 세조는 또 한명회에게 술을 올리게 하고 기생들에게 노래를 부르게 했다.

"누가 원훈(元勳)인가? 한명회로다. 누가 구훈(舊勳)인가? 한명회로다. 누가 신훈(新勳)인가? 귀성군이로다."

세조는 또 영순군 이부에게 일어나 춤을 추게 하고 기생에게 노래하게 했다.

"누가 무훈(無勳)인가? 영순군이로다."

그런데 《세조실록》은 이때 영순군 이부에 대해서 '무훈(無勳)'이라고 기록했는데 무훈은 아무런 공이 없다는 뜻이므로 '무공이 있는 훈신'이라는 뜻의 '무훈(武勳)'을 잘못 썼을 것이다. 영순군은 세조 13년 9월 이시애의 봉기를 평정한 공로로 적개 3등공신에 책봉되었다.

이날의 활쏘기와 술자리는 저물어가는 세조 정권의 권력 지도를 보여주는 한 장면이었다. 조정은 왕실과 구공신, 신공신의 세 축이 차지하고 있었다. 신공신은 이시애의 봉기를 계기로 부상했는데, 이때 한명회와 신숙주가 모반에 가담했다는 증언이 나오자 세조는 구공신의 대표 격인 둘을 가둔 적도 있었다. 세조는 '구훈은 한명회, 신훈은 귀성군'이라는 식으로 구공신과 신공신을 대립시켜 왕권 강화를 꾀했다.

남이는 세조 6년(1460) 무과에 급제해 벼슬길에 나온 후 이시애의 봉기를 진압한 공으로 귀성군과 함께 적개 1등공신에 책봉된 신공신이었다. 남이가 세조에게 같은 신공신인 귀성군을 헐뜯은 것은 조정의 권력 구도를 이해하지 못한 까닭이었다. 남이의 부친 남빈(南份)은 태종의 딸 정선공주의 아들이니 세조의 고종사촌이었다. 이때 남이의 나이는 만 스물일곱 살에 불과한 데 비해 구공신의 대표인 한명회는 만 쉰셋으로서 남이보다 두 배가 더 많았다.

구공신들은 신공신들의 분열상을 즐기는 한편 새로 즉위한 예종이 자신들에게 어떤 태도를 취하는지를 주시했다. 예종은 자신들의 예상과도 훨씬 달랐다. 예종은 즉위 초부터 신공신은 물론 구공신의 기득권도 인정하지 않는 태도를 감추지 않았다.

즉위 다음 달인 10월 4일, 예종은 승정원과 문무관의 인사권을 가진 이조와 병조 및 사헌부에 전지를 내렸다.

"정사(政事: 벼슬 임명권)는 나라의 큰 권력인데 사사로움을 따라서 공(公)을 폐하는 것은 옳지 않다. 생각하니 정치를 바로잡는 처음인데 혹 세력에 청탁해서 천록(天祿: 벼슬)을 함부로 범하고 있다. 지금부터 대사헌 및 집의 이하 한 관원이 정청(政廳)에 와서 참여하고 위장(衛將)이 2부(部)를 거느리고 모든 분란을 금하라. 마음대로 드나드는 자가 있으면 비록 종친·재추·공신일지라도 즉시 목에 칼을 씌우고 뒤에 계문(啓聞)하라. 만일 숨김이 있으면 마땅히 일족을 다 죽이겠다."《예종실록》 즉위년 10월 4일)

공신들의 예상을 뛰어넘는 충격 선언이었다. 정청은 이조와 병조의 전관(銓官: 인사 담당자)들이 문신과 무신들의 인사를 심사하는 곳이었다. 앞으로 정청에 사헌부의 관원이 참여해서 인사의 투명성을 보장하라는 것이었다. 정청에 마음대로 드나드는 자는 종친이나 공신일지라도 먼저 목에 칼을 씌워 구속한 후 뒤에 보고하라는 것이었다. 이를 숨기면 본인뿐만 아니라 일족을 다 죽이겠다는 것이니 충격이 아닐 수 없었다. 공신들이 더욱 경악한 것은 이것이 예종의 즉위 첫 조치라는 점이었다. 그간 예종이 행했던 대부분의 조치는 세조의 국상에 관한 것이었다.

세조의 국상을 논의할 때도 예종은 확고한 철학이 있음을 보여주었
다. 왕이 죽은 뒤 신위를 종묘에 모실 때 드리는 존호인 묘호(廟號)를
정할 때였다. 시호는 왕이 죽은 뒤 그 공덕을 찬양하여 올리는 것으로
존호는 조(祖)와 종(宗)의 둘 중 하나를 사용하고, 시호는 보다 긴 내용
이다. 당초 의정부에서는 선왕의 묘호를 신종(神宗), 예종(睿宗), 성종(聖
宗) 중에서 고르자고 건의하자 예종이 물었다.

"대행대왕께서 나라를 다시 일으키신 공덕이 높고도 크니, 묘호를
세조라고 하지 않을 수 있겠는가."

묘호를 정하는 원칙은 공은 조(祖), 덕은 종(宗)이라는 것이다. 나라
를 창업한 군주는 태조나 세조라고 쓰고 나머지는 모두 종을 사용하
는 것이었다. 예종은 부왕의 묘호를 창업 군주에게나 쓰는 세조로 정
하자는 것이었다.

정인지가 아뢰었다.

"우리 조정에는 이미 세종이 계시므로 세(世) 자의 묘호는 감히 다
시 의논하지 못합니다."

"한(漢)나라에 세종이 있고 또 세조도 있으니, 끌어다 쓸 만한 예(禮)
가 아니겠는가."

예종은 만 열여덟 살의 젊은 나이로 즉위했지만 역사에 밝았다. 한
나라는 전한(前漢)과 후한(後漢)으로 나뉘는데 전한 효무제(孝武帝)의
묘호가 세종이고, 후한 광무제(光武帝)의 묘호가 세조(世祖)였다. 그러
니 부왕의 묘호를 세조라고 쓸 수 있다는 것이었다. 예종이 구체적 근
거까지 들자 신하들은 더 반대할 수 없었고, 묘호는 세조가 되었다. 신

하들이 당초 올린 세조의 시호는 열문 영무 신성 인효(烈文英武神聖仁孝)의 여덟 자였다. 예종은 왜 여덟 자로 제한하느냐고 꾸짖어 '승천체도 열문 영무 지덕 융공 성신 명예 의숙 인효(承天體道烈文英武至德隆功聖神明睿懿肅仁孝)'로 고쳐 올리게 했다. 상왕 복위 기도 사건(사육신 사건) 관련자의 부녀자들까지 사면했지만 자신의 정체성은 부왕에게 있음을 명확히 한 것이다.

이런 국상 관련 조치나 외교 관련 조치를 제외하고 내린 첫 정사가 공신들의 분경을 금지시킨 것이었다. 사헌부 관리와 위장들에게 분경을 막게 하고 이를 어기는 자는 종친·재추·공신일지라도 먼저 목에 칼을 씌워 구속하고 나중에 보고하며 숨기는 것이 있다면 온 가족을 죽이겠다는 것이었다.

여기에 놀란 영의정 귀성군 이준과 우의정 김질이 함께 나서 "족주하는 법은 너무 과합니다"라고 우려를 표시했고, 예종은 "족주를 극형으로 바꾸어라"고 한발 물러섰다. 집안 전부를 죽이는 것에서 당사자만 죽이는 것으로 완화한 것이었다. 예종의 이 조치에 신공신 이준과 구공신 김질이 함께 우려한 것은 자칫 공신의 특권 전체를 부인할까 우려한 것이었다.

갓 즉위한 예종과 공신들 사이에 긴장감이 돌았다. 예종은 공신 세력 약화 기도를 멈추지 않았다. 예종은 즉위년 10월 19일 의정부 좌참찬과 겸 판병조(兼判兵曹)를 겸하고 있던 김국광의 겸 판병조직을 전격적으로 해임시켰다. 공신 한 사람이 의정부 참찬과 병조판서를 겸하는 것은 부당하다는 것이었다. 김국광은 좌익원종공신 3등이었다가 세조 13년(1467) 4월 우참찬 겸 병조판서가 되었고, 적개공신 2등에 책훈된 공신이었다. 예종은 대간(臺諫)을 인견해서 이렇게 말했다.

"내가 김국광을 겸 판병조에서 체임시킨 것은 대신을 믿지 못해서가 아니다. 대개 정병(政柄: 인사권)은 오래 가질 수 없다. 오래 잡으면 폐단이 생기고 폐단이 생기면 은혜가 상하니, 남의 말이 염려스럽다. 호조와 예조도 비록 겸 판서가 있지만 병조에 비할 것이 아니다. 내가 김국광을 보호하려고 체임시킨 것이고 다른 뜻은 없다."

병조가 군사권을 관장하기 때문에 한 사람이 오래 가지고 있을 수 없다는 설명이었다. 김국광은 군이 따지면 신공신이었다. 이날《예종실록》사관은 김국광이 오래 병권을 맡아서 뇌물을 마음대로 차지해서 누군가 거리에 방을 붙여서 이를 풍자했다고 평가했다. 예종의 전교가 들은 바가 있었기 때문일 것이라는 논평을 덧붙였다. 예종은 전격적으로 김국광의 군권을 박탈했는데, 이는 간단한 문제가 아니었다. 신공신 김국광의 군권이 박탈되자 구공신은 신공신의 핵심인 남이를 겨냥한 공작에 나서기 때문이다.

남이의 옥사, 신공신의 몰락

예종 즉위년(1468) 10월 24일, 정3품인 병조참지 유자광(1439~1512)은 해 질 무렵 승정원에 나타났다. 입직(入直: 숙직) 승지 이극증(李克增)·한계순에게 큰일이 난 것처럼 고했다.

"급하게 성상께 계달할 일이 있습니다."

입직 승지는 환관 안중경(安仲敬)을 통해 예종에게 아뢰게 했다. 안중경은 이른바 계유정난 때 화를 입은 신하들의 토지를 나눠 받는 데 한몫 끼었던 환관이었다. 한밤중에 임금을 만나는 것이 쉬운 일은 아니었지만 병조참지가 급하게 계달할 일이 있다고 말하고 임금의 명령을 전하는 승전(承傳) 환관 안중경이 움직였으므로 유자광은 예종을 만날 수 있었다. 유자광이 급하게 아뢴 것은 남이에 대한 고변이었다.

"지난번에 신이 내병조(內兵曹: 궁중에서 시위·의장 등을 관장하는 관청)에 입직했는데, 남이도 겸 사복장(兼司僕將)으로 입직했습니다. 남이가 어두울 때 신에게 와서 '세조께서 우리들을 자식과 다름없이 대우하셨는데 지금 나라에 큰 상사(喪事)가 있어서 인심이 위태하고 의심스러우니, 아마도 간신이 난을 만들면 우리는 헛되이 죽을 것이다. 당신은 나와 함께 충성을 다해 세조의 은혜를 갚아야 할 것이다'라고 말했습니다. 신이 '어떤 간사한 사람이 난을 일으키겠는가?'라고 물으니 남이가 '김국광이 인사를 마음대로 하는데 재물을 탐하니 이런 무리는 죽이는 것이 옳다. 또 노사신은 매우 불초한 자인데, 너도 아느냐?'라고 묻기에 신이 '왜 이런 말을 하는가?'라고 했습니다."

유자광의 말은 별다른 것이 없었다. 같은 병조에 근무하는 사이끼리 나눌 수 있는 대화였고, 또 김국광이 병조 인사를 하면서 뇌물을 챙긴다는 사실은 공공연히 알려진 사실이었다. 이 정도 대화 내용을 가지고 밤중에 급히 임금을 청대하자고 할 수는 없었다. 유자광은 오늘 저녁 남이가 또 찾아왔다면서 남이와 나눈 대화를 아뢰었다.

"오늘 저녁에 남이가 신의 집에 급히 와서, '혜성이 아직까지 없어지지 않고 있는데 너도 보았느냐?'라고 묻기에 신이 보지 못하였다고 했습니다. 남이가 '지금 천하(天河: 은하수) 가운데에 있는데 광망(光芒: 빛살 끝)이 모두 희기 때문에 쉽게 볼 수 없다'라고 하기에 신이 《강목 (綱目)》을 가져와서 혜성이 나타난 곳에 대한 설명을 보니, 그 주석에 '광망이 희면 장군이 반역하고 두 해에 걸친 큰 병란이 있다'고 했습니다. 남이가 탄식하면서 '이것 역시 반드시 응(應)함이 있을 것이다'라고 했습니다."

남이가 급하게 와서 혜성이 없어지지 않고 있다고 말했다는 것이 주요 내용이었다. 광망이 희면 장군이 반역한다는 《강목》의 주석도 남이가 아니라 유자광이 찾은 것이었다. 유자광은 "조금 후에 남이가 '내가 거사하려고 한다'고 말했다"고 덧붙였다. 유자광이 동조하지도 않는데 남이가 기다렸다는 듯 '거사'를 말했다는 것이다. 유자광은 "신이 술을 대접하겠다고 하자 '이미 취했다'면서 마시지 않고 갔습니다"라고 덧붙였다. 앞뒤가 맞지 않는 고변이었다. 자신의 목숨은 말할 것도 없고 자칫하면 온 가족이 주륙당할 '거사'를 말해놓고는 취했다면서 갔다는 것이었다. 기껏해야 술기운에 이 말 저 말 한 것에 지나지 않았다.

유자광의 고변은 의문투성이였고, 이런 경우 그 배경이 있게 마련이었지만 예종은 아직 이런 구조를 간파할 만한 시야가 부족했다. 한밤중에 자신을 불러낸 거대한 권력 구조에 대해서 주목하지 못했다. 예종은 남이가 군사라도 몰고 쳐들어오는 듯 군사를 동원해 도성을 지키게 하고 한계순에게 남이를 체포하게 했다.

이런 조치에는 남이에 대한 예종의 반감도 크게 작용했다. 예종은

무덤에서 발견된
유자광의 백골

구공신보다 신공신, 그중에서도 남이를 싫어했다. 세조는 죽기 한 달 전인 재위 14년(1468) 8월 남이를 병조판서에 임명했는데,《동각잡기》는 "세조가 벼슬을 뛰어넘어 남이를 병조판서에 임명했더니 당시 세자였던 예종이 그를 몹시 꺼렸다"고 전하고 있다. 서거정(徐居正)이 쓴 한계희의 비명에는 이런 구절이 있다.

"이에 앞서 귀성군 이준을 도총관을 삼고 남이를 병조판서로 삼자, 공(한계희)은 비밀히 장계해서 '이준은 종친이니 금위(禁衛: 임금 호위부대)의 군사를 맡겨서는 안 되고, 남이는 성질이 거칠고 사나우니 병권을 주어서는 안 됩니다'라고 하자 주상(예종)이 아름답게 받아들여 그날로 다 하직시켰다."

한계희는 한명회의 재종형이자 이날 입직 승지였던 한계순의 친형이었다. 고변자 유자광은 경주 부윤을 역임한 유규(柳規)의 서자였다. 출세욕이 강했으므로 구공신이 던지는 미끼를 물기 좋은 성향이었다.

유자광의 고변은 세조 후반에 등장한 신공신을 해체시키기 위한 구공신의 공세였는데 젊은 예종은 이런 사실을 간파하지 못했다.

세조가 재위 13년(1467) 9월 유자광을 병조정랑에 임명하자 사헌부 대사헌 양성지가 사간원 대사간 김지경(金之慶)과 함께 교장(交章) 상소를 올렸다. 두 기관이 같은 내용의 글을 상소하는 것이 교장 상소였으니 유자광의 병조정랑 임명에 사헌부와 사간원이 모두 반대한다는 뜻이었다. 병조정랑은 정5품 벼슬아치지만 무관의 인사권을 관장하는 직책으로서 문관의 인사권을 관장하는 이조정랑과 함께 핵심 관직이었다. 양성지와 김지경의 교장 상소의 주 내용은 유자광이 서얼 출신이기 때문에 병조정랑이 될 수 없다는 것이었다. 게다가 과거 급제자도 아니니 병조정랑이 될 수 없다는 것이었다. 첩의 자식이므로 병조정랑이 될 수 없다는 반대는 신분제 사상에 따른 그릇된 것이었다. 세조가 이를 물리치고 정랑에 임명한 것은 신분제 완화라는 측면에서 긍정적인 것이지만 유자광이 불과 1년 만에 남이 제거 작전의 선봉에 섰다는 점에서 양성지·김지경의 상소는 유자광의 인간됨을 예견한 것인지도 몰랐다.

시간은 이미 삼경(三更: 밤 11시~새벽 1시)에 접어들었는데 예종은 주요 종친들과 대신들을 수강궁 후원 별전으로 급히 불렀다. 종친과 대신들이 도열한 가운데 끌려 나온 남이는 영문을 몰랐다. 예종이 물었다.

"근래 누구를 만나 무슨 말을 했느냐?"

남이가 답했다.

"신정보(辛井保), 이지정(李之楨)과 만나서 '북방에 여진족이 준동하면 내가 진압하러 가게 될 것'이라는 등의 얘기를 했을 뿐입니다.

…… 또 유자광의 집에 가서 이야기하다가 곁의 책상에 《강목》이 있기에 혜성이 나타나는 구절 하나를 보았을 뿐 다른 것은 의논하지 않았습니다."

《강목》에서 '장군이 반역한다'는 주석을 뽑은 당사자는 유자광이었다. 별다른 혐의를 찾을 수 없자 예종은 유자광을 불렀는데 그제야 유자광이 고변자란 사실을 알게 된 남이는 머리를 땅에 부딪치면서 부르짖었다.

"유자광이 본래 신을 불쾌하게 생각했기 때문에 무고한 것입니다. 신은 충의지사(忠義之士)로 평생 남송(南宋)의 악비(岳飛)를 자처했는데 어찌 이런 일이 있겠습니까?"

악비는 여진족이 세운 금나라에 맞서 끝까지 싸운 남송 장수로서 한족(漢族)에겐 충의의 대명사였다.

남이가 부인하자 예종은 남이의 측근 무장들인 순장(巡將) 민서(閔敍)를 신문했고 민서는 답했다.

"남이가 '천변(天變: 혜성의 출현)이 이와 같으니 간신이 반드시 일어날 것인데, 나는 먼저 주륙을 받을까 염려스럽다'고 말했습니다."

민서가 깜짝 놀라면서 "간신이 누구냐"고 묻자 남이는 "상당군 한명회"라고 답했다는 것이었다. 남이는 세조 사후 구공신 세력이 자신을 공격할 것을 예상하고 있었다는 뜻이다.

"왜 한명회를 언급했느냐"는 질문에 남이는 "한명회가 일찍이 신의 집에 와 적자(嫡子)를 세우는 일을 말하기에 그가 난(亂)을 꾀하는 것을 알았습니다"라고 답했다. 이는 대단히 중요한 자백이었다. 한명회가 말한 적자는 예종이 아니라 고(故) 의경세자의 장남 월산대군을 뜻하는 것이기 때문이다.

그러나 예종은 남이의 이런 증언을 한마디로 일축하고 남이의 측근 장수들을 계속 고문했다. 그들 대부분이 역모를 부인하는 가운데 기껏 남이의 첩 탁문아(卓文兒)가 심한 고문 끝에 '남이가 국상 중에 고기를 먹었다'고 자백한 것 정도가 드러난 남이의 죄상의 전부였다. 하지만 여진족 출신의 무장 문효량(文孝良)이 혹독한 매를 이기지 못하고 예종과 구공신들이 원하는 덫을 물었다.

"남이가 '산릉에 나아갈 때 중로에서 먼저 한명회 등을 없애고, 다음으로 영순군·귀성군에게 미치며, 다음에는 승여(乘輿: 임금)에 미쳐서 스스로 임금의 자리에 서려고 한다'고 말했습니다."

이 자백을 계기로 상황이 반전되었다.

심한 고문 끝에 몸이 망가진 남이는 살아남을 수 없다고 판단하고 같은 신공신인 강순을 당류(黨類)로 끌어들였다. 인조 때 박동량(朴東亮)이 쓴 《기재잡기(寄齋雜記)》나 광해군 때 김시양(金時讓)이 쓴 《부계문기(涪溪聞記)》에는 강순이 "왜 나를 끌어들였느냐?"고 따지자 "당신이 수상(首相)이 되어 나의 원통함을 알면서도 한 마디도 구원해주지 않았으니 원통히 죽는 것이 당연하다"고 답했다고 적고 있다.

당여를 대라는 심한 매질을 당하던 79세의 노인 강순은 "만약 좌우의 신하를 다 당여라고 하여도 믿겠습니까?"라고 항의했다. 누가 봐도 무리수가 많은 옥사였는데 남이에 대한 감정에 사로잡힌 예종은 이를 간파하지 못했다. 《부계문기》는 아직도 남이가 죽은 죄명이 진짜인지 가짜인지 판별할 수 없다고 덧붙였다.

결국 예종은 남이·강순·문효량 등을 능지처사에 처하고 남이 계열의 무장들에게 수사를 확대했다. 남이가 여진족 건주위를 칠 때 종사관이었던 조숙(趙淑)은 혹독한 고문을 받다가 "한 충신이 죽는다"고 소리 지르며 죽어갔다. 예종은 "참형된 사람의 부자는 모두 사형으로 연좌하라"고 지시해 그 부친과 자식들도 모두 죽였다.

이들의 죽음 위에서 37명의 익대(翊戴)공신을 새로 책봉했다. 일등공신 다섯 명은 유자광·신숙주·한명회·환관 신운(申雲)·한계순이었다. 아무런 관련 없어 보이는 한명회·신숙주가 일등공신에 책봉된 것은 이 옥사의 배후를 말해주는 것이었다. 한명회는 남이·강순 등의 재산과 처첩들을 내려달라고 주청했고 그 재산과 70여 명의 처첩을 익대공신과 함께 나누어 가졌다. 옥사의 배후가 한명회 자신임을 드러낸 셈이었다. 남이의 옥사는 구공신의 신공신 토벌 작전이었다. 예종은 신공신을 몰락시킴으로써 훗날 구공신이 자신에게 칼을 겨눌 때 견제할 세력을 스스로 제거한 셈이었다.

남이 토벌 작전에는 귀성군 이준도 가세해 익대공신 2등에 책봉되었다. 이준은 남이가 세조에게 자신을 무함하는 말을 한 것에 분노했지만 그보다 더 큰 그림, 즉 남이의 옥사는 구공신의 신공신 토벌 작전이라는 구도를 보지 못했다. 구공신은 예종의 남이에 대한 악감정을 이용해 신공신인 남이와 강순을 제거하고, 또 귀성군 이준을 끌어들여 신공신을 분열시켰다. 남이의 옥사로 신공신은 분열되고 초토화된 것이었다.

구공신은 신공신 초토화에 만족했지만 예종은 신공신 주륙에 만족하지 못했다. 남이 세력에 대한 제거에는 뜻을 같이했지만 예종과 구공신의 목적은 달랐다. 구공신은 신공신을 제거해 막강한 기득권을 계속 유지하려 한 것이었다. 그러나 예종은 신공신, 구공신을 구분하지 않았다. 그는 신공신·구공신을 막론하고 공신 세력 전체를 제거해 왕권을 극대화하려 한 것이었다. 그러나 이는 예종의 착각이었고, 신공신이 제거된 상황에서 구공신과 예종의 충돌은 예견되어 있는 것이었다.

예종의 왕권 되찾기와 몰락

거침없는 예종의 공세

이른바 계유정난이라는 쿠데타는 거대한 공신 집단을 형성시켰다. 이들은 어떠한 죄를 지어도 처벌받지 않는 신분적 특권 위에 모든 정치·경제적 권력을 장악했다. 높은 관직을 독점했을 뿐만 아니라 분경으로 관직을 매매했으며, 대대로 세습할 수 있는 공신전이 있었고, 세금 납부 대행권인 대납권이 있었다. 예종은 공신들의 특권을 보장하는 이런 제도적 장치를 해체하지 않고서는 왕권을 행사할 수 없다는 사실을 잘 알고 있었다. 이런 공신 집단의 특권을 해체시키지 않으면 왕권은 허울뿐이란 사실도 알고 있었다. 그래서 즉위 직후부터 공신들의 각종 특권에 손을 댔다.

종친·공신들의 분경을 금지시키고 위반하면 온 집안을 족주(族誅)시키겠다고 선언했다. 귀성군 이준과 김질의 항의를 받고 본인만 극형을 시키는 것으로 물러섰으나 이후에도 예종은 인사권을 가진 문신들의 집에는 사헌부의 서리(胥吏)와 조례(皂隷: 관청 소속 하급자)를 보내고 무신들의 집에는 선전관을 보내 드나드는 사람들은 지위 고하를 막론하고 체포하게 했다.

사헌부 관리들은 예종보다 공신들의 권력이 더 크다는 사실을 알고 있었기에 몸을 사렸다. 반면 무인들은 우직하게 국왕의 명령을 수행했다. 예종 즉위년(1468) 10월 19일 공신들의 집에 드나드는 분경자들을 대거 체포한 것은 무인인 선전관들이었다. 고령군 신숙주의 집에서는 함길도 관찰사 박서창(朴徐昌)이 보낸 김미(金美)를 체포하고, 우의정 김질의 집에서는 경상도 관찰사 김겸광(金謙光)이 보낸 주산(周山)을 체포했다. 귀성군 이준과 병조판서 박중선(朴仲善), 이조판서 성임의 집에 드나드는 인물들도 체포했다. 예종은 이조판서 성임의 집에 드나드는 인물을 무관인 선전관이 체포한 것을 지적하면서 "분경을 금하지 못한 것은 사헌부의 책임"이라고 했고 사헌부 지평 최경지(崔敬止)를 의금부에 하옥했다. 사헌부가 공신들의 눈치를 봤다는 질책이었다.

김미가 체포되었다는 소식을 들은 신숙주가 예궐하여 사죄했다.

"박서창(朴徐昌)이 글을 보내 위문하면서 표피(豹皮) 한 장을 보내기에 신이 물리치고 받지 않았는데, 김미가 미처 가기 전에 체포된 것입니다."《예종실록》 즉위년 10월 19일)

궁색한 해명이었다. 박서창이 김미를 보내 표범 가죽을 보냈지만 자신은 거절하고 받지 않았는데, 김미가 돌아가기 전에 체포되었다는 것이다. 김미가 신숙주의 집에서 체포되었으므로 표피를 거절했다는 신숙주의 말이 사실이라는 증거는 전혀 없었다. 예종은 "경은 무엇을 혐의하는가? 다만 박서창의 과오이다"라고 달랬으나 신숙주는 큰 망신을 당한 셈이었다.

더구나 예종은 이 사건을 이렇게 끝낼 생각이 없었다. 그는 김미를 비롯한 분경자들을 친국(親鞫)했다. 김미는 박서창의 반인(伴人: 수행원)이었으며 주산은 지방 관청의 서울 사무소에 근무하는 경저인(京邸人)으로서 기껏해야 이서(吏胥)나 서인(庶人)에 불과했다. 나머지 인물들은 천인들이었음에도 국왕이 직접 친국에 나선 것이다.

예종은 특히 함길도 관찰사가 신숙주에게 뇌물을 보낸 것은 큰 문제라고 생각했다. 함길도는 1년 전 이시애의 난이 발생했던 곳이다. 이때 신숙주·한명회가 이시애와 연결되었다는 증언이 나와 두 사람이 투옥되었던 적이 있었다. 예종은 함길도의 이런 특수성을 거론하며 김미를 꾸짖었다.

"너는 무슨 일 때문에 서울에 왔느냐? 권문(權門) 몇 곳이나 뇌물을 주었느냐?"

"신은 진상할 물건을 가지고 서울에 이르렀으며, 다만 감사의 편지를 신숙주에게 부쳤을 뿐입니다. 뇌물을 준 다른 곳은 없습니다."

"네가 임금은 한 사람뿐이라는 것을 알고 진상물을 가지고 왔으면서도 또 무슨 물건을 가지고 권문을 섬기느냐? 작년에 함길도 사람들이 신숙주·한명회 등이 몰래 불궤를 꾀한다고 말해 여러 사람들이 의혹했고, 관찰사·절도사 및 수령들을 다 죽여서 인심이 편하지 못한

데, 네가 이를 알면서도 지금 다시 이렇게 해서 인심을 흉흉하게 하느냐?"《예종실록》

형식은 김미를 꾸짖는 것이지만 내용은 신숙주와 한명회를 꾸짖는 것이었다. 예종은 관찰사 박서창을 체포해 국문하고 그 자리를 한치형(韓致亨)으로 교체했다. 그러나 병조판서 박중선의 집에서 체포된 김산(金山)은 깨진 그릇을 고치는 칠장이(漆工)로 드러나자 석방시켰다. 이조판서 성임의 집에서 잡힌 여종 소비(小非)는 수륙재(水陸齋: 불가의 제사)에 쓸 과실을 빌리러 갔다는 사실이 드러나자 석방시켰다.

예종이 이들을 직접 국문한 것은 이유가 있었다. 사헌부나 의금부에서 공신들의 위세 때문에 부실 수사를 할까 염려했기 때문이다. 예종이 천인들을 친국했다는 사실에 공신들은 경악했다. 공신을 직접 벌하지는 않았지만 국왕이 천인까지 직접 국문하는 상황에서 더 이상 분경은 꿈꾸기 어려웠다.

예종은 공신들의 대납권에도 손을 댔다. 백성들이 낼 세금을 선납(先納)한 후 백성들에게 대신 징수하는 대납은 한마디로 배보다 배꼽이 컸다. 수수료가 적은 경우가 배징(倍徵), 두 배였고 서너 배가 보통이었다. 그것도 한 개인의 세금을 대납하는 것이 아니었다.

"대납하는 무리들이 먼저 권세가에 의탁하여 그 고을 수령에게 청하게 하면서 후한 뇌물을 주면, 수령들은 위세도 두렵고 이익도 생각나 억지로 대납하라는 명을 내리므로 백성들이 감히 어기지 못했다."《예종실록》1년 1월 27일)

개인의 세금을 대납하는 것이 아니라 군현 단위로 대납하는 것이기 때문에 그 액수가 막대했다.《예종실록》은 또 "대납하여 쌀로 바꾸는 것은 모두 거실(巨室)에서 하는 짓이었으므로, 능히 혁파할 수가 없었다"라고 말하고 있다. 백성들이 낼 여러 공납품을 대신 납부해주고 그 몇 배 이상을 쌀로 받는다는 뜻이었다. 새벽부터 밤중까지 들판에 달라붙어 일해도 부모 봉양하고 자식 밥 먹이기 힘든 백성들은 정해진 세금만 내도 벅찬데, 종친들과 공신들이 그 세금을 대신 납부해준다는 명목으로 몇 배의 수수료를 취하는 것이었다.

"대납으로 말미암아 (권세가들은) 구하는 바를 얻지 못하는 것이 없었고, 하고자 하는 바를 이루지 못함이 없었다. 이와 같은 일이 해마다 그치지 아니하여 여염에서 고통스럽게 여겼으며 백성들은 살아갈 수가 없었다."(《예종실록》 1년 1월 27일)

대납을 없애지 못한 것은 세조가 종친과 공신들에게 준 일종의 장물이었기 때문이다. 세조는 공신과 종친들에게 막대한 경제적 이득을 보장함으로써 자신을 지지하게 한 것이었다. 가난한 백성들로서는 정상적으로 부과되는 세금만 내기에도 등골이 휘는 법인데, 그 몇 배를 더 지불해야 하니 살아갈 방도가 없었다. 예종은 즉위 직후 대납을 뿌리 뽑기로 결심하고 즉위년 10월 16일 강경하게 대응하는 전지(傳旨)를 내렸다.

"대납은 백성들에게 심하게 해로우니, 이제부터 대납하는 자는 공신·종친·재추를 물론하고 곧 극형에 처하고, 가산은 관에 몰수한다. 비록 공사(公事)로 법을 범하였을지라도 마땅히 논죄하겠다."

일체 대납을 금지한다는 이 조치에 공신들은 경악했고, 백성들은 환호했다. 도승지 권감이 아뢰었다.

"대납이 백성에게 해로운 것은 공사(公私)가 다를 바가 없습니다. 공가(公家)의 대납도 아울러 금하소서."

공가란 곧 왕실이나 관청을 뜻하는 것이었다. 관청들까지 대납에 나서서 백성들의 등골을 빼먹었던 것이다. 예종은 그대로 따라서 공가에서도 대납을 금지시켰다. 임금의 전지는 곧 법이었다. 예종은 조금 전 내린 전지를 거두어 오게 했다. 전지 중에서 "비록 공사로 법을 범하였을지라도 마땅히 논죄하겠다(因公犯法亦當論罪)"라는 구절을 "공사 모두 금한다(公私皆禁)"라고 더욱 강력하게 고친 것이다. 개인이고 관청이고 대납은 일체 금지시킨 것이었다.

《예종실록》에서 "임금이 즉위 초에 먼저 대납의 폐단을 제거하니, 선정으로서 무엇이 이보다 크겠는가?"라고 평가한 것이 과언이 아니었다. 그러나 대납은 쉽게 없어지지 않았다. 공신, 종친들은 세상 물정 모르는 예종이 현실에 맞지 않는 이상적인 법을 제정했다고 반발했다. 금지령에도 불구하고 대납은 없어지지 않았다. 지방 수령들이 대납 요청을 거부해야 하는데, 함길도 관찰사 박서창이 신숙주에게 뇌물을 바치는 상황에서 공신과 종친들이 요구하는 공납을 거부할 수 없었다. 그래서 예종은 10월 21일에는 더욱 강력한 법령을 내렸다.

"이제 대납을 금했는데도 수령이 전과 같이 수렴(收斂: 받아들임)한다면 더욱 가혹한 것으로서 능지(凌遲)함이 옳다."

전처럼 대납을 허용하면 수령의 사지를 찢어 죽이겠다는 것이었다. 그럼에도 대납이 없어지지 않자 예종은 방을 붙여서 대납 금지의 뜻을 널리 알렸다.

"지금부터 대납하는 자는 즉시 극형에 처해서 민생을 편안하게 하라고 했는데도 요행을 바라는 무리들이 입법의 본뜻을 살피지 않고 그대로 이익을 취하는 자가 있다고 진달하는 자가 있었다. 앞으로 이렇게 하는 자는 마땅히 목을 베겠다."《예종실록》 즉위년 12월 9일)

대납 금지에 대한 예종의 뜻은 확고했다. 그러나 그만큼 공신들의 반발도 거셌다. 이들은 선납했으나 아직 받지 못한 대금이 있다는 논리로 대납을 계속했다. 호조에서는 이들의 압력에 굴복해 예종 1년 1월 27일 "이미 대납하고도 값을 다 거두지 못한 자는 기한을 정해 거두도록 하소서"라고 주청했다. 이미 대납했는데 그 값을 받지 못한 자들에 한해서만 기한을 정해 대납가를 받게 하자는 주청이었다. 예종은 윤2월 그믐까지 한시적으로 받으라고 허용했다.《예종실록》은 "임금이 즉위 초에 특별히 대납을 없애게 했으므로 중외(中外)에서 매우 기뻐했는데, 이때에 이런 명령이 있자 백성들의 바람이 조금 이지러졌다"라고 아쉬움을 표했다. 윤2월까지 한시적으로 대납을 연장한 것에 대해 공신들도, 백성들도 불만이었다.

예종으로서는 조선의 왕 노릇을 제대로 하려면 대납을 금지하지 않을 도리가 없었다. 공신들의 전횡이 계속되자 삶의 터전을 잃은 백성들이 떼로 도적이 되었기 때문이다. 예종은 재위 1년(1469) 윤2월 29일 문폐경차관(問弊敬差官)을 충청도·전라도·경상도에 보냈다. 문폐경차관이란 정사의 폐단을 묻는 특명관으로서 일종의 특별 검찰관이었다. 예종은 이윤손(李尹孫)·유문통(柳文通)·박시형(朴始亨)을 각각 충청도, 전라도, 경상도에 보내 폐단을 조사하게 했다.

문폐경차관이 조사해야 할 사안은 크게 세 가지였다. 하나는 옥사가 지연된 죄수들의 상황과 감옥을 깨끗하게 수리하는 일을 검찰하는 것이었다. 또 하나는 각 지방관과 지방 군관들에게 탐오하고 불법한 일을 찾아 물어서 사실이라면 당사자가 공신·의친(懿親: 임금의 친척)·당상관일지라도 당사자를 구금하고 관련자를 색출하라는 것이었다. 지방 수령과 군관들이 불법한 일에 연루되는 것은 대부분 중앙의 공신이나 종친들과 관련이 있다는 사실을 알고 있기에 특별 검찰관을 보낸 것이었다. 마지막으로 여러 아전과 고을 안의 군사를 모아서 3도에서 일시에 일어나 도둑을 잡으라는 것이었다. 충청·전라·경상도에 도둑이 크게 성행하고 있었다. 공신들의 전횡에 살터를 잃은 백성들이 도적으로 변한 것이다. 예종은 경차관들을 내려 보내면서 4월 2일에 일제히 도둑을 소탕하라고 비밀리에 명령한 것이었다. 경차관들은 여러 고을 수령들과 진법(陳法)을 연습한다는 핑계로 4월 2일 일제히 군사를 일으켜 각지의 도둑들을 잡았는데, 충청도에서 404명, 경상도에서 200여 명, 전라도에서 70여 명을 체포했다. 이때 체포된 도둑들은 공신들의 등쌀에 살 방도가 없어서 도둑이 된 백성들이었다. 나라가 도둑으로 만든 백성들이었다. 백성들이 떼로 도둑이 되는 상황에서 그 근본 원인인 대납을 그대로 유지할 수는 없었다.

그래서 예종은 공신, 종친들의 불만을 무릅쓰고 공신들에 대한 공세를 계속 펼쳤다. 재위 1년 4월에는 "금후로는 무릇 군무(軍務)를 잘못 조치한 데에 관련된 자는 공신이나 의친을 물론하고 죄를 주게 하라"고 명하고, 양인을 억압하여 천인이 되게 한 자는 종친·재상·공신이라도 본율(本律)에 의거하여 처벌하라고 명했다.

예종이 즉위하면서 공신들에게 생긴 가장 큰 변화는 공신들의 면죄부를 박탈한 것이었다. 세조 때는 공신은 어떤 죄를 지어도 용서받았지만 이제는 공신이라고 봐주는 것이 없었다. 예종은 자유민인 양민을 천민으로 떨어뜨리는 자는 지위고하를 막론하고 교형(絞刑)에 처하겠다고 선언했다. 재위 1년 5월에도 예종은 "관찰사의 소임은 본래 1도(道)를 통찰하는 것인데, 지금은 공신·의친·당상관에 구애된다. 앞으로 민생에 해를 미치는 자는 공신·의친·당상관을 논할 것 없이 모두 직단(直斷)하여 가두고 국문하게 하라"고 명했다.

그럼에도 분경은 근절되지 않았다.

예종 1년(1469) 11월 4일 사헌부와 공신 중의 공신 정인지가 충돌하는 사태가 발생했다. 예종의 명에 따라 사헌부 조례들은 공신들과 종친들의 집 앞을 지키면서 분경하는 자들을 체포했다. 하동군 정인지의 집에도 사헌부 서리와 조례를 배치해 서리(書吏)와 조례(皁隸)를 배치해 드나드는 자들을 감시했는데, 정인지를 알현하려는 사람이 있었다. 조례 등이 그를 붙잡자 정인지의 가동(家僮: 종)이 사헌부 조례를 제지했다. 옥신각신하는 와중에 정인지의 가동이 서리의 옷고름을 끊었다. 공무 집행 방해는 큰 죄였다. 이때 정인지가 나타나서 서리와 조례들에게 호패를 내놓으라고 꾸짖었다. 호패를 확인한 정인지는 이렇게 말했다.

"간간이 가짜 금란자(禁亂者)가 있다."

가짜로 분경을 금지시킨다는 자들이 있다는 것이었다. 물론 이는 거짓이었다. 공신에다 왕가의 외척인 정인지의 집에 가짜 금란자가 나타나서 행패를 부린다는 것은 상상할 수도 없는 일이었다. 서리들은 겨우 정인지의 집에서 빠져나왔지만 조례들은 끝까지 분경자를 잡아왔다. 그러자 정인지의 가동들이 면포 반 필을 주면서 분경자의 석방을 요청했다. 사헌부에서 이렇게 주청했다.

"정인지는 가동을 다스리지 못하였을 뿐만 아니라, 법사(法司)의 아전을 잡아 욕을 보였고 또 면포를 뇌물로 주었으니, 청컨대 국문하소서."

세조 때 같으면 정인지의 집에 분경을 금지한다고 사헌부 아전들이 나갈 생각도 못했을 것이었다. 예종이 사헌부가 공신들의 눈치를 본다고 꾸짖는 한편 지위고하를 막론하고 분경을 금지시키라고 힘을 실어주자 사헌부에서 정인지 국문을 청한 것이었다.

상대는 세조에게 '너'라고 부르고도 무사했던 정인지였다. 또한 정인지의 아들 정현조는 세조의 딸 의숙공주의 남편으로서 예종과는 처남 매부 사이였다. 정현조는 남이의 옥사를 다스린 공으로 익대공신 2등에 책록되기도 했다. 사헌부의 정인지 국문 요청에 예종은 "공함(公緘: 서면 질의)으로 탄핵하라"고 명령했다. 비록 정인지를 직접 불러다가 국문하지는 못했지만 서면으로 탄핵한 것도 세조 때 같으면 상상도 못할 일이었다. 예종과 구공신은 계속 갈등했고 충돌로 치닫고 있었다. 그러나 남이·강순 등의 신공신 세력을 이미 제거한 예종에게는 우군이 없었다. 남이의 옥사는 예종이 구공신과 충돌할 때 우군이 될 수 있는 세력을 스스로 무너뜨린 셈이었다. 단종 1년에 발생했던 계유정난이란 쿠데타부터 20여 년 가깝게 권력을 누린 구공신은 정치 공작에 능했다. 국왕이라도 힘겨울 수밖에 없었다. 구공신들은 예종의 공세에 맞설 방안 마련에 나섰다. 구공신들은 세조 비 정희왕후 윤씨에게 손을 내밀었다. 대비는 공신들과 이해관계가 같았고, 예종의 공신 집단 해체에 같은 불만을 갖고 있었기 때문이다.

대비와 예종의 갈등

예종 1년 7월 평양부(平壤府)의 관비 대비(大非)가 평양 부윤 이덕량(李德良)을 사헌부에 고소했다. 부윤 이덕량은 평양으로 부임하면서 자신의 반인(伴人: 수종인) 박종직(朴從直)을 데려갔다. 박종직은 기생 망옥경(望玉京)과 정을 통하는 사이였는데, 관비 소서시(笑西施)를 또 범하려 하자 소서시가 거부했다. 일개 관비가 자신의 반인을 거부했다는 말을 들은 평양 부윤 이덕량은 소서시는 물론 남자 형제들인 관노 막달(莫達)·말동(末同)과 그 어머니 내은이(內隱伊)에게 심한 곤장을 때렸다. 이덕량의 매가 얼마나 혹독했던지 어머니 내은이는 세상을 떠났고, 소서시와 남자 형제들도 중태에 빠졌다. 소서시의 자매인 대비가 이를 고소하려 했지만 일개 관비가 종2품인 평양 부윤을 상대로 싸우겠다는데 고소장을 써주는 사람이 없었다. 아무 죄도 없이 어머니를 형장에 잃은 대비는 목숨을 걸고 싸웠고 천신만고 끝에 사헌부에 고소장을 제출할 수 있었다.

사헌부로부터 보고를 들은 예종은 즉시 의금부 진무(鎭撫) 한척(韓陟)을 보내 이덕량과 박종직을 체포해 오게 하고는 승정원에 전지했다.

"일개 아녀자인 대비가 멀리서 와서 억울함을 호소했는데, 쌀·베·소금·간장 등의 물건을 내려주어 서울에 머무는 비용으로 쓰게 하라."

예종은 힘없는 백성들의 처지를 깊이 동정하는 군주였다. 세조가 태종처럼 공신 집단을 해체한 조정을 물려주었다면 역사에 길이 남을 성군이 될 자질이 있었다. 세조는 백성들과 공신들이 다투면 공신들의 편을 들었지만 예종은 백성들의 편을 들었다. 예종의 명령을 들은 의금부는 이덕량 등을 국문했고 곧 진상을 밝혀냈다. 의금부는 처벌 규정을 아뢰었다.

"이덕량은 관비에게 함부로 형을 가해 죽게 했으니 죄가 참형에 해당합니다."

법에 따르면 목을 베서 죽여야 한다는 뜻이었다. 예종은 한발 물러섰다.

"이덕량은 대신인데 너무 지나치지 않은가?"

예종이 이덕량의 목을 베는 것을 주저하는 이유가 있었다. 이덕량은 이시애의 봉기를 진압하는 데 공을 세운 적개 2등공신이었다. 그러나 그보다는 이덕량은 정희왕후 윤씨의 자서(姉婿), 즉 언니의 사위였기 때문이다. 원상 김질과 도승지 권감 등이 중재에 나섰다.

"이덕량의 죄는 죽어야 마땅하나 공신이며 독자(獨子)이니, 오로지 성상께서 처분하시기에 달려 있습니다."

예종은 박종직은 장 100대에 전 가족을 극변으로 유배 보냈으나, 이덕량은 '척속(戚屬: 외척)으로서 선왕께 시종하여 공신이 되었으므로 특별히 용서한다'고 판결하고 벼슬 임명장인 고신(告身)을 거두었다.

사헌부에서 반발했다.

"이덕량은 그 죄가 매우 무거운데도 고신만을 거두면 어떻게 악을 징계하겠습니까? 율문에 의해 결단하소서."

이덕량의 목을 베라는 주청이었다. 처지가 곤란해진 예종이 대비의 청탁을 받았음을 고백했다.

"이덕량을 내가 법에 따라 죄를 결단하고자 하나, 대비께서 족친(族

親)이라 하여 특별히 용서하여 면제하라고 하시니, 내가 어찌 감히 따르지 않겠는가?"

자신은 이덕량을 법에 따라 목을 베고 싶지만 정희왕후의 청이 있어 어쩔 수 없이 고신만을 거둔다는 것이었다. 정희왕후로서는 아녀자가 정사에 간여한다는 비난을 살 수밖에 없었다. 이런 이덕량에 대해 현재의 《민족문화대백과사전》은 "지방관으로서 부임하는 곳마다 치적이 있었고 청렴했다 한다"라고 칭찬하고 있다. 억울하게 어머니를 잃은 소서시와 대비가 무덤에서 벌떡 일어날 일이 아닐 수 없다.

정희왕후 윤씨는 대부분의 공신들이 그랬던 것처럼 공사 구분이 없었다. 예종 1년 2월에는 정희왕후의 이모의 남편인 경주 부윤 이염의(李念義)가 중앙 관직인 경직으로 바꾸어달라는 서신을 정희왕후에게 보냈다. 대비의 요청을 받은 예종은 이염의를 중앙 관직으로 바꾸어줄 수밖에 없었다.

같은 해 윤2월에는 정희왕후가 이중량(李仲良)을 살려달라고 요청했다. 이중량은 임금을 속인 죄로 사형에 해당했다. 대비의 요청을 받은 예종은 다시 물러설 수밖에 없었다.

"이중령의 죄는 죽여야 마땅하나, 태비께서 죽이지 말도록 명하였으니, 곤장 100대를 때려서 제주 관노로 붙이는 것이 좋겠다."

3월에는 예종이 연좌 죄인 조충손(趙衷孫)을 풀어주고 고신을 돌려주라고 명하자 사헌부에서 반대했다. 이때도 예종은 또 대비의 청탁을 받았음을 시인했다.

"조충손은 태비의 친족이라 태비께서 일찍이 사면하기를 청하므로 이미 그 뜻을 따랐다."

이런 일이 벌어질 때마다 예종은 꼬박꼬박 정희왕후의 청이 있었음을 신하들에게 밝혔다. 그때마다 대비는 부당하게 정사에 관여한다는 비난을 샀다. 대비로서는 공개적으로 망신을 당하는 셈이었다. 세조도 자신이 부탁하면 두말 안 하고 들어주었는데 아들인 예종은 꼬박꼬박 청탁을 받았다고 밝혔다. 대비는 자신이 살아 있을 때도 이런데 만약 자신이 세상을 떠나면 아들에 의해서 친정이 몰락할지도 모른다고 생각했다. 공신들도 마찬가지였다. 자신들이 세상을 떠나면 집안이 주륙 나는 것은 불에 보듯 훤하다고 생각했다. 대비와 공신들은 기득권 보호를 위해 비상수단을 구상했다.

갑자기 세상을 떠난 개혁 군주 예종

예종은 분경 금지, 대납 금지 등으로 공신들의 특권을 해체시키는 한편 백성들의 고초를 덜어주기 위해서 진력을 다했다. 예종이 분경을 금지시키라고 보낸 사헌부의 서리와 조례가 정인지의 가동과 몸싸움을 벌인 날짜가 재위 1년(1469) 11월 4일이었다. 다음 날 예종은 "금년 겨울이 아주 추우니 가벼운 죄인은 석방하는 것이 어떠한가?"라면서 의금부와 형조에 전지를 내려 11월 5일 새벽을 기준으로 중대 범죄 이외의 죄수는 석방하라고 지시했다. 예종은 공신들의 특권 해체는 백성들의 생활 안정으로 이어져야 의미가 있다는 사실을 잘 알고 있었다.

예종이 즉위 초기부터 공신들을 개혁 대상으로 삼자 공신들은 분개했으나 반발할 명분이 없었다. 백성들은 즉위 초부터 시작된 분경 금지, 대납 금지, 공신 특권 제한에 크게 환호하고 큰 기대를 품었다. 그러나 이런 기대는 곧 우려로 바뀌었다. 예종이 갑자기 병에 걸렸기 때문이다. 《예종실록》에 국왕의 병명이 처음 등장하는 날은 예종 1년 11월 18일이다.

"내가 족질(足疾) 때문에 오랫동안 정사를 보지 못하였는데, 지체된 일이 없느냐? 내가 무사는 활쏘기를 시험하고, 문사는 문예(文藝)를 시험하려고 하는데, 한나라와 당나라 이래의 고사를 가지고 책문(策文)하려고 한다. 경 등은 어떻게 생각하느냐?"

예종의 병은 발에 종기가 생긴 족질이었다. 예종은 물론 그 누구도 죽을병이라고 생각하지 않았다. 예종은 자신이 '오랫동안 정사를 보지 못했다'고 말했지만 이틀 전(16일)에는 후원에서 입직한 군사들을 직접 열병했다. 사흘 전(15일)에는 전라·경상·충청도의 관찰사와 절도사 등에게 어찰(御札)을 내려 명령했다.

"근자에 무뢰배들이 휘파람을 불며 산야에 모여 사람과 가축을 살해하고 부도한 일을 자행한다. 빨리 계책을 내어 체포해 보고하라."

예종이 족질이 있다고 말한 날 고양의 정병(正兵) 윤계종(尹繼宗)이 백악산에 올라가 통곡하면서 기를 휘둘렀다. 정병이란 양인 출신으로 2개월씩 서울에 올라와 도성을 지키는 병사를 말한다. 예종이 불러서 묻자 윤계종이 답했다.

"자신이 도성을 지키러 올라온 사이 같은 고을 사람 김흥(金興)이 자신의 집에 찾아와 빚을 받아 간다면서 가산을 빼앗아 갔는데, 형조와 사헌부에 그 부당함을 고소했지만 들어주지 않습니다."

예종이 사헌부와 형조의 관리를 불러 물었다.

"윤계종이 번상(番上: 번갈아 서울에 와서 도성을 지키는 것) 때문에 사는 곳의 관청에 고소할 수 없어서 법사(法司: 형조·사헌부 등)에 고소했는데 처리하지 않은 이유가 무엇이냐?"

"김흥은 고양에 사는 백성이어서 잡아다가 묻기 어려워서 처리하지 못했습니다."

"비록 잡아다가 묻지는 못할지라도 마땅히 본도에 이문(移文)하여 처리해야 할 것 아닌가?"

예종은 사헌부에 명해서 고양이 속한 경기도에 이문해서 김흥을 국문하게 하였다. 이처럼 예종은 관노 한 사람, 백성 한 사람의 억울한 사정을 그냥 넘기지 않는 군주였다. 예종은 백성들에게 억울한 일이 발생하지 않으려면 특권층인 공신 집단을 해체해야 한다는 사실을 잘 아는 군주이기도 했다. 그래서 공신 집단 해체와 백성 생활 안정이 예종의 정책 목표였다.

족질로 정사를 오래 보지 못했다고 말한 다음 날(19일) 예종은 교태전으로 돌아왔고, 20일에는 기인(其人) 제도에 대해서 한명회·신숙주와 의견을 나누었다. 기인 제도는 지방 호족의 자제들을 중앙에 인질로 두는 제도였다. 21일에는 도승지 권감이 속미면(粟未麪)을 올리자 음식을 내려주었고, 22일에는 간부(奸婦)와 짜고 본 남편을 죽인 정금(鄭金)의 사형을 승인했다. 24일에는 호조에서 경기도 양주 고을의 미곡을 채워달라고 청하자 그대로 따랐고, 25일에는 예조에서 누각(漏

刻: 물시계)을 제조해 관상감에 내려달라고 청하자 그대로 따랐다. 이처럼 예종은 정사를 놓은 적이 없음에도 18일자에는 '오랫동안 정사를 보지 못했다'는 기록이 등장하는 것이다. 신숙주·한명회·최항 등의 공신들이 편찬한《예종실록》의 수수께끼라고 하지 않을 수 없다.

11월 26일자에 비로소 예종의 와병에 대한 기사가 등장한다.

"임금이 불예(不豫: 임금의 병환을 뜻하는 말)하니 새벽에 서평군 한계희와 좌참찬 임원준 등을 불러 입시하게 했다."

한계희와 임원준은 의학에 정통한 문신이었다. 이날에야 비로소 예종이 아픈 줄 알았다는 듯 백관들과 정희왕후의 족친들이 문안하는 등 분주하게 움직였다. 다음 날인 27일 예종은 여진족 우두머리들의 분쟁 사건을 처리했다. 귀화한 여진족 낭장가로(浪將家老)가 다른 여진족 마금파로(馬金波老)를 접대할 음식을 적게 준비했다는 이유로 예조정랑 신숙정(申叔楨)을 구타하는 사건이 발생한 것이다. 예종은 "북평관(北平館) 동구(洞口)에서 낭장가로를 기다렸다가 체포해 가두되 마금파로에게는 이 사실을 알지 못하게 하라"고 구체적인 명을 내렸다. 비록 같은 날짜에 "임금이 불예하므로 승지 등이 모여서 직숙하겠다고 하자 그대로 따랐다"는 기사가 있지만 위독한 상태의 사람이 내릴 수 있는 명령은 아니었다.

그리고 그다음 날(28일) 예종은 갑자기 세상을 떠났다. 이 날짜《예종실록》기사는 조정에서 임금이 죽을 것을 예견하고 그 대책을 미리 준비하고 있었던 것처럼 읽힌다. 이를 순서대로 정리하면 다음과 같다.

① 임금의 병이 위급하므로, 한계순과 정효상을 내불당에 보내 기도하게

하다

② 승지 및 증경(曾經: 전직) 정승과 의정부·육조의 당상이 문안하다

③ 죄인을 사면하고 여러 도의 명산대천에 기도하다

④ 진시(辰時: 오전 7~9시)에 임금이 자미당에서 훙(薨)하다

⑤ 승정원에서 장례의 모든 일에 우리나라에서 구하기 쉬운 물품을 쓰게
하다

⑥ 권감이 여러 재상과 의논해 당일에 (신왕이) 즉위하고 교서를 반포할
것을 의논하다

⑦ 미시(未時: 오후 1~3시)에 거애(擧哀: 곡읍하는 예)하다

⑧ 신시(申時: 오후 3~5시)에 임금(성종)이 면복을 입고 근정문에서 즉위
하고 교서를 반포하다(《예종실록》 1년 11월 28일)

예종이 급서했으므로 조정은 발칵 뒤집혀야 했다. 더구나 예종의
아들인 이현(李琄: 제안대군)은 만 세 살의 어린 나이였으므로 더욱 경황
이 없어야 했다. 그러나 조정은 마치 이런 경우에 대비해 미리 짠 일
정표가 있는 것처럼 한 치의 착오도 없이 움직였다. 가장 주목할 만한
일은 당일로 자을산군(성종)을 즉위시켰다는 점이다.

⑥번 기사는 도승지 권감이 나서서 이렇게 주장한 내용을 요약한
것이다.

"대저 제복(除服: 상사의 기일이 지나 상복을 벗는 것)하고 널(柩: 구) 앞에서
즉위하는 것이 전례지만 지금은 이런 전례를 따를 수 없으니 마땅히
당일 즉위하고 교서를 반포하여 백성에게 알리는 것이 좋겠습니다."

젊은 왕이 갑자기 세상을 떠났는데 도승지가 당일로 후사 왕이 즉

위해야 한다고 주장했던 것이다. 문종은 세종 승하 엿새 후에 즉위했고, 단종도 문종 승하 나흘 후에 즉위했다. 문종과 단종은 이미 세자였음에도 즉위까지 여러 날 걸렸는데 예종에게는 책봉한 세자도 없었고, 제안대군은 너무 어렸다.

《예종실록》은 예종 사망일 새벽 승정원에 여덟 명의 원상이 모여 있었다고 전하고 있다. '신숙주·한명회·구치관·최항·홍윤성·조석문·윤자운·김국광'이 그들이다. 이들이 사정전으로 가자 미리 짠 듯 승전(承傳: 왕명을 전함) 환관 안중경이 예종 사망 사실을 알렸다. 청천벽력 같은 소식을 들은 신숙주는 태연하게 도승지 권감에게 일렀다.

"국가의 큰일이 이에 이르렀으니, 주상(主喪)은 불가불 일찍 결정하여야 한다."

주상(主喪)이란 국상의 주관자로서 곧 차기 임금을 말하는 것이었다. 신숙주의 지시를 받은 권감이 세조의 사위인 하성군 정현조를 통해 세조의 부인인 태비 윤씨에게 아뢰었다.

"청컨대 주상자를 정해서 나라의 근본을 굳게 하소서. 이것은 큰일이므로 중사(中使: 환관)를 시켜 전달할 수 없으니, 친히 아뢰게 하소서."

예종의 아들 이현은 아직 세자로 책봉도 받지 못한 상황이었다. 예종의 후사 결정권은 태비 윤씨에게 있었다. 그런데 이런 명령을 환관들이 전할 수는 없으니 정현조를 통해 원상들의 뜻을 전하겠다는 것이었다. 느닷없이 정인지의 아들이 등장해 원상들의 의견을 대비에게 전하고 명을 받는 승지나 환관의 역할을 하는 것이었다.

정희왕후가 원상들에게 "누가 주상자로서 좋겠느냐?"고 묻자 원상들은 정희왕후에게 공을 넘겼다. 정상적인 상황이라면 예종의 장자인 제안대군이나 세조의 장손인 월산군 중 한 명이 후사가 되어야 했다. 만 세 살의 제안대군이 불가하다면 만 열다섯 월산군이 되어야 했다.

그러나 정희왕후는 뜻밖에도 월산군의 동생 자을산군을 거명했다.

"자을산군을 주상으로 삼는 것이 어떠한가?"

당연히 큰 술렁임이 일어야 하는데 원상들은 모두 예견하고 있었다는 듯이 일제히 답했다.

"진실로 마땅합니다(允當)."

후속 조치를 논의할 때 신숙주는 대비 정희왕후에게 의문의 주청을 올렸다.

"외간(外間)은 보고 듣는 것(視聽)이 번거로우니, 사정전 뒤뜰로 나가서 일을 의논하고자 합니다."

사정전에서 보고 들을 사람은 승지나 사관밖에는 없었으니 이는 기록으로 남으면 안 되는 의논이란 뜻이었다. 이 날짜 《성종실록》은 "위사(衛士)를 보내어 자을산군을 맞이하려고 했는데, 미처 아뢰기 전에 자을산군이 이미 부름을 받고서 대궐 안에 들어왔다"(《성종실록》 즉위년 11월 28일)고 전하고 있다. 정희왕후와 공신 세력 사이에 사전 조율이 있었다는 뜻이다. 정희왕후와 공신들은 한명회의 사위 자을산군을 세우기로 미리 합의했던 것이다.

의문은 계속된다. 이틀 후인 성종 즉위년(1469) 12월 1일 신숙주·한명회·홍윤성 등 9명의 원상과 승지 등은 염습을 마친 후 빈청에서 대왕대비에게 이렇게 말했다.

"어제 염습할 때 대행왕(大行王: 예종)의 옥체가 이미 변색된 것을 보았습니다. 훙서(薨逝: 국왕의 죽음)한 지 겨우 이틀인데도 이와 같은 것은

반드시 병환이 오래되었는데도 외인(外人)은 미처 알지 못했던 것입니다."(《성종실록》 즉위년 12월 1일)

어의를 처벌해야 한다는 주청이었다. 시신의 변색은 약물 중독 때 생기는 현상임에도 정희왕후는 어의 권찬(權攢) 등을 옹호하고 나섰다. 원상들의 어의 처벌 주청도 형식에 불과해서 정희왕후가 한 번 거절하자 다시는 어의 처벌을 주청하지 않았다. 그러나 사헌부에서 계속 어의 권찬 등의 처벌을 요청했다. 정희왕후는 모든 책임을 죽은 예종에게 돌렸다.

"대행왕이 일찍이 발병을 앓고 있어서 의원이 뜸질로써 치료하기 위해 '두 발을 함께 뜸질을 해야 합니다'라고 했으나 대행왕은 '병나지 않은 발까지 함께 뜸질할 필요가 있겠는가?'라고 말했다. 의원이 또 약을 드시라고 청했으나 대행왕이 군이 거절한 것이니 권찬 등은 실상 죄가 없다."(《성종실록》 즉위년 12월 3일)

정희왕후의 말대로라면 예종은 병나지 않은 발에 뜸 뜨는 것을 거절했다가 죽은 셈이었다. 사헌부에서 거듭해서 처벌을 요청했으나 정희왕후는 묵살했다. 게다가 불과 두 달 후인 성종 1년(1470) 2월 7일 권찬을 가선대부 현복군(玄福君)으로 승진시켰다. 이때는 성종이 미성년이라는 이유로 정희왕후가 원상들과 상의해 정사를 처리하던 섭정 때였다. 권찬의 파격 승진은 예종 급서의 배후를 말해주는 것이나 마찬가지였다.

세조로부터 거대 공신 집단이란 부채를 물려받은 예종은 조선을 정상적인 왕조 국가로 돌려놓기 위해 진력을 다했다. 그는 쿠데타로 탄생한 세조 정권의 어두운 면을 극복하고 조선을 정상 왕조로 회복시킬 수 있는 적임자였다. 그는 즉위 초부터 분경 금지, 대납 금지, 면책 특권 제한 등 공신들을 겨냥한 각종 개혁 조치를 쏟아냈다. 공신들의 불법·전횡에 시달리던 백성들은 신왕의 개혁 정치에 환호를 보냈다. 그러나 예종은 국왕 자리를 무소불위의 권력을 행사할 수 있는 자리로 여겼다. 세조의 즉위는 왕권을 근본적으로 약화시켰다. 왕권은 공신들과 나눌 수밖에 없는 체제였다. 게다가 예종은 남이의 옥사로 큰 우군이 될 수 있는 신공신 세력을 몰락시켰다. 다시 독점 체제를 구축한 구공신 세력에게 열아홉 젊은 군주는 상대가 아니었다. 현실은 공신들의 것이지 국왕의 것이 아니었다. 예종이 재위 1년 2개월 만에 열아홉의 젊은 나이로 급서하고, 조선은 언제 예종 같은 개혁 군주가 존재했었느냐는 듯 다시 공신들의 나라로 돌아갔다. 공신들은 다시 자신들의 세상이 왔다고 믿어 의심치 않았다. 후사인 성종은 겨우 만 열두 살의 어린 임금이니 공신들이 그렇게 생각하는 것도 무리는 아니었다. 게다가 왕이 될 수 없는 자을산군을 임금으로 만든 세력은 공신들이었다. 공신들은 어린 성종은 자신들의 이익을 국법의 이름으로 관철하는 허수아비 임금이 될 것으로 생각했다. 그러나 어린 성종은 그리 만만한 아이가 아니었다.

3부

—

성종, 공신과 사림 사이의 줄타기

성종의 무덤인 선릉

성종에게는 훈구와 사림의 역학 관계를 왕권 강화에 이용할 수 있는 뛰어난 정치력이 있었다. 하지만
여성 문제로 인해 비극의 씨앗을 가진 세자 연산군을 남기고 세상을 떠났다.

하늘에서 떨어진 왕위

정희왕후와 공신들의 결탁

예종이 재위 1년 2개월만인 1469년 11월 28일 진시(辰時: 오전 7시~9시)에 사망하리라고 예상한 사람은 아무도 없었다. 하루 전날에도 정상적인 사람처럼 국정을 처리했기 때문이다. 이날 조선에 귀화한 여진족 우두머리 낭장가로가 다른 여진족 마금파로를 접대할 음식을 적게 준비했다는 이유로 예조정랑 신숙정을 구타했다. 예조 겸 판서 신숙주와 예조참의 김영유(金永濡)는 "낭장가로를 의금부에 가두고 국문하는 것이 어떻습니까?"라고 물었고, 도승지 권감도 곤장을 쳐야 한다고 주청했다. 예종은 곤장은 치지 말고 "다만 의금부에서 나포하여 가두어두라"고 명했다. 어느 모로 보나 내일 죽을 정도로 병이 위중한 사람의 일처리라고 볼 수는 없었다. 그런데 바로 다음 날 진시에 승하한 것이다.

그 날짜 《예종실록》은 예종의 승하 사실이 공표되기 전에 "신숙주·한명회·구치관·최항·조석문과 영의정 홍윤성, 좌의정 윤자운, 우의정 김국광 등이 승정원에 모였다"고 전하고 있다. 좌의정 윤자운을 제외하고는 모두 원상들이었다. 원상이란 세조 13년(1467)에 백옹(白顒) 등의 명나라 사신이 오자 신숙주·한명회·구치관 등의 공신들에게 승정원에 나가 업무를 보게 한 것이 시초인데, 나중에 아홉 명으로 늘어났다. 공신들에게 승지의 업무까지 겸하게 한 것으로 사실상 왕권이 임금과 원상의 둘로 나뉜 것이었다. 이들이 승정원에 모이기 전에 《예종실록》은 "승지 및 전·현직 정승과 의정부·육조의 당상관이 (예종에게) 문안했다"고 전하고 있다. 조금 전에는 많은 신하들이 예종에게 문안했는데, 이들 중 여덟 명만 선별적으로 승정원에 모인 것이었다. 여덟 명만을 모은 주체가 따로 있음을 말해주는 것이다. 내시가 이들을 사정전으로 안내한 직후 임금의 명을 전하는 승전 환관 안중경이 울면서 충격적인 소식을 전했다.

"성상께서 훙(薨)하셨습니다."

《예종실록》은 이 소식을 듣고 "모든 재상들도 실성(失聲)하며 통곡하였다"라고 말하고 있지만 이후 진행되는 일처리는 실성하고 통곡한 사람들의 행위가 아니었다. 신숙주는 곧바로 도승지 권감에게 다음에 할 일을 지시했다.

"국가의 큰일이 이에 이르렀으니, 주상(主喪)은 불가불 일찍 결정해야 한다."

국상을 주관하는 주상이 곧 차기 임금이었다. 어제까지 국사를 처리하던 임금이 갑자기 세상을 떠났다는데 그 경위를 묻거나 의혹을 제기하기는커녕 '빨리 차기 임금을 결정해야 한다'는 일의 순서를 제시한 것이다.

차기 국왕 결정권은 세조 비 정희왕후 윤씨가 갖고 있었다. 《예종실록》은 이때 정희왕후의 사위 "정현조가 들어가 직접 아뢴 다음 서너 번 왕복하면서 출납(出納)했다"고 전하고 있다. 정인지의 아들 정현조가 태비 윤씨와 여덟 명의 대신들 사이의 의견 조절 창구 역할을 했다는 뜻이다. 누가 차기 임금이 되어야 하는가에 대한 의견 조정이었다. 의견 조정이 끝난 후 태비 정희왕후 윤씨가 강녕전 동북쪽 편방(便房)으로 행차했다. 태비는 신숙주 등의 원상들과 도승지 권감을 불러오라고 명했다. 대신들이 들어오자 태비는 한동안 눈물을 흘렸다. 조금 지나서 신숙주가 입을 열었다.

"신 등은 밖에서 다만 성상의 옥체가 미령(未寧: 편안치 않음)하다고 들었을 뿐이고, 이에 이를 줄은 생각도 못했습니다."

정희왕후도 마찬가지였다.

"주상이 앓을 때에도 매일 내게 조근(朝覲: 아침 문안)하였으므로, 내가 '병이 중하면 어찌 이렇게 하겠느냐?'라고 생각했다."

예종의 죽음이 뜻밖이란 말이었다. 그러나 뜻밖의 죽음에 이 자리에 있는 대신들 아무도 놀라지 않았다. 정희왕후가 사위 정현조와 도승지 권감을 시켜 대신들에게 물었다.

"누가 주상자(主喪者)로서 좋겠느냐?"

정희왕후나 공신들이나 이미 관심사는 예종의 후사였다.

"신 등이 감히 의논해서 추천할 바가 아니니, 원컨대 전교를 듣고자 합니다."

공신들은 정희왕후에게 차기 임금 선정권을 미뤘다. 정희왕후는 사위 정현조를 통해 차기 국왕을 발표했다.

"이제 원자가 바야흐로 어리고, 또 월산군은 어려서부터 병에 걸렸다. 자을산군(자산군)이 비록 어리기는 하나 세조께서 일찍이 그 기국과 도량을 칭찬하여 태조에 비했으니 그를 주상(主喪)으로 삼는 것이 어떠한가?"

원래는 예종의 장자인 원자 제안대군이나 세조의 장손 월산군이 후사가 되어야 했다. 세 살짜리 제안대군이 불가하다면 고(故) 의경세자의 장남이자 세조의 장손인 열다섯의 월산군이 되어야 했다. 그러나 예종의 장남도 세조의 장손도 아닌 열두 살짜리 자을산군이 지명된 것이었다. 정상적인 상황이라면 큰 소동이 벌어져야 했다. 대신들은 이구동성으로 맞장구쳤다.

"진실로 마땅합니다(允當)."

이는 사위 정현조가 대비와 대신들 사이를 왔다 갔다 하면서 조정한 사안을 발표한 것에 불과했다. 신숙주가 의외의 주청을 했다.

"외간(外間)에서 보고 듣는 것이 번거로우니, 사정전 뒤뜰로 나가서 일을 의논하고자 합니다."

이 자리를 보고 듣는 외간 인물은 승지와 사관밖에 없었다. 곧 승지와 사관을 피해 대화를 나누겠다는 뜻이었다.

정희왕후는 월산군이 어려서부터 병에 걸렸다고 말했지만 이것도 사실이 아니었다. 세조 10년(1464) 월산군은 세조와 사장(射場)에 가서 활을 쏜 기록이 있고, 세조 12년(1466)에도 세자였던 예종과 동교에서 사냥한 기록이 있다. 세조가 자을산군을 더 사랑했다는 말도 마찬가지다. 세조는 장손 월산군의 혼인 행차 때는 사복시(司僕寺) 담 밑에 높은 비루(飛樓)를 만들어 정희왕후와 함께 구경했으나 자을산군의 혼인 때는 그러지 않았다. 세조가 자을산군을 태조와 비교했다는 말도《세조실록》에는 나오지 않다가 100년 정도 후대의 인물인 차천로(車天輅)의 《오산설림초고(五山說林草藁)》 등에 나오는 말들이다. 곧 나중에 만들어진 일화일 가능성이 높은 것이다.

의경세자의 장남 월산군과 차남 자을산군의 운명을 가른 것은 장인들이었다. 월산군의 장인 박중선은 이시애의 봉기를 진압한 신공신인 적개 1등공신 출신이었다. 한명회·신숙주·정인지 등을 주축으로 하는 구공신과 갈등 관계였다. 구공신은 신공신 출신의 사위를 왕으로 삼을 생각이 없었다. 신숙주가 사관의 눈을 피해 뒤뜰에 나가 후속 대책을 논의했던 것 자체가 무리한 후사 책봉임을 말해준다. 후속 대책은 무엇이었을까? 도승지 권감은 대신들과 의논한 후 정희왕후에게 계달했다.

"당일 즉위하고 교서를 반포하여 백성에게 알리는 것이 좋겠습니다."

국왕이 죽은 바로 그날 즉위식까지 치르자는 것이다. 이는 어제까지 정사를 보던 선왕에 대한 예의가 아닐 뿐 아니라 관례에도 어긋나는 일이었다. 문종은 세종 사후 엿새 후 즉위했고, 단종은 문종 사후 나흘 후 즉위했다. 그러나 어제까지 국사를 관장하던 임금이 오늘 아침 갑자기 세상을 떠났는데 오늘 중으로 새 왕의 즉위식까지 치러야 한다는 것이었다. 이것이 사관의 눈을 피해 결정한 후속 조치의 핵심이었다. 성종의 즉위를 기정사실로 만들어놓아야 했을 만큼 다급했던 것이다.

국왕의 즉위식은 간단한 절차가 아니었다. 뜻밖에 급서한 예종의 장례식 준비만 해도 조정은 날벼락 맞은 것처럼 경황이 없어야 했다. 그러나 승정원에 모인 대신들은 이 모든 일이 일어날 줄 미리 알았다는 듯이 태연하게 후속 절차를 진행했다. 그러나 자을산군을 모셔 오는 과정에서 착오가 생겼다.《성종실록》즉위년 11월 28일자는 이렇게 말하고 있다.

"위사(衛士)를 보내어 자산군을 맞이하려고 했는데, 미처 아뢰기 전에 자산군이 이미 부름을 받고서 대궐 안에 들어왔다."

조정에서 국왕으로 결정되었음을 통보하기도 전에 자을산군 이혈(李娎)은 자신이 국왕으로 결정되었다는 사실을 미리 알고 있었다는 뜻이다. 궁중 세력의 대표인 정희왕후와 공신 세력의 대표인 한명회·신숙주·정인지 등 사이의 사전 합의가 아니라면 있을 수 없는 일이었다. 구공신들은 예종이 죽을 줄 알고 미리 있었다는 듯 당일 아침 승정원에 모였고, 예종 승하 소식이 전해지자 미리 알고 있었다는 듯이 정희왕후와 새 국왕 선정에 대해서 의논하고 당일 새 국왕의 즉위식까지 치러야 한다고 결정했다. 얼마 전만 해도 국왕이 될 줄 꿈에도 몰랐던 자을산군 이혈은 예종 사망 당일 신시(申時: 오후 3~5시)에 면복을 입고 근정문에서 즉위하고 교서를 반포했다. 이렇게 성종 시대가 문을 열었다.

커지는 예종 의문사 논란

자을산군의 즉위는 마치 예정에 있던 것처럼 후속 조치들이 착착 진행되었다. 성종 즉위 당일인 1469년 12월 8일 정희왕후 윤씨는 원상들을 영경연(領經筵)으로 겸임시켰다. 경연이란 국왕이 정사와 학문에 밝은 신하들과 함께 정사와 학문에 대해서 토론하는 제도였다. 다음 날 신숙주는 경연의 세부 지침서인 〈경연 사목(事目)〉을 만들어 아뢰었다. 아침에 하는 경연이 조강(朝講)이고, 낮에 하는 경연이 주강(晝講)인데 이를 매일 해야 한다는 것이었다. 국왕이 된 이후에 본격적인 국왕 수업이 시작된 것이다.

먼저 《논어》를 진강하기로 결정했다. 조강에서 경연관들이 그날 배울 구절을 세 번씩 읽고, 세 번씩 해석하고 난 후에 성종이 각각 한 번씩 읽고 풀이하는 것으로 정해졌다. 주강에는 성종이 아침에 배운 구절을 한 번씩 읽고 외워야 했다. 그런데 조강에는 경연관뿐만 아니라 원상 두 명이 참석해서 성종의 공부 상태를 점검하기로 했다. 원상들이 성종을 교육시키겠다는 것이다. 그런데 3개월 후에 치르는 졸곡까지는 임금이 각종 제사에 참석해야 할 일이 많았는데, 경연에 참석하는 인원도 너무 많았다. 정희왕후 윤씨가 이 문제를 제기하자 원상들이 의논해서 조강에는 대간(臺諫) 1인씩과 경연의 실무를 담당하는 경연 낭청(郎廳) 1인씩을 줄이자고 제안했다. 원상들의 숫자는 줄이지 않는 대신 대간과 경연관의 숫자를 줄이자는 것이다. 주객이 전도된 조치였다. 정희왕후는 원상들의 제의에 동의했지만 사헌부와 사간원에서 문제를 제기했다.

"줄곧 전에는 임금께서 정사를 보지 않으니 대간이 나아가 뵐 수가 없습니다. 지금 경연에서도 입시가 불허된다면 비록 진언(進言)하려고 해도 할 수 없으니 입시하기를 청합니다."

대간은 정사의 잘잘못에 대해서 논쟁하고 백관을 탄핵할 수 있는 권한이 있었다. 원상들은 경연 때 대간들이 정사에 대해서 문제를 제기하는 것을 봉쇄하기 위해서 경연 참석을 중지시키려고 한 것인데, 대간들의 문제 제기로 무산되고 말았다.

성종은 대간의 역할이 중요하다는 사실을 직감했다. 대간들이 원상들을 견제할 수 있다는 사실을 간파한 것이었다. 왕이 될 수 없었던 자을산군이 왕이 된 것은 자을산군에게도 양면성이 있었다. 자신을 왕으로 만들어준 대비와 공신들이 준 엄청난 선물은 곧 막대한 부채였다.

대비와 원상들은 자을산군의 즉위 다음 날 대행왕(大行王: 예종)의 아들인 제안대군의 호칭을 원자에서 왕자로 격하시켰다. 왕조 국가에서 원자는 차기 왕위 계승자였다. 나이를 조금 더 먹으면 세자가 되고 임금이 세상을 떠나면 즉위하는 신분이었다. 원자에서 왕자로 격하된 것은 제안대군에게 왕위에 오를 기회가 사라졌음을 의미하는 것이었다. 제안대군의 자리를 자을산군이 차지했다.

자을산군의 즉위는 예종 급서의 결과였다. 젊은 군주의 급서는 여러 모로 의혹을 낳을 수밖에 없었다. 예종 급서 사흘 후인 12월 1일 원상 신숙주·한명회·구치관·최항·홍윤성·김질 등과 승지 등이 빈청에서 대왕대비에게 문제를 제기했다. 예종의 급서에 의문이 있다는 것이었다.

"어제 염습(斂襲: 시신을 씻기고 수의를 갈아입히고 염포로 묶는 일)할 때 대행왕의 옥체가 이미 변색이 된 것을 보았는데, 훙서(薨逝)한 지 겨우 2일인데도 이와 같았다는 것은 반드시 병환이 오래되었는데도 바깥사람들은 미처 알지 못했기 때문입니다. 만약 이를 알았다면 약을 쓰고 기도하는 일 등의 일에 신 등이 마땅히 마음과 힘을 다했을 것입니다. 이렇게 하고도 대고(大故: 임금이 세상을 뜸)에 이르렀다면 할 수 없지만 지금은 그렇게 하지 못했으니 신자(臣子)들의 통한을 어찌 말로 다할 수 있겠습니까? 공자는 허(許)나라 세자 지(止)가 약을 맛보지 않았다 해서, 어버이를 시해한 죄에 해당시켰습니다."(《성종실록》 즉위년 12월 1일)

예종이 세상을 떠난 지 이틀밖에 되지 않았는데 시신이 변색되었다는 것이다. 시신 변색은 약물 중독사의 경우 생기는 전형적인 증상이었다. 음력 11월 말은 1년 중 가장 추운 달이기 때문에 정상적인 상황이라면 시신이 변색될 수 없었다.

허나라 세자 지는 춘추 때 허나라 군주였던 도공(悼公: ?~서기전 523년)의 세자였다. 도공은 재위 24년(서기전 523) 학질에 걸렸는데 아들인 태자 지가 올린 약을 마시고 세상을 떠났고, 지는 진(晉)나라로 도주해 자책했다. 공자는 《춘추》〈소공(昭公)〉 편에서 "허나라 세자 지가 그 군주 매(買)를 시해했다"라고 비판했다. 허지가 부왕을 살해하기 위해서 약을 올렸다는 증거가 없는 이상 이를 부왕을 시해했다고 비판한 것은 논란의 여지가 있었지만, 임금의 와병 때 최선을 다하지 않은 사실을 시해로 간주한 것이었다.

원상들이 예종의 죽음에 의문을 제기한 것은 무슨 까닭일까? 먼저 국왕의 염습은 원상들뿐만 아니라 어의와 승지는 물론 왕실의 내외척들도 다수 참석해서 보기 때문에 옥체의 변색을 무작정 무시한 채 넘길 수만은 없었을 것이다. 또한 자신들은 예종의 급서에 책임이 없다는 면피용 문제 제기이기도 했다. 예종이 공신 집단을 해체시키려 칼을 휘두르는 와중에 갑자기 세상을 떠난 데 대해 세간의 의혹이 증폭되고 있었다. 만약 예종이 독살되었다면 그 혐의는 자연스레 공신 집단에게 갈 수밖에 없었다.

다른 한편으로는 새 왕에 대한 경고일 수도 있었다. 어제까지 멀쩡하던 군주가 갑자기 목숨을 잃을 수 있다는 경고였다. 원상들은 예종을 치료한 의원들에게 책임을 돌렸다.

"또 군주께 올리는 약을 잘못 제조한 것도 중한 형벌에 처하게 됩니다. 세조 때 정승 강맹경이 병들어 죽었는데 의원이 이를 치료하지 못했다고 처벌받았습니다. 신자(臣子)도 오히려 이렇게 하는데 하물며 군부(君父)이겠습니까? 또 군상(君上)의 병세는 바깥사람은 비록 알지 못하였더라도, 대비전은 알지 못할 수 없는데 아뢰지 않은 것이 옳겠습니까?"

원상들은 대비도 예종이 급서할 줄 몰랐다는 것이다. 자신들도 몰랐고 대비도 몰랐다는 것이다. 원상들은 신하 강맹경이 죽었을 때도 의사들이 처벌받았으니 이번에도 의사들을 처벌하는 것으로 사태를 수습하자는 것이었다.

"내의(內醫)와 내시를 국문하여 이를 처벌하소서."

정희왕후 윤씨의 생각은 달랐다.

"대행왕이 일찍이 발병(足病: 족병)을 앓았는데, 병을 앓는 동안에도 반드시 내게 날마다 세 번씩 조회했고, 병이 일어나면 사람을 시켜 문안하기를 그치지 않았다. 내가 어찌 이렇게 될 줄 생각했겠는가? 세조께서 일찍이, '작은 질병은 바깥사람이 알게 하면 안 된다'고 말씀하셨기에 작은 질병은 바깥사람들이 알지 못하게 한 것이 여러 번이었다."

겨우 발병을 앓던 젊은 아들이, 그것도 한 나라의 임금이었던 아들이 갑자기 세상을 떠났다면 정희왕후 윤씨는 거의 실성해야 했다. 그러나 윤씨는 너무도 태연했다.

"또 대행왕은 단지 술을 들었고 음식을 들지 않았으므로 앞의 몇십 일 사이에 내가 병이 발생했다는 말을 듣고도 대단치 않은 병이라 여겼는데, 어찌 갑자기 대고(大故)에 이르게 될 줄 생각했겠는가? 더구나 내의 등도 또한 일찍이 병세를 내게 아뢰었으니, 어찌 처벌할 수가 있겠는가?"

정희왕후 윤씨 말대로 대단치 않은 병이라 여겼는데 갑자기 세상을 떠났다면 당연히 그 진상을 조사해야 했다. 그러나 윤씨는 예종의 사인을 밝히고 싶은 생각이 없었다. 신숙주·한명회 등의 원상들은 다시 어의의 처벌을 요구했다.

"세조께서는 의술에 능통하여 약을 쓸 때 의원이 필요 없었는데도 병환이 위독할 때에는 대신에게 들어와 숙직하게 했으니 뜻한 바가 있었기 때문입니다. 권찬 등이 내전에 입시할 때 대행왕의 병세가 위독한 것을 알았으면 마땅히 대비전에 알리고, 또 신 등에게도 알게 해서 경험 있는 노의(老醫)에게 입시하게 했다면 치료한 효과가 있었을 것인데, 그러지 않았으니, 권찬 등의 죄는 다스리지 않을 수가 없습니다."

예종의 병은 권찬과 김상진(金尙珍)이 담당했는데, 실제 치료를 주도한 어의는 권찬이었다. 권찬은 세조가 총애하던 후궁 윤 소훈의 오촌숙(五寸叔)인데 의술에 능하다는 이유로 세조 12년(1466) 사헌부 감찰로 임명되었다. 세조는 재위 13년(1467)에 권찬이 왕손의 병을 치료했다는 이유로 두 계급을 뛰어넘어 의학 교수(醫學敎授)로 승진시켰다. 《세조실록》이 "권찬은 의술로써 세조에게 지우(知遇)를 받아 은혜와 사랑이 보통과 달랐다"고 전할 정도로 세조의 총애를 받았다. 예종 때도 마찬가지로 임영대군 이구가 병이 나자 예종은 권찬에게 치료를 맡겼으며 남이 등에게서 빼앗은 처첩과 재산을 나누어주기도 했다. 그러나 권찬은 정작 예종이 병에 걸리자 정상적인 처방을 취하지 않았다. 그럼에도 정희왕후는 시종 권찬을 옹호했다.

"대행왕의 발병은 뜸으로써 치료해야 하는데도 이를 꺼렸으니 권찬이 비록 시좌(侍坐)했더라도 진맥을 할 수 없었는데 어찌 병의 증상을 알았겠는가? 내가 이미 상심하고 있는데 또 허물이 없는 사람에게 죄를 받게 한다면 하늘이 나를 어떻게 여기겠는가?"

국왕을 치료하는 어의로서 국왕이 사망했을 경우 책임이나 비난을 회피하는 가장 좋은 방법은 국왕의 병세를 대비나 대신들에게 공개하고 함께 치료를 논의하는 것이었다. 의학 지식이 있는 대신들과 함께 약을 논의해 올렸다가 잘못되면 공동 책임이 되지만 병세를 숨겼다가 잘못되면 혼자 뒤집어쓰게 되어 있었다. 지금 권찬의 경우가 그랬다.

그러나 정희왕후는 모든 책임을 죽은 예종에게 돌리고 있었다. 권찬이 뜸을 떠야 한다고 했는데 듣지 않았다는 것이다. 예종이 치료를 거부할 경우 권찬은 대신들에게 병세를 알리고 도움을 청해야 했지만 그렇게 하지 않았다. 이럴 경우 졸지에 아들을 잃은 정희왕후는 어의를 의금부에 내려 철저한 수사를 통해 진상을 밝혀야 했다. 그러나 대비는 "하늘이 나를 어떻게 여기겠는가"라는 엉뚱한 논리로 거부했다. 아들의 사인 조사 요청에 "하늘이 나를 어떻게 여기겠는가"라는 비이성적 논리로 어의를 극력 변호하고 있는 것이다.

이후 신숙주 등의 원상들은 다시는 어의를 처벌하자고 주장하지 않았다. 면피용 언급이었던 셈이다. 그러나 사헌부는 예종의 사인을 덮어둘 생각이 없었다. 이 문제를 덮어두면 다시 공신들의 천국으로 회귀할 것이라고 우려한 것이었다. 이틀 후인 12월 3일 사헌부 장령 박숭질(朴崇質)이 다시 어의 권찬과 김상진의 처벌을 요청했다. 정희왕후는 다시 예종에게 모든 책임을 돌렸다.

"대행왕이 일찍이 발병을 앓고 있어서 뜸질로써 치료하려고, 의원이 '두 발을 함께 뜸질을 해야 합니다'라고 했으나 대행왕은 '병나지 않은 발까지 함께 뜸질할 필요가 있겠는가?'라고 말했다. 의원이 또 약을 드시라고 청했으나 대행왕이 굳이 거절한 것이니, 권찬 등은 실상 죄가 없다."(《성종실록》 즉위년 12월 3일)

어의들이 두 발에 모두 뜸질을 떠야 한다고 말했는데 예종이 병이 난 발만 뜸질을 뜨면 된다고 거부했으니 예종의 죽음은 예종의 책임이라는 것이었다. 사헌부에서 12월 4일과 5일 거듭 권찬 등의 처벌을 요구했으나 정희왕후는 들어주지 않았다. 게다가 두 달 후인 성종 1년 (1470) 2월 7일에는 권찬을 거꾸로 가선대부 현복군으로 승진시켰다. 성종이 미성년이라는 이유로 정희왕후가 섭정하면서 한명회 등 원상들과 상의해 정사를 처리하던 때였다. 젊은 왕의 급서에 책임이 있다고 처벌해야 한다던 어의는 젊은 왕의 급서 두 달 후에 종2품 고위직으로 승진했다.

정희왕후는 아들의 죽음을 슬퍼하지 않았다. 기대승(奇大升: 1527~1572)의 문집인《고봉집(高峯集)》에는 기대승이 선조 2년(1569) 아침 경연에서 선조에게 3년상에 대해서 설명하는 와중에 예종의 급서에 대한 정희왕후와 공신들의 자세를 드러내는 구절이 있다.

"성종께서 어린 나이로 즉위하시고 정희왕후가 임조(臨朝: 수렴청정) 하였는데 당시 대신 중에는 세조조의 공신이 많았습니다. 예종의 소상(小祥: 사망 후 1년 뒤에 지내는 제사)이 겨우 지나자, 세 대비전(大妃殿)에 대궐 잔치인 진풍정(進豐呈)을 올리면서 대신들에게는 대궐의 뜰에서 잔치를 베풀어주었습니다. 이때 전교하기를 '취하도록 마시라' 하였으므로 신하들이 종일토록 대취(大醉)했는데, 한명회와 정인지 등은 일어나서 춤을 추기까지 하였다 합니다."

세 대비란 정희왕후 윤씨와 의경세자의 부인인 인수대비 한씨, 예종의 부인인 안순왕후 한씨를 뜻한다. 인수대비는 한확의 딸이고, 안순왕후는 한백륜의 딸이었다. 국왕의 3년상 기간에 술을 마시거나 춤을 추는 것은 불경죄에 해당되었다. 그러나 정희왕후나 한명회에게는 예종의 죽음이 기쁜 일이라도 되는 듯 춤을 추었다. 대비의 친정들과 공신 집단에게 칼을 겨누던 예종의 급서는 대비와 공신들의 부활이기도 했다. 그렇게 일회성 통과의례처럼 예종의 죽음에 대한 문제 제기는 사그라지고 다시 공신들의 나라가 되었다. 그러나 공신들의 나라는 구공신들의 나라여야 했다. 이들은 남이와 강순을 제거한 것에 만족하지 않았다. 신공신 세력 자체를 무너뜨려야 했다. 그래서 이들은 세조 때 성장한 신공신 세력의 핵심인 귀성군 이준을 지목했다.

귀성군 이준 제거 사건

예종 사인과 성종 즉위에 대한 의문이 가시지 않던 성종 1년(1470) 1월 2일 초저녁. 직산에 사는 생원 김윤생(金允生)이 별시위(別侍衛) 윤경의(尹敬義)와 함께 승정원에 나와서 문서를 바쳤다. 설 이튿날 승정원에 나와서 올린 문서는 전 직장(直長) 최세호(崔世豪)를 역모로 고변하는 문서였다.

"신(臣: 김윤생)이 지난해 겨울 11월에 서울에 올라와서 성균관에서 책을 읽고 있다가 전 직장 최세호의 집에 찾아가서 만나보았더니 최세호가 '나와 너는 향리(鄕里)가 같아서 서로 안 지 오래인데, 왜 내 두 아우를 가르치지 않는가?'라고 물어서 신이 '내가 방금 서울에 와서 아직 결과가 없는 것이다'라고 대답했습니다. 그런데 최세호가 내 귀에 대고 몰래 말했습니다."《성종실록》 1년 1월 2일)

마치 전 직장(直長) 최세호가 역모의 주범인 것처럼 말하는 것이었다. 그러나 7품에 불과한, 그것도 전 직장이 역모의 주모자가 될 수는 없었다. 김윤생은 최세호의 말이라면서 권람과 귀성군을 끌어들였다.

"(최세호가 말하기를) 우리 가문을 멸시할 수 없다. 우리 귀성군은 왕손이 아닌가? 숙부 길창군(吉昌君)은 나에게 '귀성군은 건장하고 또 지혜가 있으니 신기(神器: 왕위)를 주관할 만한 사람이다. 지금 어린 임금을 세웠으니 나라의 복은 아니다. 어째서 왕위를 잘못 정했을까? 내가 했다면 이렇게 하지는 않았을 것이다. 그대는 이 말을 들었지만 입을 닫고, 닫고, 닫고, 또 닫고 닫아야 한다'라고 말씀하셨다."《성종실록》

최세호의 숙부 길창군이 지금 왕위를 잘못 정했다고 말했다는 것이다. 길창군은 원래 남이의 장인 권람의 군호(君號)였지만 권람이 세조 11년(1465) 사망한 이후 좌익공신 권개(權愷)의 아들 권맹희(權孟禧)가 길창군이 되었다. 길창군 권맹희가 귀성군이 왕위를 맡을 만한 사람이라고 말했다는 것이다. 김윤생 등은 이렇게 말했다.

"신이 이 말을 듣고는 참고 견딜 수가 없어서 곧 달려와서 아뢰니, 전하께서는 빨리 도모하소서. 신이 불충한 말을 듣고서도 말하지 않는다면 죄가 같게 될 것이므로 삼가 아룁니다."

최세호는 귀성군의 부친인 세종의 4남 임영대군 부인의 친족이었다. 김윤생의 고변을 들은 성종은 즉시 보경당으로 나가서 이날 밤 입직(入直: 숙직) 원상인 한명회·구치관과 사태를 의논했다. 김윤생이 저녁 무렵 나타나 고변하면 입직 원상 한명회·구치관이 처리하는 것으로 짜인 각본이었다. 성종과 한명회는 곧 선전관에게 최세호를 잡아오게 했다. 김윤생과 대질시켰는데, 최세호는 혐의를 부인했다. 성종은 한명회를 국문 책임자인 위관(委官)으로 삼아서 진상을 밝히게 했다. 최세호가 혐의를 부인하자 한명회는 고문해서라도 실정을 알아내겠다고 주청했고, 성종은 허락했다. 최세호는 혹독한 형벌을 견뎌내면서 혐의를 부인하는 바람에 계획에 착오가 생겼다. 원래는 최세호가 고문 끝에 귀성군을 끌어들이면 귀성군을 처리하는 것이 계획이었는데, 계획대로 흘러가지 않은 것이다. 최세호가 끝까지 혐의를 부인하자 1월 8일 사헌부 지평 홍빈(洪濱)이 귀성군의 처리를 진언했다.

"귀성군 이준은 최세호의 난언(亂言)에 언급되었으니 가두어 국문하고, 최세호의 국문이 끝나기를 기다려 죄를 결정하소서."

그러나 이준이 최세호 등과 관련되었다는 증거는 아무것도 없었다. 성종은 예종과 달랐다. 이준을 처벌하자는 주청을 거부했다.

"저들이 스스로 난언했을 뿐이지 귀성군 준은 가담하지 않았다. 만약 서로 관계가 있다면 어찌 용서할 수 있겠는가?"

홍빈이 거듭 이준의 처벌을 주청했지만 성종은 거부했다. 최세호는 숱한 고문을 참아내면서 이준은 모르는 일이라고 진술했다. 성종은 일개 전 직장의 일방적 진술만으로 사촌형제인 귀성군 이준을 처벌할 수 없다고 생각했다. 구공신들은 권맹희를 연루시키려 했지만 이 역시 쉽지 않은 일이었다. 권맹희는 세조 때 사헌부 집의를 비롯해서 좌승지를 거쳐 도승지까지 역임했고 길창군에 봉해진 거물이기 때문이다.

귀성군 제거 작전에 차질이 생긴 구공신은 먼저 권맹희를 잡기로 계획을 수정했다. 1월 13일(1470) 좌찬성 한계미·서평군 한계희·우승지 한계순이 차비문 앞에 나아가서 성종에게 면담을 요청했다. 한계미의 할아버지는 개국공신 한상경(韓尙敬)이고, 아버지는 함길도 관찰출척사 한혜(韓惠)였는데, 무엇보다 그의 부인은 대비 정희왕후 윤씨의 언니로서 윤번(尹璠)의 딸이었다. 한계희는 한명회의 재종형이었고, 한계순은 유자광이 남이를 고변할 때 입직 승지였다. 한명회 집안이 총출동한 셈이었다. 한계미가 대표로 성종에게 아뢰었다. 작년 12월 5일 권맹희가 한계희의 종인 약로(若老)의 집에 도착했을 때 자신을 만났다는 것이다.

"권맹희가 '국가의 상사(喪事)가 겹쳐 일어나니 어찌 이런 일이 있을 수 있겠는가?'라고 말하고는 곧 상위(上位: 성종)의 연갑(年甲: 나이)과 월산군의 연갑을 물어서 신이 '월산군은 지금 13세일 것이다. 그러나 나는 자세히 알 수 없다'고 말했습니다. 권맹희가 '왜 형을 버리고 아우를 세우는가?'라고 말해서 신이 '대비께서 뜻이 있으신데 내가 어떻게 알 수 있겠는가? 다만 월산군은 어릴 때 중병이 있었는데 지금도 때때로 병이 발생하고 있다. 지금 임금은 아이 때부터 세조께서 기특하게 여겨서 일찍이, 이 아이가 마침내 어떤 사람이 될 것인가?, 하고 말씀하셨으니, 이런 일 때문에 세우게 되었을 것이다'라고 했습니다."《성종실록》1년 1월 13일)

국가의 상사가 겹쳐 일어났다는 말은 세조의 3년상이 끝나지 않았는데 예종이 또 죽었다는 뜻이었다. 예종의 급서에 의문이 있다는 말이기도 했다. 또한 권맹희는 성종이 아니라 형인 월산군을 세워야 한다는 생각을 갖고 있었다는 것이다. 한계미 등의 목적은 귀성군에게 있었으므로 그는 또 이렇게 말했다.

"권맹희가 또 '귀성군도 물망에 있는 사람이다'라고 말했으며 또, '최세호는 포폄(襃貶: 인사고과)이 중등(中等)에 있는데 산관(散官: 일정한 직무가 없는 벼슬)이 될 수가 있겠는가?'라고 물어서 신은 '알지 못하겠다'고 답했습니다."

권맹희가 귀성군도 임금의 물망에 있는 사람이라고 말했다는 것이다. 성종은 비로소 권맹희의 국문을 허락했는데, 구공신들의 목적은 권맹희가 아니라 귀성군 이준이었다.

바로 그날 신숙주가 정희왕후 윤씨에게 면담을 요청했다. 신숙주는 물론 한명회·구치관·홍윤성 등의 원상들과 고변 당사자인 한계미·한계희 등이 대비를 만났다. 이 자리에서 신숙주는 "이준이 세조 때도 나인과 통정했으니 용서할 수 없습니다"라면서 처벌을 주장했다. 느닷없이 세조 때의 일을 꺼내 귀성군을 제거하려 한 것이다. 신숙주가 계속 말했다.

"이준이 비록 작은 공이 있지만 돌볼 것이 있겠습니까? 원컨대 선왕 때의 죄를 다스려서 폐하여 서인(庶人)으로 삼아 외방에 유배시키소서. 이것은 사실 그를 보전하려는 것입니다."《성종실록》 1년 1월 13일)

귀성군은 드러난 죄는 없지만 지방으로 쫓아내야 한다는 말이었다. 그러나 정희왕후 윤씨에게도 귀성군 처리는 쉽지 않은 문제였다. 세종이 사랑했던 임영대군의 아들이자 세조도 무척 아꼈던 종친이기 때문이다. 대비는 주저했다.

"여러 소인들이 스스로 나쁜 말을 만들었을 뿐이다. 준이 나인과 서로 통한 일을 어떻게 알 수가 있겠는가? 세조께서 이미 사실이 아니라고 논했으니 지금 소급해서 논죄할 수는 없다. 그러나 마땅히 다시 생각해보겠다."

신숙주는 성종이 아니라 대비가 직접 국사를 처리해야 한다고 권했다.

"지금 주상께서 어리시니 대비 전하께서 친히 서무(庶務)를 결단하시는데 궁중 깊숙이 거처하시면서 내관에게 명령을 전할 수는 없습니다. 청컨대 주상과 함께 정사를 듣고 재결하소서. 수렴(垂簾: 발을 드리우는 것)해서 국사를 듣는 것은 예부터 있었으니 또 이렇게 한다면 주상이 듣고 보는 것도 날로 넓어지고 정사를 판단하는 것도 익숙해질 것입니다."

"나는 문자(文字: 한문)를 알지 못하니, 정사를 청단(聽斷)하기가 또한 어렵겠다."

신숙주가 아뢰었다.

"승지가 문자를 해석하여 아뢴다면 청단하기에 어려움이 없을 것입니다."

승지가 한문으로 된 문서를 훈민정음으로 번역해서 아뢰면 정사를 처리할 수 있다는 것이었다.

"그렇다면 내가 마땅히 친히 청단하겠다."

신숙주가 대비를 정사에 끌어들인 이유가 있었다. 예상과는 달리 성종은 허수아비가 아니었다. 성종은 어렸지만 이것이 구공신의 신공신 제거 작전이라는 사실을 간파하고 있었다. 성종이 이준의 처벌을 거부하자 구공신은 대비를 정사에 끌어들여 성종을 무력화하려 한 것이다. 신숙주 등이 두세 번 이준의 처벌을 주청했고, 홍윤성은 귀성군의 아버지인 임영대군이 불법을 저질렀다고 가세했다. 홍윤성은 귀성군이 궁녀를 간통했다고 주장했지만 성종은 역시 들어주지 않았다.

이 사건이 진행되던 1월 8일 대왕대비는 의미심장한 전교를 내렸다. 성종의 경연에 관한 것이었다. 준비되지 않은 상태에서 즉위한 국왕을 수업시키는 경연의 주체는 원상들이었는데, 귀성군 처벌 논의가 한창이던 1월 8일 대비가 갑자기 성종의 경연에 대한 문제를 제기했다.

"주상이 처음 학문을 배우는데 문리(文理: 글의 이치)에 통달하지 못했다. 조강(朝講: 아침 경연)에 당상관이 음과 뜻을 진강해 주상이 습득했는데, 주강(晝講: 점심 경연) 때는 혹시 다른 뜻을 설명한다면 주상이 어느 것을 따라야 하는지 알지 못할 것이다. 지금 이후부터는 조강 하는 당상관이 주강에도 들어가는 것이 좋겠다."

성종이 문리에 통달하지 못했다는 것이다. 그래서 조강관이 주강관까지 겸임해야 한다는 것이었다. 한문 자체를 모르는 대비 윤씨가 성종의 경연에 문제를 제기한 것은 물론 원상들이 시킨 것이었다. 아직 문리도 트이지 못한 성종이 왜 구공신들이 하는 일을 반대하느냐는 것이었다.

그러나 성종은 계속 귀성군 처벌을 반대했다. 1월 13일은 구공신들이 귀성군 이준을 제거하는 거사 일로 결정한 날이었다. 이날 봉원군 정창손 등 공신들이 합동으로 상소를 올려 귀성군을 공격했다. 공신들에 맞서던 예종이 사라진 지금 권력은 이미 어린 성종이 아니라 공신들이 갖고 있었다. 다음 날 문무 2품 이상의 관원이 대궐 뜰에 모인 가운데 하동군 정인지가 전면에 나섰다.

"귀성군이 선왕 때에 득죄했으며 지금 또 군소배들이 지적해서 말하는 바가 되었으니 마땅히 서울에 있을 수 없습니다."

정희왕후는 주저했다.

"귀성은 세조께서 돌보아 사랑했는데 지금 지방으로 내쫓는다면 세조의 뜻에 어긋날까 두렵다."

그러나 구공신들의 권력은 이미 정희왕후도 뛰어넘는 것이었다. 신숙주가 가세했다.

"세조께서 만약 오늘 계신다면 역시 용서하지 않으셨을 것이니 빨리 법으로 속단하소서."

정희왕후는 공신들의 주장을 따를 수밖에 없었고, 공신들은 귀성군의 처리 방침을 문서로 작성했다.

"이준은 공신 명부에서 삭제하고 직첩(職牒: 벼슬 임명장)을 회수하며 경상도 영해에 안치하고 가산을 적몰한다."

정희왕후는 '적몰 가산(籍沒家産)'이란 넉 자를 지워버려 재산은 빼앗지 않는 것으로 타협했다. 예종 때 구공신들의 남이 제거 작전에 가담했던 귀성군 이준은 자신이 도운 구공신들에 의해 조정에서 쫓겨났다.

최세호는 이것이 모두 귀성군을 제거하기 위한 구공신들의 잘 짜인 각본이라는 사실을 잘 알고 있었다. 그 각본의 총 기획자가 한명회라는 사실도 잘 알고 있었다. 그래서 그는 이왕 죽는 것 한명회를 끌어들이기로 마음먹었다. 최세호는 의금부에 갇혀 있던 1월 18일 "주상께 진달할 일이 있습니다"라고 말했고, 의금부의 보고를 받은 성종이 불러와서 묻게 했다.

"지난 12월 26일에 정선감(貞善監) 앞길을 지나는데, 군자감(軍資監) 직장 홍효손(洪孝孫)이 나를 맞아 서로 이야기하다가 말이 한 정승(韓政丞: 한명회)의 일에 미치게 되었습니다. 홍효손이 '한 정승이 두 번이나 국구(國舅: 임금의 장인)가 되었으니 복이 있는 사람이다'라고 말하고는 곧 '한 정승이 며칠이나 복을 누릴 것인가? 지금 주상께서 왕위에 있지만 또한 어찌 오래가겠는가?……'라고 말했습니다."《성종실록》1년 1월 18일)

한명회의 두 딸이 모두 왕비였는데, 예종 비 장순왕후 한씨가 한명회의 딸이었고, 성종 비 공혜왕후 한씨도 한명회의 딸이었다. "지금 주상께서 왕위에 있지만 또한 어찌 오래가겠는가?"라는 말은 한명회가 예종을 죽였다는 시사였다. 홍효손의 입을 빌렸지만 사실상 자신의 견해를 표출한 것이었다. 한명회가 예종을 죽인 것처럼 성종도 그렇게 될 것이라는 경고였다. 홍효손은 물론 그런 말을 한 적이 없다고 부인했다. 그러나 한명회를 중심으로 한 구공신들은 최세호의 이런

창경궁에 있는 성종대왕태실비
태실은 왕실에서 왕자나 공주 등 출산이 있을 때 태를 기념했던 조형물이다.

경고에 무너질 세력이 아니었다. 최세호는 물론 권맹희도 능지처사되고 집안이 멸족되고 말았다.

아무 죄도 없이 서인으로 강등된 귀성군은 성종 10년(1479) 1월 죽을 때까지 영해에서 울분에 찬 채 지내야 했다.

귀성군 제거 사건은 공신들이 왕실 위에 있음을 만천하에 공표한 셈이었다. 세조가 말년에 구공신들을 견제하기 위해서 등용한 신공신들은 예종과 성종 때 쑥대밭이 되었다. 종친들의 세력은 크게 약화되었다. 성종 5년(1474) 《경국대전》에 종친은 벼슬할 수 없다는 종친사

환금지(宗親仕宦禁止)를 규정해서 정치에서 배제시켰다. 종친의 지위는 크게 낮아져 성종 8년(1477) 6월 "종친과 혼인하지 않기 위해 그 자녀의 나이를 숨기는 자를 논죄하는 절목을 마련하여 아뢰라"는 명을 내려야 할 정도가 되었다.

성종은 공신들이 자신의 친정을 제한하기 위해서 대비 윤씨를 끌어들인 처사에 분개했다. 그러나 그는 섣불리 공신 집단에 맞서지 않았다. 그는 자신의 실제 지위가 국왕이 아니라 국왕 수업 중인 예비 국왕에 불과하다는 사실을 알고 있었다. 현재 권력은 공신들의 것이지 자신의 것이 아니었다. 성종은 학문에 전념하면서 때를 기다렸다. 현실은 공신들의 것이지만 미래는 자신의 것이라고 생각했던 것이다.

왕을 만든 공신들과 사림 세력의 등장

성종은 구공신 세력에 떠밀려 왕이 되었다. 왕이 될 수 없는 인물이 즉위했으니 보상이 없을 수 없었다. 그러나 그 보상은 성종 즉위 직후 시행되지 않았다. 즉위 직후 공신을 책봉하면 너무 속 보였던 것이다. 성종은 재위 2년(1471) 3월 26일 고령부원군 신숙주, 상당부원군 한명회와 정인지의 아들인 하성위 정현조 등에게 좌리(佐理: 임금이 되는 것을 도움)공신을 의논해서 정하라고 명했다. 차비문에서 논의하라고 논의 장소까지 정해주었다. 차비문은 임금이 평상시에 정사를 보는 편전

앞의 문이었다. 공신 책봉의 명이 떨어지자 다음 날 공신 등급까지 결정되었다. 미리 짰다는 뜻이었다. 성종은 이조에 전지를 내려 공신 등급과 명단을 발표했다.

"하늘이 불쌍하게 여기지 않으셔서 우리 세조대왕께서 갑자기 군신(群臣)을 버리셨고, 얼마 안 되어 예종대왕께서 빈천(賓天: 천자가 죽음)하셨다. 뒤를 이을 후사가 병들고 어려서 온 나라가 황황(遑遑: 허둥거리다)했는데, 우리 자성(慈聖)대왕대비께서 세조대왕을 추념하시고 나 소자를 돌아보시고 이에 큰 책명(策命)을 정하시니, 내가 들어와 큰 왕업을 잇게 되었다. 나는 부탁받은 책임이 중하기 때문에 밤낮으로 오로지 몸을 삼갔는데, 이때 고굉(股肱: 팔다리)의 신료들이 좌우에서 분주하게 마음을 다하고 힘을 써서 금일에 이르러서는 인심이 크게 안정되고 국가가 태평해졌으니 내가 그 공을 가상히 여겨서 상전(賞典)을 베푼다."(《성종실록》 2년 3월 27일)

성종이 발표한 좌리공신은 모두 75명이었는데 이례적으로 4등공신까지 있었다. 챙겨야 할 인물들이 그만큼 많다는 뜻이었다. 좌리 1등공신 아홉 명은 신숙주·한명회·최항·홍윤성·조석문·윤자운·김국광·정현조·권감 등으로서 예종 사망 당일 승정원에 모였던 명단에 정희왕후의 사위 정현조와 도승지 권감이 추가된 것이었다. 구치관만 2등공신으로 떨어졌는데 그는 공신 중 특이하게 청백리 출신으로서 원래는 승정원에 모이는 명단에 없었는데, 우연히 만나 합류한 것인지도 모른다. 같은 날 사헌부 지평 김수손(金首孫)과 사간원 헌납 유문통(柳文通)이 좌리공신 책봉에 반대했다.

"금번의 좌리공신은 무슨 공이 있습니까? 태평한 시대에 공을 논하는 것은 옳지 않습니다."

외적의 침략을 격퇴했다거나 내부의 반란을 진압했을 경우에 책봉하는 것이 공신이었다. 아무런 일도 없는 태평 시대에 공신을 책봉하는 것이 옳지 않다는 말은 설득력이 있었다. 성종이 궁색하게 답했다.

"금일의 공신 책봉은 부득이한 것이다."

왜 부득이한지에 대한 설명은 없었다. 그래서 대간에서 또 반대했다.

"만약 태조·태종 때라면 공신이 있는 것이 마땅합니다. 세종의 태평한 조정에서는 공신이 없었는데, 지금 무슨 까닭으로 공을 보답하려고 하십니까? 청컨대 봉하지 마소서."

성종은 솔직한 전지를 내렸다.

"대역복(大歷服: 왕위)을 이어서 지금의 아름다움에 이르렀으니, 어찌 그 공이 없겠는가?"

자신을 즉위시킨 공로라는 고백이었다.

성종은 당일 말을 기르는 사복시에 전지해 좌리공신들에게 아마(兒馬) 한 필씩을 내려주고, 병조에 전지해 좌리 1등공신에게 반당(伴黨: 수종인) 10인을, 2등에게 8인을, 3등에게 6인을, 4등에게 4인을 내려주라고 명했다. 또한 예조에 전지해 좌리 1등공신에게 전지 40결을, 2등에게 30결을, 3등에게 20결을, 4등에게 10결씩을 내려주라고 명했다. 보통 1등공신에게는 100결씩 내려주었으나 이미 수많은 전지를 내려주어 국가로서도 토지가 부족했을 뿐만 아니라 구체적 공이 없는 공신들이므로 내려주는 전지가 과거에 비해 작았다. 또한 등급에 따라 노비들도 내려주었다.

그런데 책봉 다음 날 사간원 대사간 김수녕(金壽寧)이 다시 좌리공신 책봉을 반대하고 나섰다. 김수녕 자신이 4등공신에 책봉된 인물이라는 점에서 그의 반대는 상징성이 클 수밖에 없었다.

"어제 대간(사헌부·사간원)에서 좌리공신을 칭하(稱下: 공식적으로 공신을 칭해서 내려준 것)한 것이 미편하다고 논했는데, 대간의 말이 매우 옳습니다. 신도 또한 무슨 공이 있다고 공신을 얻겠습니까? 청컨대 대간의 말을 따르소서."

"나의 뜻은 다 전지(傳旨)한 데에 있으니, 그것을 다시 말하지 말라."

성종의 답변은 궁색할 수밖에 없었다. 만약 월산군이 임금이 되었다면 공신 책봉은 필요 없었을 것이기 때문이다. 예종의 아들 제안대군은 만 세 살로 너무 어려서 즉위할 수 없다면 세조의 장손인 의경세자의 장남 월산군이 즉위했어야 했다. 그러면 공신 책봉이 필요 없었다. 그러나 예종의 원자도 아니고 세조의 장손이자 의경세자의 장남도 아닌 자을산군이 즉위했으니 그를 왕으로 만든 인물들에게 보답해야 했던 것이다.

대간에서 거듭 좌리공신 책봉을 강하게 비판하고 나섰다. 대사간 김수녕의 뒤를 이어 사헌부 집의 손순효(孫舜孝) 등과 사간원 사간 성준(成俊) 등이 다시 공신 책봉을 반대했다.

"지금 우리 주상 전하께서 왕위를 이어받아 나라를 다스리시는 것은 바로 세종대왕과 서로 같은 것입니다. 세종대왕께서 번저(藩邸: 사저)에서 들어오셔서 대통을 계승하신 지 33년 동안 태평한 정치가 있으셨지만 이른바 좌리공신이란 칭호가 없었는데, 그 사이에 어찌 한두 번 정도 봉할만 한 공이 없었겠습니까? 무릇 이른바 공신이라는 것은 반드시 그 공이 사직에 있어야 하고 생령(生靈: 백성)에게 덕을 입힌 다음에야 나라에서 이론이 없게 되며, 사람들이 더불어 다투지 않는 것입니다. 금일의 좌리공신 70여 인과 같은 자들은 과연 무슨 공이 있었는지를 신 등은 알지 못하겠습니다."

사헌부와 사간원의 반대는 그치지 않았다. 다음 날에도 사헌부와 사간원은 합사해서 좌리공신 책봉이 부당하니 취소하라고 거듭 요청했다. 4월 3일에는 사헌부 집의 손순효와 장령 이육(李陸)·박숭질과 지평 김수손, 사간원 사간 성준, 헌납 유문통, 정언 박형량(朴亨良)·남윤종(南潤宗)이 좌리공신 책봉이 부당하다면서 사직서를 제출했다.

사헌부·사간원의 거듭된 반대는 중대한 의미가 있었다. 정상적인 왕조 정치가 부활하고 있는 중이었다. 지금은 수양이 쿠데타를 일으켜 김종서 등을 때려죽인 이른바 계유정난 직후가 아니었고, 세조가 단종의 왕위를 빼앗고 단종 측의 신하들을 마구 죽이던 시절도 아니었다. 공신들이 왕이 될 수 없는 인물을 왕위에 올려놓고 왕을 시켜주었으니까 그 공을 보상하라고 요구한 것에 대해 물의가 들끓었다. 신숙주와 도승지 정효상(鄭孝常)이 공신 책봉을 사양하겠다고 나서지 않을 수 없었다. 신숙주는 좌리 1등공신, 정효상은 3등공신이었다.

"지금 대간에서 공신을 책봉한 것이 불편하다고 논해서 여러 번 상소하고 사직하기에 이르렀습니다. 신 등은 명백하게 드러난 공이 없으니 대간의 말이 과연 옳습니다. 청컨대 그 말을 따르소서."

"이는 경들이 의논할 일이 아니고, 임금이 공훈의 노고를 시상하는 전례이니 사양하지 말라."

좌리공신을 거두라는 대간의 주청은 거부되었고, 4월 6일 성종은 면복을 입고 경복궁 북문 밖의 맹단(盟壇)에서 개국공신부터 좌리공신들까지 8공신들을 모여 맹세하는 의식을 치렀다. 그러나 이 의식이 떳떳하지 못하다는 사실은 온 나라에 드러난 것이었다. 예종이 해체시키려고 노력했던 공신들이 임금이 될 수 없는 자을산군은 왕으로 만들고 그 대가로 공신이 된 것에 대해서 비난이 들끓었다. 게다가 같은 해 7월 1일에는 판중추부사 이변(李邊)과 행 호군(行護軍) 송처관(宋處寬)이 자신들도 좌리공신에 책봉해달라고 요청했다. 자신들이 성종을 왕으로 인정해달라고 요청하는 외교문서를 작성했고, 명나라에 성종의 왕위 계승을 알린 공이 있다는 것이었다. 이때 북경에 갔던 주청사 권감과 송문림(宋文琳)은 모두 좌리공신이 되었는데 자신들만 제외되었으니 자신들도 좌리공신에 책봉해달라는 요청이었다.

성종은 이들이 올린 글을 궁중에 머물러두고 승정원이나 예조에 내려주지 않는 것으로 덮어버렸다. 좌리공신 책봉은 성종을 누가 임금으로 만들었는지를 내외에 공표한 것이었다. 임금 성종은 큰 망신을 당한 셈이었다.

그러나 성종은 서두르지 않았다. 열세 살 어린 나이에 즉위했지만 숙부 예종이 공신 집단에 섣불리 칼을 댔다가 의문사했다는 사실을 잘 알고 있었다. 또한 할머니 정희왕후가 자신의 형 월산군을 제치고 자신을 임금으로 만든 이유가 있다는 사실도 알고 있었다. 자신의 즉위는 공신들과 합의의 결과물이라는 사실도 잘 알고 있었다. 그는 자신 앞에 놓인 두 길, 임금의 길과 공신들과 타협의 길 사이에서 자신의 길을 찾아야 했다. 숙부 예종처럼 비운의 운명에 맞닥뜨리는 것도 막고 공신들의 허수아비가 되는 것도 막는 길이 자신의 길이었다. 조선 왕조 개창 이래 누구도 걸어보지 못한 미지의 길이었다. 이 새로운 길에 등장한 정치 세력이 바로 사림이었다. 예종은 신공신을 몰락시켜 스스로 입지를 축소시켰지만 성종은 새롭게 등장한 사림 세력이 자신의 우군이 될 수 있음을 간파했다.

구공신의 자연사와 사림 세력의 도약

원상들의 나라에 대한 대간들의 도전

성종을 즉위시킨 공신들은 다시 자신들의 천국을 만들었다. 그중에서도 구공신의 핵심인 신숙주, 한명회, 정인지, 홍윤성 등으로 구성된 원상들은 국왕의 위에 있었다. 그러나 성종은 원상들의 전횡을 그대로 보고 있지만은 않았다. 성종 1년(1470) 1월 사헌부에서 주청했다.

"원상의 권세가 무거운데, 그 집에 분경을 금지시키지 않는 것은 적당하지 못하니 이를 금지시키소서."

원상들의 집에 분경하지 못하게 해달라는 청이었다. 성종은 이 주청을 그대로 따랐다. 원상들의 핵심인 한명회와 신숙주는 발끈해서 분경 금지령을 철폐해달라고 요구했다.

"분경 금령이 너무 엄해서 가까운 친척이나 이웃사람과도 서로 상종할 수 없으니 태평 시대의 아름다운 일이 아닙니다."

성종은 원상들의 반발을 무릅 쓰고 분경 금지를 고수할 수 없다고 느꼈다.

"세조조의 고사에 의거하게 하라."

세조는 재위 14년(1468) 3월 "금후로 재상가에는 종적을 비밀히 속이는 자 외에는 금하지 않는 것이 좋겠다"면서 사실상 재상가의 분경을 허용했다. 예종은 즉위 직후 분경을 엄금해 공신들의 반발을 샀는데 "세조조의 고사에 의거"한다는 것은 분경을 허용하겠다는 것이었다. 사실상 원상들에게 관직 매매를 허용하는 것이어서 사헌부는 다시 반발했다.

"원상의 권세가 무거운데, 그 집에 분경을 금지시키지 않는 것은 적당하지 못하니 이를 금지시키소서."

성종은 사헌부의 거듭된 청에 좇는 형식으로 원상가의 분경을 다시 금지시켰다. 그러나 이 조치 역시 오래갈 수 없었다. 성종은 재위 2년 (1471) 12월 사헌부에 전교를 내렸다.

"이조·병조의 당상관과 여러 장수 외에는 분경을 금하지 말고, 이조·병조 겸 판서(兼判書)의 집도 금하지 말라."

이조·병조의 당상관과 여러 장수만 분경 금지 대상이지 원상은 아니라는 뜻이었다. 《경국대전》〈금제조(禁制條)〉의 분경 금지 대상은 이조·병조의 당상관, 이방(吏房)·병방(兵房) 승지·사헌부·사간원의 관원과 판결사(判決事)라는 것이 표면상의 명분이었다. 판결사는 노비 소송을 판결하는 관직이었다. 문관의 인사권이 있는 이조와 무관의 인사권이 있는 병조의 당상관과 해당 승지, 그리고 탄핵권이 있는 사헌부·사간원의 관원과 판결사만이 분경 금지 대상이지 원상은 임시로 설치한 직책이기 때문에 분경 금지 대상이 아니라는 것이었다. 분경 금지 대상에서도 빠졌으므로 원상들은 마음껏 벼슬을 매매할 수 있었다.

더구나 이조·병조의 겸 판서까지 분경 금지 대상에서 제외한 것은 사실상 관직 매매 허용이나 마찬가지였다. 세조 때 생긴 겸 판서는 공신들에게 행정권까지 주기 위한 것으로서 원상들이 겸 판서를 맡으면 실제 판서는 허수아비가 되게 마련이었다. 예종은 즉위 다음 달 좌찬성 겸 병조 겸 판서 김국광의 겸 판서 지위를 해임시켰다. 그러나 예종이 의문사하고 성종이 즉위하자마자 대왕대비 윤씨는 전교를 내려 겸 판서 제도를 다시 실시할 것을 지시했다.

"세조조에 특별히 겸 판서를 설치했으나 대행왕(大行王: 예종)이 자신이 모두 장악하기 위해 없애버렸다. 지금 사왕(嗣王)의 나이가 어리니 겸 판서를 없앨 수가 없다. 한명회를 병조 겸 판서로, 한계미를 이조 겸 판서로 삼으라."《성종실록》 즉위년 12월 1일)

성종 1년 이조 겸 판서는 원상 조석문으로 대치되는데, 구치관이 호조 겸 판서, 신숙주가 예조 겸 판서가 되어 주요 부서의 행정권을 원상들이 모두 장악했다. 나라는 겸 판서까지 장악한 원상들의 것이었다. 게다가 한명회는 성종의 부인 공혜왕후 한씨의 아버지로서 성종의 장인이었다. 원상에, 병조 겸 판서에, 국왕의 장인인 한명회의 권세는 국왕 위에 있었다.

성종은 어렸지만 예종과 달리 때를 기다릴 줄 알았다. 좌리공신이 책봉되던 성종 2년의 원상은 한명회, 신숙주, 정인지, 홍윤성, 김국광,

윤자운, 최항, 조석문, 정창손이었다. 성종 즉위 당시 한명회는 54세, 신숙주는 52세였고, 연로한 정인지는 73세로서 모두 세조의 쿠데타 동지들이었다. 대왕대비는 이들에게 깊은 동지적 연대를 갖고 있었다.

원상가의 분경이 허용되자 많은 문제가 발생했고 성종 5년(1474) 1월 사헌부는 차자(箚子)를 올려 다시 원상가의 분경 금지를 요청했다.

> 전하께서 친히 만기(萬機)를 결단하시는 것이 시의에 적합한데도 오히려 겸허한 마음을 가지시고 반드시 먼저 원상에게 자문하신 후에 결단하시므로, 원상은 큰 일 작은 일 할 것 없이 듣지 아니하는 것이 없으니, 그 권력의 중함은 이조·병조의 참의나 판결사와는 전혀 비교도 할 수 없습니다. 엎드려 바라건대, 원상의 집에도 분경을 금하여 사알(私謁)의 길을 막으소서.(《성종실록》 5년 1월 23일)

4년 전 사헌부의 원상가의 분경 금지 요청에 철없이 따랐다가 곧바로 철회해야 했던 성종은 원상들과 싸워서는 안 된다는 사실을 잘 알고 있었다.

"모든 일을 그때그때 자문하는데, 사람들이 어찌 미리 알고 분경하겠는가? 원상은 정사에 관여하지 않으니 그것을 말하지 말라."

성종은 궁색한 논리라는 사실을 잘 알고 있었다. 그러나 원상은 언제든지 자신을 제거하고 월산대군이나 제안대군을 세울 수 있는 사람들이었다. 그래서 '원상은 정사에 관여하지 않는다'는 궁색한 논리로 원상가의 분경 금지 요청을 거부했던 것이다. 그러나 성종 5년 3월 29일 대사간 정괄이 올린 차자는 원상들의 매관매직 상황을 잘 보여준다.

"이제 윤잠(尹岑)을 강원도 관찰사로 삼았는데, 윤잠은 일찍이 황해도 관찰사가 되어 한명회에게 표피(豹皮)를 뇌물로 주었다가 발각되어 파출(罷黜)된 인물입니다. 어찌 다시 관찰사로 임용하겠습니까?"

한명회에게 뇌물을 주었다가 쫓겨난 인물이니 관찰사로 임명하면 안 된다는 차자였다. 임금이 전교했다.

"그때에 이미 죄를 주었으니, 어찌 한 가지 범죄를 가지고 종신토록 서용하지 않겠느냐?"

한명회는 임금도 어쩔 수 없는 권신이었다. 성종 5년 윤6월 대사헌 정괄은 병조판서가 이조판서의 권한인 '여러 도의 연변(沿邊)의 수령직도 제수한다'면서 월권이라고 비판했다. 병조판서가 무관뿐만 아니라 문관의 인사권도 행사한다는 비판이었다. 정괄은 "어찌 정(政)·병(兵)의 양권을 모두 병조에 돌리십니까?"라면서 이렇게 주장했다.

"수령의 제수는 오로지 이조에 위임하시고 같이 의논하지 말게 하여, 병조의 권세를 감쇄(減殺: 약화시킴)하소서."

겸 병조판서는 물론 한명회였다. 성종이라고 이를 모를 리 없었고 한명회의 이런 전횡을 좋아할 리도 없었다. 하지만 한명회는 임금이 될 수 없는 그를 임금으로 만들어준 장인이었다. 이때 성종의 나이는 만 17세의 성인이었으므로 친정할 때가 지난 지 오래였다. 그러나 대비와 원상 연합 권력은 성종에게 정권을 넘길 생각이 전혀 없었다. 한명회에게 거듭 문제를 제기한 정괄(鄭佸)은 정창손의 아들이었다. 정창손은 상왕 복위 기도 사건을 고변한 장본인이지만 돈을 추구하지 않아서 청렴하다는 말을 듣고 있었다. 예종이 세자 시절 상왕 복위 기도 사건 연루자의 석방을 주장했을 때 공신 중에서 유일하게 찬성한 인물이 정창손이었다. 그래서 그런지 정괄은 공신들에게 부정적이었다.

성종 6년(1475) 4월 한명회가 명나라에 사은사로 갔다가 돌아오자 성종은 군사들을 요동까지 보내서 맞이했다. 이때도 사간원 대사간 정괄은 농사철이니 보내는 군사의 수를 줄이고 그 도의 경력 있는 수령에게 맞이하게 하자는 차자를 올렸지만 성종은 거부했다.

"때가 바야흐로 수풀이 우거지고 오랑캐의 말이 살찌는 때인데, 한명회의 귀로에 불의의 변이라도 있으면 나라의 체모가 어찌 되겠는가?"

한명회는 사실상 왕권 이상의 권력을 갖고 있었다. 다른 원상들도 한명회만은 못해도 사정은 비슷했다. 많은 벼슬들이 국왕이 아니라 원상들에게서 나왔다. 그야말로 공신 중의 공신인 원상들의 세상이었다.

조선은 군역을 부담하는 열여섯 살부터 공식적인 성인이었다. 열여덟 살의 성종은 2년 전에 이미 성인이 되었으나 대비 윤씨는 물론 원상들도 모른 체 넘어가고 있었다. 이 문제는 대간도 침묵했다. 폭발성이 너무 큰 사안이었다. 자칫 잘못 건드렸다가는 엄청난 피바람이 불 수 있었다. 서로 말은 안 하지만 이 문제를 둘러싼 긴장이 팽배했다.

이때 변수가 발생했다. 승정원에 익명서가 붙은 것이다. 성종 6년(1475) 11월 18일. 승정원에서 사건을 아뢰었다.

익명서가 승정원 문에 붙어 있었는데 찢어져서 전문은 알 수가 없었습니다. 그 가운데 "강자평(姜子平)이 진주 목사가 된 것은 대왕대비의 특명이다"라는 내용이 있었고, 또 윤사흔·윤계겸(尹繼謙)·민영견(閔永肩)·어유소·이철견·이계전의 성명 밑에 적(賊) 자가 있었고, 많은 욕이 쓰여 있었습니다.《성종실록》 6년 11월 18일)

승정원은 이 사실을 보고하면서 "익명서는 비록 국사에 관계되는 일이라 하여도 부자 사이에도 말할 것이 못되기 때문에 곧 불태워버렸습니다"라고 덧붙였다.

성종도 찬동했다.

"보아서 쓸데없는 것은 태우는 것이 마땅하다."

성종은 익명서를 작성한 사람의 색출을 지시하지 않았다. 글쓴이의 이름을 감춘 익명서는 거론하지 않는 것이 법이었기 때문이다. 《경국 대전》에는 "익명서는 비록 국사에 관계된다 해도 옮겨 말할 수 없다"는 규정이 있었다. 조선의 형법 역할을 하던 《대명률(大明律)》에 "익명서를 투입해 남의 죄를 고발하는 자는 교형(絞刑)에 처하며, 그것을 발견한 자는 즉시 소각하라"는 규정이 있었다. 익명서를 불태운 승정원의 처리는 적법했다.

그러나 익명서의 내용은 곧 입에서 입으로 널리 전해졌다. 윤사흔은 정희왕후의 동생이며 윤계겸은 그의 아들이었다. 이철견의 모친은 대비의 동생이었다. 익명서는 대비의 수렴청정을 비판하는 내용이었다. 대비를 겨냥한 것이었으니 비록 불태워버렸다고 해도 조정은 발칵 뒤집힐 수밖에 없었다. 다음 날 익명서에 거론된 우의정 윤사흔, 대사헌 윤계겸, 월성군 이철견 등이 조정에 나와서 말했다.

"신들의 이름을 들어 승정원 문에 익명서를 붙인 자가 있었다 하니, 황구(惶懼)함을 이기지 못하겠습니다. 익명서는 비록 국문할 수 없는 법이지만 만약 현상(懸賞)하여 체포하려 하면 혹 고발하는 자가 있을 것입니다."

현상금을 내걸고 체포하자는 주장이었다. 익명서는 승정원의 처사대로 불사르고 불문에 붙이는 것이 법이었다. 익명서의 내용을 조사하기 시작하면 정상적인 국사 체계가 마비될 것을 우려한 조치였다. 성종은《경국대전》규정에 따라 처리하고자 했다.

"익명서 문제를 불문에 붙이는 것은《경국대전》에 있기 때문이다. 그래서 더 묻지 않으려 한다."

그러나 대신들은 후한 상금을 걸어서 범인을 잡자고 주장했다. 성종은 굳이 대신들과 싸우고 싶지는 않았다. 그래서 형조에 전지를 내렸다.

이번에 승정원에 붙였던 익명서는 그 말이 부도(不道)에 관한 것이므로 다른 익명서와 비할 바가 아니니, 끝까지 체포하여 강하게 처벌하지 않을 수 없다. 체포하거나 고발하는 자가 천인이면 양인이 되게 하고, 양인이면 자품(資品)을 세 자급 올려서 실직(實職: 실제 벼슬)에 임명하며, 상품으로 받기를 원하면 면포 400필과 범인의 재산을 줄 것이다. 모의에 참여하였던 자가 고발을 하더라도 위와 같이 처리할 것이며, 주모자라 할지라도 자수하면 역시 면죄될 것이다. 또 앞으로 국가에 관한 익명서를 붙인 자를 체포 고발하는 자는 위와 같은 예에 의하여 논상하라.(《성종실록》6년 11월 20일)

막대한 상금을 걸자 친군위(親軍衛) 권즙(權緝)이 최개지(崔蓋地)가 의심스럽다고 승정원에 고발했다. 최개지가 노비 소유권을 두고 소송을 했는데, 상대방이 이연손(李延孫)의 아내 윤씨를 시켜 대왕대비에게 말하고 또 윤사흔과 이철견이 뒤에서 도왔기 때문에 이기지 못했다고 말했다는 것이다. 이연손의 부인 윤씨는 대비 윤씨의 동생이었다. 최개지의 말은 대왕대비와 그 일가가 개입하는 바람에 노비를 빼앗겼다는 비판이었다. 이보다 앞서 고소장을 쓸 때는 최개지가 손수 썼으나 근일에는 쓰지 않기에 그 이유를 물으니 "필적을 다른 사람에게 보이게 될까 두려워한다"라고 말했다는 사실도 덧붙였다. 상당한 구체성이 있는 고발이었다. 그러나 성종은 이 사건을 크게 확대하고 싶지 않았다.

"익명서는 벌써 불살라 없앴으므로 고험(考驗: 깊이 헤아려 조사함)할 수가 없으니, 애매하여 밝히기 어려운 사건이다."

익명서가 남아 있어야 필적 대조를 할 수 있는데 이미 불살라버렸으니 범인이라고 단정할 수 없다는 말이었다. 익명서에 거론된 영사(領事) 윤사흔이 "익명서는 이미 사단(事端)이 있으니, 국문하게 하소서"라고 요청했으나 성종은 거절했다.

이렇게 성종 6년이 저물고 새해가 밝았다. 익명서에 거론된 대비 윤씨는 심기가 불편했다. 그래서 정희왕후 윤씨는 그해 1월 13일 상전(尙傳: 왕명을 전달하는 내시) 안중경을 시켜 언문(諺文: 훈민정음) 편지 한 장을 원상에게 전하게 했다.

내가 본디 지식이 없는데도 여러 대신들이 굳이 청하고 주상께서 나이가 어리시기 때문에 마지못해 정사를 청단했던 것인데, 지금은 주상께서 나이가 장성하고 학문도 성취되어 모든 정무를 재결하는 것이 적당하게 되었다. …… 여러 사람의 뜻은 "몸이 대비가 되었으니 무슨 근심이 있겠는가?"라고 말하겠지만 나는 하루도 세조와 주상에게 욕되게 함을 두려위하지 않은 날이 없었다. 나는 한 가지 일도 척리(戚里: 친정)로 인하여 한 것은 없었는데도, 지금 익명서에서 오로지 내 몸을 지칭했는데, 최개지의 말을 듣고는 마음이 실로 편안하지 못하다. 평일에는 비록 아주 작은 공사(公事)일지라도 내가 보고 난 후에 주상께서 또 자세히 살펴보았으니, 그사이에 어찌 사정(私情)을 쓸 이치가 있겠는가? …… 부모가 일찍이 별세하셨으므로 내가 끊임없이 형제를 보고 싶어 했다. 그러나 서로 만나 볼 때는 옛날 친정집에 있을 때 희롱한 일을 이야기한 데 불과할 뿐이니, 비록 사사로 청하는 일이 있더라도 내가 어찌 감히 주상에게 알릴 수가 있겠는가?…… (《성종실록》 7년 1월 13일)

자신은 친정 식구들을 봐준 것이 없다는 변명이었다. 물론 사실이 아님은 천하 사람들이 모두 아는 바였다. 대비는 비록 잘못은 없지만 대리청정에서 물러나겠다는 것이었다. 성종이 이미 스무 살이 넘었으므로 정사를 돌려준다 해도 늦은 것이었다. 모른 체하고 권력을 즐기다가 익명서 사건에 떠밀려 물러나게 된 것이다.

대왕대비가 물러나겠다고 말했다 해서 덥석 받을 수는 없었다. 성종은 깜짝 놀라는 체하며 정승들과 원상들에게 만류해보라고 권했다. 한명회가 말렸지만 대비는 듣지 않았다. 그러자 한명회는 기상천외한 말로 의지(懿旨: 대왕대비의 교지)를 거두라고 요청했다.

"더구나 지금은 중궁(中宮: 왕비)이 정해지지 않았으니 어찌 정사를 사피(辭避)하겠습니까? 만약 지금 정사를 사피하신다면 이는 동방(東方: 조선)의 창생(蒼生: 백성)을 버리는 것입니다. 또 신 등이 상시로 대궐에 나와서 안심하고 술을 마시게 되는데, 만약 그렇다면 장차는 안심

할 수가 없을 것입니다."《성종실록》 7년 1월 13일)

대비가 물러나고 성종이 친정하는 것은 조선의 백성을 버리는 것이라는 주장이었다. 더구나 대비가 물러나면 자신들이 아무 때나 대궐에 와서 술을 마실 수 없기에 성종이 친정하면 안 된다는 말이었다. 아무리 공신이고 원상이라도 인신(人臣)으로서 입에 담을 수 없는 말이었다. 성종은 이 기회를 놓쳐서는 안 된다고 생각했다. 그래서 당일 태도를 바꿔 정권을 받겠다고 말했다.

"아아! 대왕대비의 보도(保導: 보호하고 지도함)하는 힘이 없었다면 어찌 지금의 편안함에 이르렀겠는가? 내가 그 성취하는 법을 영원히 받으려고 하였었다. 그러나 금년 정월 13일에 삼가 의지(懿旨)를 받았는데, 내가 나이가 장성하고 학문이 성취되었으니 군국(軍國: 정치와 군사)의 모든 정무를 나의 혼자 결단에 맡긴다고 하셨다. 명령을 듣고는 매우 두려워하고 있는데, 어찌 능히 감내하겠는가? 고개를 숙이고 엎드려 거두기를 두세 번 청하고 승지와 원상들도 또한 청했으나 되지 않았다. 내가 생각하건대, 온 나라의 번거로운 사무로 성체(聖體: 성스러운 옥체)를 수고롭게 하는 것도 또한 편안히 봉양하는 도리가 아니므로, 이에 마지못해서 지금부터는 무릇 국가의 모든 정사는 내 뜻으로써 결단하고 다시는 대왕대비에게 아뢰어 처결하지는 않을 예정이다."《성종실록》 7년 1월 13일)

성종의 결단에 다들 놀랐다. 대비가 물러나겠다고 한 그날 형식적으로 말리는 시늉을 한 후 바로 정권을 받고 "다시는 대왕대비에게 아뢰어 처결하지 않을 예정"이라고 선언한 것이었다. 드디어 성종 시대가 열린 것이었다.

바로 다음 날, 즉 성종의 친정 첫날인 1월 14일 대간들은 한명회를 공격했다. 대사헌 윤계겸과 대사간 정괄 등이 차자를 올려 한명회를 논박한 것이다.

"좌의정 한명회가 대비께서 전하에게 정사를 되돌리는 날에, '만약 이와 같이 한다면 이는 우리 동방의 백성을 버리게 됩니다'라고 말하고 또, '대궐에 나아가도 능히 안심하고 술을 마실 수가 없습니다'라고 했는데, 전하께서 혼자 결단하신다면 무슨 까닭으로 동방의 백성을 버리게 되며, 무슨 까닭으로 능히 안심하고 술을 마실 수가 없다고 하는 것입니까? 그 실정(實情)을 국문하기를 청합니다."

윤계겸은 세조의 장인 윤번의 손자로서 대비의 친척이지만 사헌부 대사헌이니 대사간 정괄과 함께 상소를 올린 것이었다. 성종은 국문 요청을 거부했다.

"경 등의 들은 바가 그릇되었다. 정승의 말은 다만 청을 얻으려고 한 것뿐인데 무슨 다른 마음이 있었겠는가?"

성종은 한명회를 두둔했으나 대간을 꾸짖지도 않았다. 대간에서 계속 논박하자 한명회는 성종에게 와서 사죄하지 않을 수 없었다. 한명회의 사죄에 대해 성종의 간단하게 반응했다.

"무슨 혐의가 있겠는가?"

성종은 음식을 대접하여 돌려보냈다. 한명회는 권력이 자신의 손을 떠나 성종에게 넘어가고 있음을 절감했다. 어린 자을산군을 얕봤다는 생각이 들었을 것이다.

이는 성종이 재위 6년(1475) 부친 의경세자를 종묘에 모시는 부묘(祔廟) 조치를 강행할 때 이미 조짐을 보였던 일이었다. 성종의 부친 의경

성종의 아버지 의경세자의 무덤인 경릉(敬陵)
경기도 고양시 서오릉에 있다.

세자 이장(李暲: 1438~1457)은 세조 3년 9월 만 열아홉의 젊은 나이로
세상을 떠났다. 민간에서는 문종의 부인이자 단종의 모친 권씨가 세
조의 꿈에 나타나 "네가 내 아들을 죽였으므로 나도 네 아들을 죽이겠
다"고 저주했기 때문에 단종이 죽임을 당한 해에 죽었다는 소문이 파
다했다. 성종이 즉위한 후 회간왕(懷簡王)에 추증했으나 정식 즉위하지
는 못했기 때문에 역대 임금과 왕비들을 모신 종묘에는 들어가지 못
했는데, 성종이 종묘에 모시기 위해서 부묘 논의를 꺼낸 것이었다. 성

종은 재위 6년 9월 12일 회간대왕을 종묘에 모시는 부묘 문제에 대한 가부를 묻게 했다. 그런데 그 대상 품계가 문신인 동반(東班)은 종3품 하(下) 중훈대부(中訓大夫) 이상이고 무신인 서반(西班)은 정3품 통정대부(通政大夫) 이상이었다. 조선은 같은 3품이라도 당상관인가 당하관인가에 따라서 그 권한이 크게 달랐다. 조선의 품계는 정1품부터 종9품까지 모두 열여덟 등급으로 나뉘어 있었는데, 당상관과 당하관, 참상관과 참하관으로 큰 계선이 그어져 있었다.

당상관은 문관인 동반은 정3품 통정대부, 무관인 서반은 절충장군 이상으로서 같은 정3품이라도 당상관이 되어야 당(堂)에 올라 주요 국사에 참여할 수 있었다. 종6품 참상관을 참직(參職)이라고도 했는데, 조회에 참여할 수 있기 때문이었다. 참상관이 되는 것을 승륙(陞六) 또는 출륙(出六)이라 해서 크게 높였다. 즉 조선에서 국사에 참여하려면 기본적으로 종6품 참상관이 되어야 하고 주요 국사에 참여하려면 정3품 당상관 이상이 되어야 했다. 그런데 회간대왕의 부묘 논의에 서반은 당상관인 절충장군 이상을 논의에 참여하게 하면서 문신은 종3품 하(下) 중훈대부(中訓大夫) 이상을 참여시키고, 무신은 정3품 통정대부

구분	품계	문관(동반)	무관(서반)
당상관	정3품	통정대부(通政大夫)	절충장군(折衝將軍)
당하관		통훈대부(通訓大夫)	어모장군(禦侮將軍)
참상관	종6품	선무랑(宣務郎)	병절교위(秉節校尉)
참하관	정7품	무공랑(務功郎)	적순부위(迪順副尉)

▬▬

조선의 품계와 당상관, 당하관, 참상관, 참하관

이상을 참여시킨 것이었다. 이런 국가 대사는 종2품 가선대부(嘉善大夫) 이상부터 논의에 참여하는 것이 관례였으므로 승정원에서 문제를 제기했다.

"구례(舊例: 옛 관례)로는 무릇 대사가 있으면, 가선대부 이상부터 회의하게 했는데, 이제 중훈대부 이상으로 명하신 것은 널리 중론을 채택하고자 하심입니다. 대간과 예문관원 중에서 3품이 아닌 자는 참여할 수 없으니 옳지 못합니다. 또 전의감(典醫監)·사역원(司譯院)은 비록 3품이라도 참여하는 것이 옳지 못합니다."

종3품 하 중훈대부 이상을 참여시킨 것은 여러 사람들의 의견을 채택하기 위한 것인데, 모든 국사에 참여할 자격이 있는 대간과 예문관 관원이 3품이 아니라고 참여하지 못하는 것은 옳지 못하다는 것이다. 또한 중인들이 주로 맡는 어의 집단인 전의감과 통역관들이 사역원은 논의에 참여할 수 없다는 것이었다. 그래서 성종은 대간과 예문관은 모두가 논의에 참여하게 하였다.

성종이 부친을 종묘에 부묘하려고 하는 것은 자신의 정통성을 강화하려는 포석이었다. 그러자 영의정 정창손, 좌의정 한명회, 우의정 윤사흔을 비롯해서 조석문, 윤자운, 김국광 등 대부분의 원로 공신들이 모두 반대했다. 예종에게 이미 임금의 돌아가신 아버지를 뜻하는 황고(皇考)라고 일컬었으니 친아버지인 회간왕을 종묘에 부묘하면 부를 칭호가 없다는 것이었다. 숙부인 예종을 황고라고 일컬었으니 부친인 회간왕은 큰아버지인 황백고(皇伯考)라고 칭해야 하는데, 친아버지를 황백고라고 부를 수는 없다는 것이었다. 공신들의 반대를 무릅쓰고 대안을 제시한 인물이 남원군 양성지였다.

"신이 대원(大元)과 고려의 고사를 분명하게 상고하니, 모두 낳아주신 어버이를 추존하여 태묘(太廟)에 부향(祔享)하였습니다. 이제 전하께서 회간대왕을 종묘에 부제(祔祭: 조상의 사당에 새 신주를 모시는 것)하는 것은 정례(情禮: 정에 따른 예법)에 합당합니다. 다만 황백고라 일컬어서 계통의 의를 엄하게 하시고, 예종의 위에 올려서 천속(天屬: 천륜)의 서열을 높이는 것이 좋겠습니다."(《성종실록》 6년 9월 16일)

양성지의 견해는 절충안이었다. 이미 예종에게 어버이를 뜻하는 황고라고 일컬었으니 회간왕은 황백고라고 일컫되, 예종의 위에 두어서 회간왕이 예종의 형이라는 천륜의 서열을 높이자는 것이었다. 양성지의 견해는 명분과 실리를 모두 취할 수 있는 절충안이었다.

그러나 공신들은 굳게 반대했다. 9월 21일 정인지와 정창손이 다시 반대하고 나섰지만 성종은 같은 날 회간왕의 부묘 절차를 준비하라고 명했다. 그러나 대사헌 윤계겸과 대사간 정괄이 함께 반대하고 나섰다. 윤계겸은 정희왕후의 동생이자 세조 즉위 때 책봉한 좌익원종 1등공신이었던 윤사흔의 아들이었다. 윤계겸은 과거가 아닌 음보(蔭補)로 출사했는데 이 옥사를 다스린 익대 3등공신이자 성종 즉위 이후 책봉한 좌리 3등공신이므로 대사헌 자리를 차지한 것이었다. 정창손의 아들 정괄도 과거 급제자가 아니라 음보로 출사해 대사간까지 올라갔다.

원상들과 대간에서 반대하는데도 성종이 뜻을 꺾지 않자 정희왕후가 다시 나섰다. 정희왕후는 당초 의경세자를 부묘하는 것에 반대하지는 않았지만 원상들이 일제히 반대하자 원상들과 의논하라고 명한 것이다. 그러나 성종은 뜻을 꺾지 않고 재위 6년 10월 9일 회간왕을 종묘에 부묘하기로 결정하고 묘호를 덕종(德宗)이라고 올렸다. 대비와 원상들의 반대를 꺾고 자신의 부친을 종묘에 부묘하고 덕종이란 묘호를 올린 것이었다.

이 조치는 정희왕후와 공신들의 전횡에 시달리던 백성들과 과거 출신 관료들에게 큰 자극이 되었다. 정희왕후를 비난하는 벽보가 붙은 것도 이 조치와 무관하지 않았다. 뒤이어 정희왕후가 수렴청정을 거둠으로써 성종은 친정하게 되었으나 서두르지 않았다. 예종의 의문사가 성종의 반면교사였다.

재위 7년째지만 그의 나이 이제 겨우 만19세였다. 공신들은 성종 즉위 후 속속 관으로 들어가고 있었다. 성종 원년에 구치관이 사망한 것을 필두로 성종 5년에는 최항, 한백륜, 성봉조(成奉祖)가, 성종 6년에는 권신 신숙주와 홍윤성이 사망하였다. 성종 친정 이듬해인 성종 8년에는 조석문이, 그리고 그 이듬해에는 정인지가 사망했다. 한명회와 정창손을 제외한 대부분의 공신들이 사망했다. 성종은 그 공백을 전혀 다른 정치 세력으로 메워 왕권을 강화하려 했다. 바로 신진 사림이었다.

사림은 왜 훈구와 대립했는가?

'사림(士林)'은 선비 집단을 뜻하는 말이다. 연암 박지원(朴趾源)이 《연암집(燕巖集)》에서 "학문을 강론하고 도(道)를 논하는 사람들을 사림이라 한다"고 정의한 것처럼 학문하는 선비의 무리를 뜻했다. 중국에서는 두 가지 의미로 사용되었다. 하나는 사대부 계급의 문인을 가리키는 용어였고, 다른 하나는 사림관(士林館)을 뜻하는 말이었다. 사림관은 양(梁) 무제가 대동(大同) 7년(541) 궁성의 서쪽에 세운 관청으로서 학자들이 모여서 연구하고 학문을 강의하던 곳이었다. 조선의 사림은 단순히 학문을 강론하고 도를 논하는 유학자들이 아니었다. 조선의 사림은 공신 집단인 훈구(勳舊) 계열들에 맞서 싸웠던 정치 세력을 뜻했다. 조선의 사림은 점필재(佔畢齋) 김종직(金宗直: 1431~1492)을 종주로 삼는다. 김종직은 세조 5년(1459) 과거에 급제해 승문원 박사, 이조좌랑 등을 역임했다. 그가 사림의 종주로 여겨지는 것은 학통 때문이다. 그의 부친 김숙자(金叔滋: 1389~1456)는 어린 시절 야은(冶隱) 길재(吉再: 1353~1419)에게 수학했다. 목은 이색, 포은(圃隱) 정몽주, 야은(冶隱) 길재(吉再)를 '삼은(三隱)'이라고 부르는데, 조선 왕조 개창에 반대해서 고려 왕조에 대한 절의를 지킨 세 유학자를 뜻한다. 길재는 이색·정몽주 등에게 학문을 배웠다.

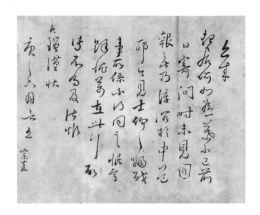

김종직의 편지

야은 길재의 초상
조선이 건국된 뒤 1400년(정종 2년)에 이
방원이 태상박사(太常博士)에 임명하였으
나 두 임금을 섬기지 않겠다는 뜻을 말
하며 거절하였다.

　김종직의 아버지 김숙자는 조선 개창 후 고령과 개령 현감을 지냈
지만 고려의 충신이자 이색과 정몽주의 제자였던 길재에게 수학한 것
은 그의 역사관에 큰 영향을 끼쳤을 것이다. 김종직으로 이어지는 조
선 사림의 학통을 단순하게 정리하면 '정몽주→길재→김숙자→김
종직'의 구도가 된다. 권근도 정몽주의 학통을 이었지만 권근이 새 왕
조에 참여한 반면 길재는 고려에 충성을 다했다는 점 때문에 '정몽
주→길재'로 학통이 정리되었다. '정몽주→길재→김숙자→김종직'
으로 이어지는 학통에서 김숙자는 징검다리 역할을 했다. 김숙자는

성균관 사예(司藝)나 향교의 교수(教授), 고령 현감 등 미관한직을 역임했을 뿐 세력을 만들지는 못했다. 김숙자는 아들 김종직이 훈구에 맞서는 세력을 형성해 사림의 영수가 되면서 후세에 이름을 남기게 된다. 김숙자는 여섯 살의 종직에게 학문의 순서를 말했는데 바로 성리학자가 되는 수순이었다.

"학문에는 순서가 있으니 이를 무시한 공부 방법은 옳지 못하다. 가장 먼저 《동몽(童蒙)》의 〈유학자설정속편(僞學字說正俗篇)〉을 완전히 외운 후 《소학(小學)》을 읽을 것이며, 그다음에 《효경》, 《대학》, 《논어》, 《맹자》를 배우고 《중용》을 읽어야 한다. 사서(四書)를 마친 후 《시경》, 《서경》, 《춘추》, 《주역》, 《예기》의 순서로 오경(五經)을 배우고, 《통감》 등의 역사책과 제자백가의 책을 읽어야 한다. 또 궁술(弓術)을 배우는 것도 잊어서는 안 되는데 그것은 때에 따라 자신을 보호할 수 있기 때문이다."

유학의 기본을 먼저 익히고 역사를 배운 후 무술을 배우라는 것이었다. 부친으로부터 학문을 전수받은 김종직은 26세 때인 세조 2년(1456) 회시(會試)에 응시했지만 떨어졌다. 게다가 와병 중인 부친은 아들이 귀향하기 전에 세상을 뜨고 말았다. 김종직은 아버지의 무덤 옆에 여막을 짓고 시묘살이를 한 후 29세 때인 세조 5년(1459) 식년문과에 급제해 승문원 권지부정자(權知副正字)로 첫 관직에 나섰다. 이후 김종직은 세조와 성종 때 여러 벼슬을 역임했다. 성종 2년(1471) 고향에 홀로 된 노모가 있다며 사직을 청하자 성종은 고향 근처인 함양 군수를 제수했다. 관직 생활을 하면서 노모를 봉양하라는 뜻이었다.

이때부터 시작된 지방관 시절이 훗날 그를 사림의 종주로 만들었다. 이때 그는 많은 문인들을 배출했다. 김종직은 선산 부사 시절 자신을 전별하는 문인들을 '우리 당〔吾黨: 오당〕'이라고 불렀다. 자신의 문인들을 하나의 정치 세력으로 간주했던 것이다. 김종직은 함양 군수 시절 경내 누각에 걸린 유자광의 친필 액자를 불살라버렸다. 예종 때 남이의 옥사를 일으킨 유자광에 대한 반감이 크다는 반증이었다.

김종직은 선정을 베푼 목민관이었다. 차(茶)에 대한 일화가 이를 말해준다. 함양에는 차가 나지 않았는데도 차를 공납해야 했다. 함양 군민들은 전라도까지 가서 차를 사서 공납했는데, 이를 안타깝게 여긴 김종직은 엄천사(嚴川寺) 북쪽에 관영 차밭을 만들어 공납했다. 김종직은 성종 4년(1473) 경상도 지역의 다른 지방관 여섯 명과 함께 논상(論賞)이 필요하다는 평가를 받을 정도로 높은 평가를 받았다. 그래서 성종은 재위 6년 김종직이 "문학(文學)이 있고 고을을 잘 다스렸다"는 이유로 3품직에 제수하고, 이어 승문원(承文院) 참교(參校) 겸 지제교(知製敎)로 임명했다. 그러나 그는 1년이 채 못 되어 다시 낙향을 원했다. 늙은 어머니를 모시겠다는 것이었다. 이에 성종은 선산 부사를 제수하여 그의 뜻을 받아주었다.

그는 이곳에서 또다시 후학들에게 학문을 가르쳤다. 그의 학맥은 지방관 시절에도 교육을 계속했던 이런 경로로 형성된 것이다. 그의 문인을 '영남학파'라고 부르는 까닭은 그가 영남 출신이란 이유 외에도 영남 지역에서 지방관을 할 때 후학을 가르쳤던 데서 유래한다. 생육신의 한 사람인 추강(秋江) 남효온, 타헌(睡軒) 권오복(權五福), 임계(林溪) 유호인(兪好仁), 박팽년의 외손인 재사당(再思堂) 이원(李黿)을 비롯해 정희량(鄭希良), 강희맹(姜希孟), 이계맹(李繼孟), 김흔(金訢), 유순정(柳

順汀), 강혼(姜渾) 등 당대에 명성을 드날리던 유학자 상당수가 그의 제
자였다.

영남 지방뿐만 아니라 홍유손(洪裕孫), 양준(楊浚), 우선언(禹善言), 이
목(李穆) 등 기호 지방의 사대부들도 그를 사사했다. 김종직이란 한 사
대부를 중심으로 훈구의 전횡에 불만을 가진 전국의 사림들이 하나의
정치 세력을 형성하게 된 것이다.

사림파가 세조의 즉위를 찬탈로 인식한 것은 맞지만 실제 행동까지
세조 정권을 부인했던 것은 아니다. 사림의 반대파에서 김종직이 왜
세조 때 과거에 응시했느냐고 비판한 것이 이를 말해준다. 김종직 자
신이 세조 때는 물론 그 아들 예종과 손자 성종 때 여러 벼슬을 역임
했다.《성종실록》23년 8월조의 그의 졸기에는 "세조가 집현전을 없
애고 글 잘하는 선비 열 명을 선발하여 예문(藝文)을 겸하게 할 적에
김종직이 형 김종석(金宗碩)과 함께 선발되어 들어갔다"라고 적고 있
다. 세조는 상왕 복위 운동의 본산인 집현전을 없애고 예문관에 그
기능을 이관했는데 이때 김종직이 예문관에 들어갔다는 말이다. 세조
때 과거에 급제한 경력이나 예문관에 들어간 경력들 때문에 그는 비
판도 받았지만 훈구들의 전횡에 맞선 사림을 하나의 정치 세력으로
형성시킨 공을 덮을 수는 없다.

사림들이 훈구에게 격렬하게 맞서게 된 것은 사상적인 차이 때문만
이 아니라 훈구들이 사림들의 경제 기반까지 잠식했기 때문이기도 했
다. 훈구들은 세조 정권에 저항하는 신하들을 '난신(亂臣)'이라 부르면
서 토지를 빼앗은 데서 그치지 않고 지방 호족들인 사림들의 토지까지
잠식하기 시작했다. 국가권력이 사유화되면서 훈구들은 지방 주둔 군

대의 군량이나 각 관청의 경비에 쓰도록 지급된 둔전(屯田)과 영둔전(營屯田)까지 손을 댔다. 성종 5년 12월 대사간 정괄이 이를 지적했다.

"여러 고을의 둔전은 관계되는 바가 가볍지 않은데, 근래에 들으니 수령들이 다 재상에게 뇌물로 주었다고 합니다. 강직하고 밝은 조사(朝士)를 어사로 보내 추쇄(推刷: 받아들이는 것)하게 하소서."

성종이 정괄에게, "누가 둔전을 재상에게 뇌물로 주었느냐?"라고 묻자 이렇게 답했다.

"신이 정확하게 알면 어찌 가리켜 말하지 않겠습니까? 충청도 절도사는 영둔전이 아주 많았는데, 지금은 한 떼기도 없고, 평안도 함종현(咸從縣)의 관전(官田)은 30여 석을 심을 만했었는데, 지금 또한 없어졌으니 다른 고을도 반드시 이와 같을 것입니다. 청컨대 사람을 보내어서 구안(舊案: 옛 토지 문서)에 의거하여 추쇄하소서."《성종실록》5년 12월 11일)

관청 소유의 둔전과 영둔전도 재상, 즉 훈구 공신들의 소유로 변했으니 일반 백성들의 토지는 말할 것도 없었다. 지방에 기반을 가진 선비들의 토지까지 잠식하자 사림은 훈구에게 격렬하게 반발했다. 재상들의 토지 침탈이 심해지자 성종 6년(1475) 11월 호조에서는 사헌부에 고발이 없어도 수사할 수 있는 권한을 주자고 주청했다.

"전주(田主: 땅 주인)가 전세(田稅)를 거둘 때 함부로 거두는 자가 있으면, 전부(佃夫: 경작자)로 하여금 사헌부에 고발하도록 하였으나, 초야(草野)의 백성들이 어찌 일일이 고발할 수 있겠습니까? 이를 이용해 마음대로 거두는 자가 많으니, 청컨대 사헌부에게 분경의 경우처럼 무시로 적발해 위반자는 엄벌에 처하도록 하소서."《성종실록》6년 11월 1일)

땅 주인들이 경작자에게 과도하게 전세를 거둘 때 경작자의 고발이 있어야 사헌부의 수사가 가능했다. 경작자들이 땅 주인을 고발하는 것은 어려울 수밖에 없었다. 그래서 경작자의 고발이 없어도 사헌부에서 조사할 수 있게 하자는 주청이었다. 성종은 원상들에게 의논하게 했는데, 원상 한명회·정창손은 이렇게 보고했다.

"각종 전세를 거둘 때 간사하고 탐욕스러운 무리들이 각박하게 함으로써 백성들이 그 고통을 견디지 못하는 폐단이 많습니다. 그러나 이같이 탐욕스러운 자는 얼마 안 됩니다. 지금 전지(田地)가 있어서 수세(收稅)하는 자는 대개 대신들입니다. 그들이 함부로 거둔다고 의심하여 사헌부의 대졸(臺卒: 하급 관리)들에게 규찰하게 한다면 전부(佃夫)를 침해하는 것보다 더 폐단이 될 것 같습니다. 청컨대 전부로 하여금 사헌부에 고발하게 하여 그 전지를 빼앗고 무거운 벌로 다스리도록 하소서."《성종실록》 6년 11월 1일)

전지의 세금을 거두는 자들은 대부분 대신들, 즉 공신들인데 이들을 사헌부의 대졸들에게 수사하게 할 수는 없다는 논리였다. 성종은 원상들의 의견을 따를 수밖에 없었다. 예전처럼 경작자가 고발할 경우에만 수사하게 하자는 논리지만 대신들을 상대로 고발할 간 큰 경작자는 찾기 힘들 것이니 조사하지 말자는 것과 같은 말이었다.

사전 혁파를 명분으로 개창한 조선이 100년이 안 돼서 고려 말과 같은 상황이 되어가고 있었다. 훈구 공신들은 일반 백성들의 토지뿐만 아니라 신진 사림의 토지까지도 침탈했다. 훈구 공신들이 대토지를 소유한 대지주라면 사림은 중소 지주였다.

사림의 대표 인물인 김종직도 꽤 많은 토지와 노비를 소유한 지배층이었다. 김숙자의 장인은 경상도 밀양의 지방 사족(土族)으로서 조

선시대 사재감정(司宰監正)을 역임했던 박홍신(朴弘信)이었다. 김숙자
는 결혼 후 처가인 밀양으로 이주했다가 장인이 사망하면서 막대한
유산을 물려받았는데, 남녀가 똑같이 균분(均分) 상속하던 조선의 관
습에 따른 것이었다. 아들 김종직도 상당한 토지와 노비를 소유하고
있었다. 성종 23년 김종직이 고향에 돌아가려 하자 그 제자들은 김종
직이 "집안에 한 섬의 저축도 없다"면서 나라에서 경제적 배려를 해주
어야 한다고 주장했다. 이에 대해 대사헌 김려석(金礪石)은 강하게 반
박했다.

"김종직은 경상도 세 고을에 노비(臧獲: 장획)와 전장(田莊)이 있는데,
집안에 한 섬의 저축도 없다고 일컫는 것이 옳겠습니까?"

김려석이 말한 경상도 세 읍은 원고향인 선산과 어머니의 고향인
밀양, 처의 고향인 금산을 지칭한 것이다. 김종직의 연보에도 성종 22
년 노비 15명을 하사받았다고 기록되어 있다. 《성종실록》에는 또 다
른 사림인 정여창(鄭汝昌)도 악양 농장에 수백 명의 노비를 소유하고
있었고, 김굉필도 여러 곳에 농장과 노비를 가진 재력가였다. 이처럼
사림도 전주이자 노비를 소유한 지배층이었다. 이 땅을 둘러싼 싸움
이 훈구와 사림 사이 정치적 대립의 중요한 원인이었다.

성종은 훈구와 사림의 대립을 왕권 강화를 위해 이용할 줄 아는 정
치적 안목을 갖고 있었다. 사림은 세력으로는 훈구에 비할 수가 없지
만 성종이 훈구를 견제할 수 있는 집단으로 인식하면서 급격하게 세
를 키우고 사대부들의 지지를 얻을 수 있었다.

단종 모후의 소릉 복원을 주장하는 사림

대비의 수렴청정이 끝나고 성종의 친정이 시작된 이후 성종의 눈은 원상제에 닿아 있었다. 원상제는 왕권을 강하게 제약했지만 누구도 이 문제를 거론하기를 꺼려했다. 이런 점에서 대사헌 윤계겸은 이중적인 성격을 갖고 있었다. 윤계겸과 그 부친 윤사흔은 모두 공신이었고, 윤사흔은 대비 윤씨의 동생이었다. 달리 보면 윤계겸은 성종의 외숙부였으므로 성종의 편에 설 수도 있었다. 성종 7년(1476) 5월 15일 대사헌 윤계겸 등은 시무책 9개조를 올리면서 원상제를 정면에서 비판하고 나섰다.

"원상 제도는 조종조(祖宗朝)에는 없던 것으로서 세조 때 일시적인 권의(權宜: 임시적인 필요성)에서 나온 것이지 영구토록 지속할 제도는 못 되는 것입니다. …… 삼가 바라건대 빨리 원상을 파하시어 관직을 서로 침노하는 폐단을 제거하고, 대신을 예의로 대접하는 도리를 펴게 하소서."(《성종실록》 7년 5월 15일)

윤계겸은 같은 상소에서 의정부서사제 부활도 요구했다. 원상제 폐지가 성종의 왕권을 강화하기 위한 것이었다면 의정부서사제 부활은 정승들의 권한을 강화하기 위한 것이었다. 의정부서사제는 의정부에서 집행 부서인 육조의 보고를 받아 먼저 심사한 후 국왕에게 보고하는 제도였다. 육조직계제는 육조에서 의정부를 제치고 국왕에게 직접 보고하는 제도였다. 의정부서사제 때는 정승들의 권한이 강화되고 육조직계제 때는 국왕의 권한이 강화되었다. 윤계겸의 주장은 원상제 폐지와 의정부서사제 부활을 맞바꾸자는 것이었다. 원상제를 폐지해 왕권도 강화하는 한편 의정부서사제를 부활해 정승들의 권한도 강화시키자는 절충안이었다. 원상들은 성종이 원상제를 폐지하는 대신 의정부서사제를 부활시키는 절충안을 택할 것으로 보았다. 그러나 성종의 생각은 달랐다.

"의정부서사제는 복설(復設)하기 어려운 것이다. 원상제 폐지는 앞에서도 말한 자가 많았고, 또 예로 대신을 대접하는 도리에도 어긋나므로 부득이 따르겠다."

의정부서사제는 부활시키지 않고 원상제만 폐지하겠다는 것이었다. 성종은 허수아비 왕 노릇에 만족하지 않겠다는 뜻을 명확히 밝힌 것이다.

그러나 성종은 아직 왕권이 공신들과 맞설 상황이 아니라는 사실을 알고 있었다. 성종은 훈구 공신 세력을 견제할 수 있는 신진 정치 세력이 필요하다고 생각했다. 그래서 재위 9년(1478)에 홍문관(弘文館)을 설치했다. 《경국대전》은 홍문관이 궁중의 서적을 관리하고 문한(文翰)을 처리하며, 국왕의 자문 기능을 한다고 규정하고 있는데 사실상 세조 때 폐지된 집현전의 부활이었다. 홍문관은 사헌부, 사간원과 함께 삼사(三司)로 불렸는데, 탄핵권과 언론권을 갖고 있는 언관(言官)으로서 직급은 높지 않지만 정국에 큰 영향을 끼칠 수 있었다. 성종은 사림 출신의 과거 급제자들을 삼사에 배치시켜 이들이 공신들을 견제하는 구도를 만들었다.

드디어 성종 9년(1478) 4월 양측이 충돌했다. 흙비(土雨: 토우)가 내리자 성종은 널리 구언했다. 천재지변 등이 있으면 국왕이 자신의 정사

문종과 현덕왕후 권씨의 무덤인 현릉(顯陵)
현덕왕후의 무덤은 안산의 소릉이었으나 훗날 양주의 현릉으로 이장했다.

가 잘못되어서 하늘이 재이를 내리는 것으로 생각해서 정치의 잘못이
무엇인지 지적하는 상소를 올려달라고 하는 것이 구언이었다. 구언에
응해 올린 응지(應旨) 상소에는 어떤 내용이 담겨 있어도 처벌하지 않
는 것이 관례였다.

　이때 사육신의 전기인《육신전》의 저자인 유학(幼學) 남효온이 응지
상소를 올렸는데, 시대의 금기였던 소릉(昭陵) 복위를 주장하고 나서
큰 파문을 일으켰다. 소릉은 단종의 모친인 권씨의 무덤이었다. 단종
을 낳은 후 이틀 후인 세종 23년(1441) 7월 동궁의 자선당에서 스물네

살의 젊은 나이로 세상을 떠났다. 문종이 왕위에 오른 1450년 7월 현덕왕후로 추숭하고 안산(安山)에 있던 그 무덤을 소릉으로 높였다. 세조도 왕위에 오른 후 처음에는 소릉에 제사를 지냈으나 상왕 복위 기도 사건에 현덕왕후의 어머니 최씨와 왕후의 아우 권자신이 연루되자 권자신을 사형시켰다. 세조는 현덕왕후를 폐위시키고 소릉마저 폐했다. 선왕의 왕후를 후왕이 폐할 수 없다는 점에서 이 조치 역시 조야에 큰 충격을 남겼다.

조선 중기 이자가 쓴 《음애일기》에 따르면 단종을 죽인 세조 3년(1457) 겨울에 세조가 낮잠을 자다가 가위에 눌리자 소릉을 파헤치라고 명했다고 한다. 사신이 석실을 부수고 관을 끌어내려 했으나 무거워서 들어낼 도리가 없었다. 군민(軍民)이 놀라고 괴이쩍어했는데 글을 지어 제를 지내고 나서야 관이 나왔다. 사나흘을 노천에 방치해두었다가 명에 따라 평민의 예로 장사 지내고서 물가에 옮겨 묻었다는 것이다. 조선 후기 《축수편(逐睡篇)》에는 세조가 꿈을 꾸었는데 현덕왕후가 분노하여 "네가 죄 없는 내 자식을 죽였으니, 나도 네 자식을 죽이겠다. 너는 알아두어라"라고 말했는데, 세조가 놀라 일어나자 갑자기 동궁(東宮: 의경세자)이 죽었다는 기별이 들려왔다. 그 때문에 소릉을 파헤치는 변고가 있었다는 것이다. 역사상 선왕이나 선왕의 왕후릉을 파헤친 것은 소릉이 최초의 일이었으니 이 또한 세조의 무도함을 드러내는 계기였다. 성종 9년 4월 남효온이 여덟 가지를 지적하는 응지 상소를 올리면서 소릉 추복(追復)을 주장했으니 파란이 일 수밖에 없었다.

"그 하나는 소릉을 추복하는 것입니다. …… 20여 년 동안 폐함을 당하여 원혼이 의지할 바가 없을 것이니, 신이 모르기는 하지만 하늘에 계시는 문종의 영(靈)이 홀로 제사 받기를 즐겨하시겠습니까? ……신의 어리석고 망령된 생각으로는, 소릉을 폐한 것은 사람의 마음에 순응하지 아니한 것이니, 하늘의 마음에도 아닌 것을 따라서 알 수 있습니다. …… 부월(鈇鉞: 도끼)의 형벌을 너그럽게 하여 구언의 길을 넓힌다면 다행이겠습니다. 만 번 죽음을 무릅쓰고 아룁니다."《성종실록》 9년 4월 15일)

이때 도승지는 임사홍(任士洪)이었다. 임사홍은 세조 12년(1466) 사재감사정(司宰監司正)으로 있다가 춘시 문과에 급제했는데, 비록 공신은 아니었지만 효령대군의 아들 보성군의 사위로서 왕실의 외척이었다. 또한 세 아들 중 임광재(任光載)가 예종의 딸 현숙공주의 남편으로 풍천위(豊川尉)가 되었고, 임숭재(任崇載)는 성종의 딸 휘숙옹주에게 장가들어 풍원위(豊原尉)가 되는 겹외척으로서 공신과 같은 사고를 가지고 있었다. 임사홍은 남효온의 상소에 발끈했다.

"소릉을 추복하라'는 것은 신자(臣子)로서 의논할 수 없는 바인데 지금 남효온이 마음대로 의논하였으니 또한 옳지 못합니다."

임사홍은 남효온에게 상소의 내용을 물어야 한다고 주청했다. 곧 국문해야 한다는 것이었다. 성종이 "한 선비의 말을 듣고 물을 수는 없다"고 반대하자 임사홍은 이심원(李深源)과 남효온·강응정(姜應貞)·경연(慶延)·정여창(鄭汝昌)·박연(朴演) 등이 모두 한편이고 배후가 있다고 주장했다. 임사홍은 이들을 그대로 내버려두면 후한(後漢)의 환제(桓帝)·영제(靈帝) 때 환관들이 득세해서 여러 선비들을 금고에 처했던 당고(黨錮)의 화나 북송 때 낙당(洛黨)과 촉당(蜀黨)의 다툼이 있었던 것이 재연될 것이라면서 죄를 물어야 한다고 주장했다. 그러나 성종은 남효온을 처벌할 생각이 없었다.

"이제 구언의 명령이 있었으니, 말이 비록 적중하지 못하였을지라도 어찌 물을 수 있겠는가?"

성종이 거부하자 닷새 후인 4월 20일 경연을 마친 후 동지사(同知事) 서거정(徐居正)이 남효온을 처벌해야 한다고 주장했다. 구언에 응한 응지 상소는 처벌하지 않는 것이 관례를 깨자는 주장이었다. 성종은 "남효온은 지나친 말이 많았다. 소릉을 다시 세우는 일은 신자가 말할 수 없는 것이다"라고 비판에 동조했지만 처벌하자는 주장은 거부했다.

"승정원에서 국문하기를 청하였으나 내가 이미 구언하였기 때문에 윤허하지 않았다. 만약 국문하여 죄를 주면 신하가 감히 말하지 못하여 하정(下情)을 상달할 길이 없을까 두렵다."

드디어 영사(領事) 한명회가 나섰다.

"소릉을 다시 세우는 일은 더욱이 신자가 감히 말하지 못할 바입니다. 청컨대 국문하소서."

"구언하고서 또 국문하는 것이 옳겠는가?"

성종의 국문 반대 의사가 뚜렷하자 대사간 안관후(安寬厚)가 성종의 처분을 지지하고 나섰다.

"전하께서 이미 구언의 전교를 내리셨으니 말이 착하면 쓰고 착하지 못하면 버리는 것이 옳습니다. 이제 만약 국문하면 여러 신하들이 감히 말하는 자가 없을 것이니, 남효온의 말을 죄주는 것은 옳지 못합니다."

성종이 답했다.

"그렇다."

남효온은 개국 1등공신이자 영의정을 역임했던 남재(南在)의 5대손이었으므로 명가 중의 명가 후손이었다. 또 김종직의 문인이었다. 어머니의 소원에 따라 생원시에 응시해 합격한 후 시대를 개탄하며 더이상 과거에 나가지 않았고, 김시습 등과 함께 생육신의 한 명으로 꼽혔다. 김시습은 남효온에게 "자네는 나와 다르니 벼슬하지 않는 것은 의미가 없는 일이다"라면서 과거 응시를 권했다고 전해진다. 《국조보감(國朝寶鑑)》은 남효온이 이 상소를 올려 자신의 출처(出處)를 점쳤는데 소릉 복위가 받아들여지지 않자 이때부터 다시는 과거에 응시하지 않고 방랑하다가 생을 마쳤다고 전하고 있다. 비록 소릉 복위는 무산되었지만 남효온은 시대의 금기였던 소릉 복위를 주장하고도 처벌받지 않는 선례를 남겼다.

훈구가 남효온의 처벌을 강력하게 주장했던 것은 이 상소가 남효온의 단독 상소가 아니라 배후가 있다고 생각했기 때문이다.

사림의 선봉이 된 종친 이심원과 훈구의 선봉이 된 외척 임사홍

남효온의 상소 다음 날 동부승지 이경동(李瓊仝)이 남효온 상소의 배경이 있다고 주장했다.

"남효온의 상소는 주계부정(朱溪副正) 이심원의 상소와 서로 같으니 신의 생각으로는, 한 손에서 나온 것인 듯합니다."

주계부정 이심원은 효령대군의 증손으로서 종친이지만 사림의 역사관을 갖고 있었다. 그 김종직의 문인이었다. 증조부 효령대군이 양녕대군과 함께 단종을 죽여야 한다고 여러 차례 주청해 사대부들의 비난을 샀던 것과 달리 훈구에 비판적인 역사 인식을 갖고 있었다. 이경동의 주청도 성종은 거부했다.

"남효온이 비록 주계부정과 함께 의논하여 상소를 썼을지라도, 어찌 억측으로 국문할 수 있겠는가?"

훈구들이 남효온의 상소를 이심원과 짜고 한 것으로 본 것은 정확한 판단이었다. 이심원은 남효온의 상소 직전인 성종 9년 4월 8일 상소를 올려 대신들을 비판했다.

"전하께서는 지금의 집정자를 모두 어질다고 여기십니까? 어진 이와 어질지 못한 이가 섞였다고 여기십니까? …… 또는 조종(祖宗)께서 이미 전에 들어 써서 (전하께) 주셨으므로 마땅히 어질고 어리석음을 묻지 아니하고 아울러 용납하여 조종의 뜻을 저버리지 아니하는 것입니까?"《성종실록》 9년 4월 8일)

이심원은 성종의 대신들이 어질지 못한 인물들이라는 것이었다. 조종, 족 세조가 쓰다가 성종에게 주었기 때문에 그대로 쓰느냐는 질문이었다. 그는 "《전(傳)》에 이르기를 사시(四時)의 차례는 공을 이루어놓은 자는 물러난다"라고 하였다면서 공신들이 물러나야 한다고 말했다.

성종은 다음 날 이심원을 불러서 물었다.

"상소 중의 말 가운데 '세조조의 훈신을 쓰지 말라'고 한 것은 내가 이해하지 못하겠다. 네가 무슨 마음을 가지고 이를 말하였는가?"

"전하께서 신의 말을 듣고자 하시면 친대(親對)를 내려주소서."

친대란 신하가 직접 임금을 만나서 자신의 의견을 피력하는 것이었다. 성종은 이심원을 선정전으로 불러서 만났다. 이심원은 후한 광무제(光武帝)가 공신들에게 일을 맡기지 않은 것과 송나라 태조가 공신들의 병권을 빼앗은 사례를 들면서 이렇게 말했다.

"(훈신들이) 어질지 못한 자가 있어서 죄를 범할 경우 벌을 주면 은혜가 상할 것이고 벌을 주지 않으면 법을 폐하게 되는 것입니다. ……
원하건대 전하께서는 전대(前代)의 일을 거울삼아서 훈구를 임용하지 않으시면 공신을 보호할 수 있고 은혜를 상하게 하지 않을 수 있고, 법을 폐하게 함이 없을 것입니다."

"지금의 대신들은 모두 세조조의 훈구인데, 이들을 버리고 장차 누구를 쓸 것인가?"

이심원은 훈신들 가운데 재주와 덕을 함께 갖춘 자는 쓰고, 숨어 있는 영웅호걸을 쓰면 된다고 말했다.

이심원이 나가자 도승지 임사홍이 이심원을 비판했다.

"신의 뜻으로는 조정에서 사람을 쓸 때는 모름지기 기구(耆舊)를 써야 한다고 여겨집니다."

기구는 나이 많은 대신을 뜻하는 말로서 늙은 신하와 옛 신하라는 뜻이다. 종친 이심원이 세조 때의 훈신을 쓰지 말라고 했다고 해서 성종은 "알겠다"라고 바로 훈신들을 조정에서 내쫓을 수는 없었다. 그러나 이제 세조조의 훈신을 써서는 안 된다고 공공연하게 말하는 상황이 되었다.

단종 1년(1453) 수양대군이 김종서 등을 죽이고 권력을 장악한 이른바 계유정난 이후 25년 만인 성종 9년(1478), 드디어 공신 집단이 제거되어야 할 사회악으로 공론화된 셈이었다. 공신들은 격분했지만 성종은 이들을 보호했다. 사림은 훈구에 맞선 하나의 세력이 되었다. 대의와 의리 같은 명분론을 중시하는 사림이 등장한 것은 조정의 정치가 달라질 것이라는 신호였다. 게다가 사림에는 효령대군의 증손자인 주계부정 이심원처럼 출신으로는 훈구에 속하는 인물까지 가세하고 있었다.

공신의 자식이지만 그 자신은 공신이 아니면서 사림 비판에 앞장섰던 임사홍은 성종이 스스로를 반성하는 수성(修省)을 할 필요가 없다고 주장해 파문을 일으켰다. 성종이 구언한 것은 재위 9년 4월 1일 흙비가 내렸기 때문이었다. 흙비나 지진 같은 재해가 발생하면 군주는 이를 하늘의 견책으로 여겨 수성하는 것이 유학 국가의 관례였다. 유학을 한(漢)의 국교로 만든 유학자 동중서(董仲舒: 서기전 179년~서기전 104년)가 체계화한 천인감응설(天人感應說)에 따른 것이었다. 천인감응설은 하늘과 땅과 사람이 서로 연결되어 있다는 사

동중서의 초상
한무제가 정치의 올바른 지침에 대해 대책을 써 올리도록 한 데 응하여 천인삼책(天人三策)을 올려 유교 국교화의 계기를 만들었다고 전해진다.

성균관 문묘 대성전
공자의 위패를 모신 사당이다.

상이었다. 하늘이 한 명의 사람을 택해서 천명을 내려 임금으로 삼는
대신 군주가 정치를 잘못하면 재이(災異)를 내려 견책한다는 것이다.
그래서 재이가 발생하면 군주들은 자신의 정치에 혹시 잘못이 있는지
수성해야 한다는 것이었다.

　성종이 흙비를 하늘의 견책으로 보고 수성하려고 했을 때 훈구들도
적극 찬성했다. 4월 3일 성종은 면복을 갖추고 성균관 문묘에 들어가
임금이 직접 제사하는 작헌례(酌獻禮)를 마치고 명륜당에 나아가 양로
연을 베풀었다. 영의정 정창손을 비롯한 백관들을 비롯해서 성균관
관원들과 학생들까지 포함해 모두 2,800여 인이 참여한 큰 행사였다.

이때 성종이 흙비에 대해서 말했다.

"내가 일찍이 하늘의 위엄을 두려워하여 조심하고 근신하였다. 그러나 지금 흙비의 변이 있으니, 천심에 부응하지 못함이 있는 것이 아닌가?"

정창손이 말했다.

"지금 흙비뿐만 아니라 또 지진이 있었는데, 옛사람은 지진을 큰 변으로 여겼습니다."

흙비와 지진이 모두 하늘의 견책이라는 뜻이었다. 성종이 답했다.

"지진이 서울에는 없었다."

한명회가 말을 이었다.

"경상도·충청도도 역시 우리의 경내입니다. 재이가 어느 시대에는 없었겠습니까만 오직 임금이 덕을 닦는 데에 달려 있습니다."

경상도, 충청도에 지진이 난 것도 모두 성종의 책임이니 덕을 닦고 수성하라는 권고였다. 천인감응설을 믿는 유학자라면 몰라도 한명회나 정창손이 할 말은 아니었다. 이때만 해도 훈구들은 흙비를 성종의 정치에 문제가 있다는 하늘의 견책으로 여겨 성종을 압박하려 했다. 그러다가 성종이 흙비를 이유로 구언하고 남효온과 이심원이 훈구를 비판하는 상소를 올리자 태도가 달라졌다.

남효온과 이심원의 상소로 조정이 시끄럽던 4월 21일 도승지 임사홍이 성종에게 수성할 필요가 없다고 말했다. 임사홍은 경연에서 대간들이 수성의 하나로 술을 금하게 한 것을 비판했다.

"신이 듣건대 경연에서 대간들이 말하자 술을 금하였다고 하는데 술이란 본시 사람이 먹는 것입니다. 대저 임금이 큰 재변을 만난 뒤에 몸을 닦고 반성하며 술을 금하는 것은 또한 한갓 문구(文具)에 불과합니다. 이제 만약 가뭄의 징조로 재이가 생겼다면 비의 혜택이 마르지 않아서 보리와 밀이 무성하니, 그 여무는 것을 이로 점쳐서 알 수 있습니다. 만약 흙비를 재이라고 한다면, 예로부터 천지의 재변은 운수에 있으니, 운성(隕星: 별똥)도 그 운수입니다. 이제 흙비도 때의 운수가 마침 그렇게 된 것인데, 어찌 재이가 있는 것이겠습니까?"《성종실록》 9년 4월 21일)

하늘의 별똥이 운수인 것처럼 흙비도 운수이기 때문에 군주가 수성할 필요가 없다는 뜻이었다. 과학적인 근거로 따지면 임사홍의 말이 맞을 수도 있었다. 그러나 송나라 부필(富弼)이 "임금이 두려워하는 바는 오로지 하늘인데, 만약 하늘을 두려워하지 않는다면 무슨 일인들 하지 못하겠는가?"라고 말한 것처럼 하늘은 절대 권력을 가진 국왕을 제어할 수 있는 유력한 수단이었다. 모든 재이를 운수라고 한다면 임금이나 대신들은 어떠한 정치 행위에도 반성하지 않을 것이었다.

임사홍의 말이 모두 그른 것은 아니었다.

"이제 대간이, 주상께서 시를 짓는 것을 알면 '옳지 못하다'고 하고, 활과 화살을 잡으시면 '옳지 못하다'고 합니다. 그렇다면 문무의 재능을 폐해야 옳겠습니까? 대간은 또 사대부의 집이 참람하고 지나치다면서 집의 칸살(間架: 간가)의 넓이를 좁게 정하기를 청했습니다. 신 등은 생각하건대, 집의 칸수(間數: 간수)는 이미 세운 법이 있으니 다시 자질구레하게 할 필요가 없습니다. 대저 간사한 꾀는 측량하기 어려우니 이런 법을 비록 세울지라도 반드시 법 밖에서 교묘하게 짓는 자가 있을 것입니다."

임금이 시를 지을 경우 사림은 시를 짓는 것은 임금의 할 일이 아니라고 반대하고, 임금이 활을 쏘는 것 역시 반대했다. 무(武)를 천시하고 문(文)을 높이던 사림의 폐단이 이때 이미 모습을 드러낸 것이다. 사림이 집권한 후 조선은 무가 약한 나라가 되어 여러 외침을 당한다는 점에서 '문무의 재능을 폐하는 것이 옳으냐'는 임사홍의 항변은 이유가 있었다. 그러나 임사홍이 '모든 일은 운수니 임금의 수성이 필요없다'고 주장한 말은 사림들의 성토 대상이 되기에 충분했다.

임사홍의 말이 전해지자 사림은 대책을 숙의했다. 4월 27일 홍문관 부제학(副提學) 유진(兪鎭)·예문관 봉교(奉敎) 표연말(表沿沫) 등 양관(兩館: 홍문관·예문관)의 관원 20여 명이 일제히 임사홍을 탄핵하고 나섰다.

"전하께서 근래 흙비 때문에 구언하셨는데, 흙비는 작은 연고가 아니고 재이는 헛되게 나타나는 것이 아니니, 전하께서 두려워하고 근심하여 시폐(時弊)를 듣고 천견(天譴: 하늘의 꾸짖음)에 답하고자 하심이 마땅합니다. …… 신 등이 삼가 임사홍의 말한 바를 듣건대 모두 옛 간신의 말이고, 전하의 답하신 바는 모두 성제명왕(聖帝明王)의 훈계이므로, 신 등은 전하에게 삼가 경하함을 이기지 못하겠으며, 임사홍에게 통분함을 이기지 못하겠습니다……."《성종실록》 9년 4월 27일)

임사홍을 간신이라고 비판한 이들은 그 부친 임원준까지 공격했다. 임원준은 사대부 출신이지만 의학에도 밝았던 신하로서 성종 2년 (1471) 좌리공신 3등에 서하군(西河君)에 책봉된 공신이었다.

"또 임사홍의 아버지 임원준의 간사하고 탐욕스럽고 더러움〔貪濁: 탐탁〕은 한때의 으뜸이고 더러운 행적은 선조 때부터 드러났습니다. …… 그 아들(임사홍)은 승정원의 우두머리이고 손자는 공주에게 장가들어서 안팎으로 권세가 빛나고 성하자, 바르지 못한 무리가 바람을 따라가듯 붙따르니, 유식한 선비로서 한탄하지 아니하는 이가 없습니다. …… 이같이 악하고 간사한 자가 요로(要路)에 웅거하여 뜻을 맞추어 아첨하고 기쁘게 하여 전하를 그릇되게 하니, 신 등은 통분함을 이기지 못하겠습니다."

임원준과 임사홍은 외척이자 부패한 일가라는 비난이었다. 이 상소가 끝이 아니었다. 기다렸다는 듯 대간에서 가세했다. 사간원 대사간 안관후(安寬厚)·사헌부 장령 박숙달(朴叔達) 등이 임사홍을 소인이라고 공격한 것이다. 그러나 성종은 대간을 꾸짖었다.

"경 등도 어질다고 이를 수 없다. 만일 임사홍이 소인이고 임원준이 탐오한 것을 알았으면, 어찌하여 두려워서 몸을 움츠리고 말하지 않다가 홍문관·예문관에서 말하기를 기다린 뒤에야 따라서 논박하는가?"

그러나 대간들이 계속 논박하자 "그대들의 말에 따르겠다"며 이들의 주청을 들어주는 듯했다. 양관과 양사는 기뻐했지만 막상 성종의 명령은 홍문관·예문관의 관원들을 파직시키는 것이었다.

"홍문관·예문관의 관원들은 임사홍이 소인이며 임원준은 간사하고 탐탁(貪濁)한 것을 알면서도 그들 부자에게 도승지와 좌참찬이 제수될 때에는 두려워 논계하지 않았는데 이는 자못 임금의 덕을 보양하는 뜻이 없는 것이므로 그 벼슬을 파면하라."《성종실록》 9년 4월 28일)

그러나 성종이 홍문관·예문관만 꾸짖은 것은 아니었다.

"임사홍은 '대간의 말하는 일이 지나치고 번거로우니, 마땅히 견책의 뜻을 보이는 것이 마땅하다'고 말하였고, 성균관 양로연 때에 대간이 김수온(金守溫)의 입참(入參)이 마땅치 못하다고 논한 것을 자질구

레한 일이라고 말했다. 무릇 그 말한 바가 언로에 방해됨이 있었으니, 그의 고신(告身: 벼슬 임명장)을 거두라."《성종실록》9년 4월 28일)

성종의 결론은 양비론이었다. 임사홍의 고신도 거두지만 홍문관·예문관의 관원들도 파직하라는 양비론이었다. 임원준은 불문에 부쳐졌으니 사실상 사림의 패배였다.

이 소식을 들은 주계부정 이심원이 성종에게 다시 친계(親啓: 직접 만나 아뢰는 것)를 요구했다. 승정원에서는 글로 상소하라고 했으나 사직의 안위와 관련된 일이라면서 직접 만날 것을 요구했다. 종친이 사직의 안위에 관련되었다고 했으니 만나지 않을 수 없었다. 성종을 만난 이심원이 아뢰었다.

"어제 들건대, 홍문관·예문관의 관원이 임사홍 및 그 아비 임원준의 간사함을 논계하자 임원준의 간사한 형상은 묻지 않으셨으며 곧 임사홍의 직첩을 거두고 홍문관·예문관 20여 관원을 파직시켰다고 합니다. 만약 양관(兩館: 홍문관·예문관)의 말이 옳으면 임사홍 부자를 죄주는 것이 옳고, 그렇지 않으면 양관의 관원을 죄주는 것이 옳은데, 무슨 까닭으로 아울러서 죄를 가하십니까? 또 임원준 부자는 소인이 아닙니까?"《성종실록》9년 4월 29일)

성종이 성난 목소리로 말했다.

"네가 이를 위해 왔느냐?"

성종은 종친 이심원이 사림에 우호적이라는 사실은 알았지만 임사홍까지 공격하는 것은 뜻밖이었다. 이심원은 효령대군의 증손자이자 임사홍의 장인인 보성군 이합(李㝓)의 손자였기 때문이다. 이심원은 임사홍과 자신의 관계를 직접 거론하며 공격했다.

"임사홍은 신의 숙모부(叔母夫)이기 때문에 그 사람됨을 자세히 아는데, 참으로 소인입니다. …… 또 전하의 성명(聖明)하심으로도 오히려 임사홍이 소인임을 알지 못하셨는데, 양관의 선비가 무슨 죄가 있습니까? 임원준은 참으로 무상(無狀)한 소인입니다. 중외의 모든 신료와 여항의 백성들까지 임원준이 소인인 것을 누가 알지 못하겠습니까? 홀로 전하께서는 구중궁궐에 계시기 때문에 알지 못하시는 것입니다."《성종실록》 9년 4월 29일)

조선에서 집안 손위 사람을 비판하고 나서는 것은 극히 이례적인 일이었다. 성종이 물었다.

"네가 임원준을 소인이라고 하는데 임원준이 소인인 형상을 차례로 말하여라."

그래서 이심원은 임원준이 태종의 넷째아들로서 열네 살 어린 나이에 세상을 떠난 성녕대군의 재산을 자신의 조부 보성군에게 가로채게 하려 했다고 폭로했다. 보성군이 성녕대군의 재산을 차지하면 임사홍의 아내에게도 몫이 돌아가기 때문이라는 것이다. 폭로를 들은 성종이 승지들에게 물었다.

"그대들은 임원준이 소인인 것을 알지 못했는가?"

도승지 손순효가 대답했다.

"임원준이 재리(財利: 재물과 이익)에 급급하니, 군자가 아닙니다."

좌부승지 김승경(金升卿)은 대답했다.

"신이 임원준과 같은 해에 급제했으므로 자세히 압니다. 그 집이 본래 가난하였는데, 근래에 갑자기 부자가 되어 가산이 매우 넉넉하니, 무릇 사람은 재리(財利)에서 그 지조를 볼 수 있습니다."

이심원은 통곡하며 말했다.

"신이 사직과 연고가 있기 때문에 감히 이같이 하는 것입니다. 임사홍은 조부의 사랑하는 사위이며 일문(一門)의 망족(望族: 이름이 있는 친족)입니다. 신의 아비가 평소에 지병이 있는데, 만약 이 일을 들으면 놀라고 슬퍼하며 신을 그르게 여겨서 보지 않으려고 할 것입니다. 신 또한 무슨 면목으로 다시 조부모와 부모를 보겠습니까?"

임원준과 임사홍의 비리가 드러나자 성종의 마음이 풀어졌다.

"경의 아비가 어찌 경을 그르게 여기겠는가?"

"신이 나라를 위해 어버이를 잊었으니, 신은 진실로 낭패입니다."

《성종실록》은 이날(4월 29일) 이심원이 "통곡하면서 물러갔다"고 적고 있다. 이심원의 직간이 신법성이 있다고 믿은 성종은 의정부와 육조, 대간과 임사홍 부자를 인정전으로 불러 대질시켰다. 그 결과 임씨 부자의 부정부패상이 낱낱이 드러났다. 임씨 부자는 물론 유자광도 궁지에 몰렸다. 임사홍 부자와 유자광은 '조정을 문란케 했다'는 죄목으로 유배형에 처했다.

이 싸움은 일견 사림의 승리로 끝나는 듯했다. 하지만 훈구는 역시 만만치 않았다. 훈구는 자신들을 탄핵했던 양관의 관원 중에 표연수(表沿洙)와 김맹성(金孟性)을 지목해서 공격해 유배형에 처하게 했다. 무승부로 끝난 셈이었다.

나아가 이심원은 집 안팎에서 많은 탄압을 받았다. 손자 이심원이 사위 임사홍을 공격했다는 소식을 들은 이심원의 할아버지 보성군 이합은 극도로 분노했다. 보성군은 단종을 죽이라고 여러 차례 세조에게 주청해 단종을 죽이는 데 앞장섰으며 재산을 축적했던 효령대군의 정체성을 그대로 이어받은 인물이었다. 보성군은 아들이자 이심원의 부친인 평성군(枰城君) 이위(李偉)에게 이심원을 불효죄로 고발하게 했다. 조선에서 불효죄로 고발되고 사실로 인정되면 불이익이 컸다. 평성군 이위의 장자였던 이심원은 제사권과 장자권을 동생 이혼원(李混源)에게 빼앗기고 강원도 이천현으로 귀양 갔다.

그러나 이는 약과였다. 이때는 성종이 사림에 우호적인 시절이기 때문이다. 이때 귀양 간 임사홍은 오랫동안 서용되지 못하다가 연산군 때 사림에게 복수의 칼날을 휘두르는 것으로 앙갚음했다. 연산군 10년(1504)의 갑자사화 때 이심원은 두 아들 이유령(李幼寧) 이유반(李幼鬶)과 함께 사형당하고 손자들은 종으로 떨어지고 말았다. 수양대군의 반대편에 섰던 종친들이 겪었던 멸문지화가 연산군 때 다시 재연된 것이었다.

무너지는 한명회의 세상

성종은 훈구와 사림 중에서 어느 한쪽이 붕괴하기를 원하지는 않았다. 임금이 될 수 없는 자신을 임금으로 만들어준 집단은 훈구였다. 성종은 훈구의 전횡은 문제로 봤지만 그들이 가진 권력 모두를 부정적으로 보지는 않았다. 사림의 시각으로 세상을 바라보지는 않은 것이었다. 왕권까지 제약하는 훈구의 권력은 문제라고 봤고, 이를 약화시

겸재 정선(鄭敾)이 그린 압구정도

키기 위해서 사림의 역할이 필요하다고 생각했다. 그래서 사림도 보호했다. 양자가 팽팽하게 긴장을 이루고 있는 상황에서 발생한 것이 성종 12년(1481)의 6월의 압구정(鴨鷗亭) 사건이었다.

그해 6월 24일 상당부원군 한명회는 성종에게 "명나라 사신이 신의 압구정을 보려고 하는데 정자가 매우 좁으니 만류하는 것이 어떻겠습니까?"라고 제안했고 성종은 승지를 사신에게 보내 "압구정은 좁아서 유관(遊觀)할 수 없다"고 통보했다. 그러나 명 사신은 "압구정이 비록 좁더라도 가보겠습니다"라고 우겼다. 압구정은 갈매기가 노는 정자라는 뜻으로서 한명회의 호인데, 그가 지금의 서울시 압구정동 강변 언덕에 지은 정자였다. 한양을 둘러싸고 있는 명산들을 한눈에 조망할 수 있어서 풍광이 좋기로 이름난 정자였다.

세조가 쿠데타를 추인받기 위해 명에 저자세 외교를 취하고 난 후명 사신의 위세는 더욱 커졌다. 공신 집단은 명 사신에게 뇌물을 바쳤고, 심지어 한명회는 명 임금에게도 뇌물을 바쳤다는 기록도 있을 정도였다. 명 임금과 직접 통하는 사이임을 자랑하고 싶은 것이었다.

이때는 가뭄에 우박이 겹쳐 성종은 골머리를 썩고 있었다. 성종은 기우제를 지내고 사면령을 논의했다. 성종은 재해에 대비하는 한편 명 사신 접대도 소홀히 할 수 없었다. 경복궁 경회루에서 잔치를 베풀거나 소주와 어육을 사신의 숙소인 태평관으로 보냈다.

한명회는 압구정이 좁아서 잔치할 수 없다고 말한 다음 날(6월 25)뜻밖의 이야기를 꺼냈다.

"내일 중국 사신이 압구정에서 놀고자 하기에 신이 오늘 아침 중국 사신에게 가서 점심〔晝飯: 주반〕을 함께했습니다. 상사(上使)가 말하기를, '내가 얼굴에 난 종기가 낫지 않아서 가지 못할 듯합니다'라고 하기에, 신이 '나가 놀면서 구경하면 병도 나을 것인데, 답답하게 객관(客館)에 오래 있을 필요가 있겠습니까?'라고 청하니, 상사가 '제가 마땅히 가겠습니다'라고 하였습니다. 신의 정자는 본래 좁은데 지금 더운 때를 만나 잔치를 차리기 어려우니, 해사(該司: 관계 기관)를 시켜 정자 곁의 평평한 곳에 대만(大幔: 큰 장막)을 치게 하소서."《성종실록》 12년 6월 25일)

오지 않겠다는 사신을 억지로 초청해놓고 조정에서 압구정 곁에 큰 장막을 쳐달라는 것이었다. 한명회는 이미 세상을 떠난 공혜왕후 한씨(1456~1474)의 친정아버지로서 과거의 장인이었다. 게다가 공신 중의 공신으로서 자신을 왕으로 만들어준 핵심 인물이지만 조정 일을 자신 주머니 속의 공깃돌처럼 여기는 처사에 성종은 화가 났다.

"경이 이미 명 사신에게 정자가 좁다고 말해놓고 이제 다시 무엇을 꺼리는가? 정자가 좁다면 당연히 제천정(濟川亭)에 차려야 할 것이다."

제천정은 목멱산 남쪽의 '한강나루(漢江渡: 한강도)'에 있던 정자이다. 한강나루를 예전에는 '모래벌나루'라는 뜻에서 사평도(沙平渡), 또는 '모래말나루'라는 뜻에서 사리진도(沙里津渡)라고 불렀다.

성종이 직접 제천정에 잔치를 차리라고 장소를 특정했지만 한명회는 콧등으로 흘려들었다. 압구정에 잔치를 차리겠다면서 처마를 잇는 장막인 보첨만(補簷幔)을 내려달라고 다시 요청한 것이다. 화가 난 성종이 전교했다.

"(압구정에) 이미 잔치를 차리지 않기로 했는데, 또 무엇 때문에 처마에 잇대는가? 지금 큰 가뭄을 만났으니 멋대로 유관(遊觀: 놀면서 관람함)할 수 없다. 내 생각에 이 정자(압구정)는 마땅히 헐어 없애야 한다. 중국 사신이 만약 중국에 가서 이 정자의 풍경이 아름답다고 말하면, 뒤에 우리나라에 오는 사신이 다 유관하려 할 것이니 이는 폐단을 여는 것이다. 또 강가에 정자를 만들어 유관하는 곳으로 삼은 자가 많다고 하는데, 나는 아름다운 일로 여기지 않는다. 내일 제천정에 주봉배(晝捧杯: 낮에 대접하던 술상)를 차리고 압구정에 장막을 치지 말도록 하라."

성종이 거듭 명령했지만 한명회는 여전히 명을 거부했다.

"신은 정자가 좁고 더위가 심하기 때문에 아뢴 것뿐입니다. 그러나 신의 아내가 본래 묵은 병이 있는데다가 지금 또 발병했으므로 신이 그 병세를 보아서 심하면 비록 제천정이라도 신은 가지 못할 듯합니다."

압구정에 잔치를 차려야지 제천정에 차리면 자신은 가지 않겠다는 협박이었다. 성종은 승정원에 전교를 내렸다.

"나는 강가에 정자를 지은 자들이 누구누구인지 모르겠다. 이제 중국 사신이 압구정에서 놀면 반드시 강을 따라 곳곳을 두루 노닐고 난 후에야 그칠 것이고, 뒤에 사신으로 오는 자도 다 이를 본떠 유람할 것이니, 그 폐단이 어찌 끝이 있겠는가? 우리나라 제천정의 풍경은 중국 사람들이 예전부터 알고 있었고, 희우정(喜雨亭: 현 마포 망원정)은 세종께서 큰 가뭄이 들었을 때 이 정자에 우연히 거둥하셨다가 마침 신령스런 비(靈雨: 영우)를 만나서 이름을 내리고 기문(記文)을 지었으니, 이 두 정자는 헐어버릴 수 없다. 그 나머지 새로 만든 정자는 일체 헐어 없애 뒷날의 폐단을 막으라. 또 내일은 제천정에 주봉배를 차리고 압구정에는 유관만 하게 하라."

정인지가 세조를 '너'라고 부른 것처럼 한명회에게도 성종은 임금이 아니었다. 한명회에게서 군신의 분의(分義)는 찾기 힘들었다. 성종이 승정원에 전지를 내린 것은 승지들에게 한명회를 탄핵하라고 지시한 것이나 마찬가지였다. 승지들이 한명회를 비판하는 상계를 올렸다.

"한명회의 말은 지극히 무례합니다. 중국 사신이 가서 구경하려 하더라도 아내가 진실로 앓는다면 마땅히 이로써 사양해야 하는데, 병이 있다는 중국 사신에게 거꾸로 놀자고 청할 때는 아내의 병에 대해 한마디도 하지 않았습니다. 이제 대만(大幔)과 보첨(補簷)을 청하였으니, 대개 극도로 사치하고 크게 해서 아름다움을 뽐내려는 것이었습니다. 성상의 뜻이 허락하지 않으시려고 하시자 말을 바꾸어 '신의 아내가 병이 심해서 비록 제천정이라도 가지 못하겠습니다'라고 하였습니다. 이는 반드시 성상이 허락하지 않으시려는 뜻을 마음에 언짢게 여겨서 나온 말일 것이고, 마음에 분노를 품어서 언사가 공손하지 않았으니, 신하로서 예의가 아주 없는 것입니다. 임금의 명령은 신하로서 천리 먼 길도 사양하지 않고 가야 하는데, 스스로 청하고 나서 도리어 사양한다는 말입니까? 유사(攸司)를 시켜 국문하게 하소서."

태종 때 같았으면 사형당했을 일이었다. 승지들의 말에 성종은 "그 말이 매우 옳다. 그러나 천천히 명령하겠다"라고 여지를 두었다. 승지들이 다시 "임금과 신하 사이에 어찌 이처럼 패만(悖慢: 어그러지고 거만함)할 수 있겠습니까? 국문하도록 명하여 신들의 소망하는 바를 시원하게 하소서."

"내가 어찌 우유부단해서 그러겠는가? 천천히 명령하겠다. 어찌 서두르겠는가?"

다음 날 성종은 경연에서 한강가의 정자 문제를 다시 거론했다.

"내가 듣건대, 재상 중에 강가에 정자를 지은 사람이 매우 많다고 한다. 이제 중국 사신이 압구정에서 놀고자 하는데, 뒤에 오는 중국 사신도 다 가서 유관(遊觀)한다면 그 폐단이 적지 않을 것이므로, 내가 헐고자 하는데 어떠한가?"

모두가 이구동성으로 답했다.

"성상의 분부가 지당합니다."

경연에 참석한 사간원 정언 윤석보(尹碩輔)가 한명회의 국문을 청했다. 압구정에 장막을 치려고 하다가 허락하지 않자 아내가 앓는다고 거짓말한 것은 국문해야 한다는 것이었다. 성종이 한명회의 속마음을 정리해서 말했다.

"정승이 장막을 칠 것을 청한 것은 가려고 한 것이고, 병을 핑계한 것은 가지 않으려고 한 것이다."

성종이 좌우에게 한명회의 죄가 있는지를 묻자 모두 말했다.

"한명회는 과연 죄가 있습니다."

성종은 국문을 명했다. 이 소식을 들은 한명회가 와서 변명했다. 분한 마음을 품고서 한 행위가 아니라는 변명이었다. 성종은 사헌부에 한명회의 "무례가 막심하다"면서 "추국해서 아뢰라"고 추가 조치를 내렸다. 그런데 사헌부에서 직접 불러서 묻지 않고 서면으로 질문하는 공함(公緘)으로 조사하자 사간원에서 사헌부를 비판했다.

"마땅히 조옥(詔獄: 의금부 감옥)에 내려 그 사유를 취조해야 하는데 지금 편안히 집에 앉아 공함으로만 물으니 매우 미편(未便)합니다."

성종은 "이미 사헌부에 추국을 명했으니 의금부로 옮길 수 없다"고 투옥까지 시키지는 않았다.

7월 1일 사헌부에서 한명회의 죄상을 보고하자 성종은 그 처분에 대해서 의논했다.

"죄는 크지만 여러 조정의 원훈이고 나에게도 구은(舊恩)이 있으니 다만 직첩을 거두고 성 밖에 부처(付處: 주거지를 한정하는 유배형)하는 것이 어떠한가?"

성종은 의정부의 견해를 물으라고 명했다. 구은이란 겉으로는 한명회의 딸이 자신의 전 부인이었던 것을 말하지만 속으로는 자신을 왕으로 만든 은혜를 뜻할 것이다. 의정부는 대체로 직첩은 거두되 부처는 면제하는 것이 좋겠다고 진언했고 성종은 그대로 따랐다.

비록 부처는 면했지만 한명회의 시대가 가고 있음을 말해준 사건이었다. 한명회가 성종의 명령을 거듭 거부할 수 있었던 것은 명나라 사신을 접대하는 일이기 때문이었다. 세조가 쿠데타를 추인받기 위해 명에 극도의 사대 외교로 일관하자 한명회 등은 명나라 사신들을 통해 명나라 임금과 통하려 했다. 자신이 조선 임금과 동급이라는 것을 과시하려는 것이었다.

이때 온 명 사신은 정동(鄭同)이었는데, 세종 10년 화자(火者: 환관)로 선발되어 명나라에 들어간 조선 출신이었다. 황해도 신천 출신의 화자였는데 명나라에 들어가 명 임금의 신임을 받아 예종 때부터 사신으로 나오기 시작했다. 한명회는 정동에게 막대한 뇌물을 써서 자기 편으로 만들었다. 한명회가 정동에게 공을 들인 것은 그를 통해 명 임금의 선물을 받으려 한 것이다. 명나라는 환관들의 권력이 막강했으므로 이는 별로 어려운 일이 아니었다. 명 임금의 하사품을 받은 한명회는 사방에 자랑했다. 조선 임금과 자신은 대등한 위치라는 선언이나 마찬가지였다.

그러나 권신이자 공신인 한명회도 세월을 이길 수는 없었다. 성종 18년(1487) 11월 14일 세상을 떠났다. 그 졸기에서 사신(史臣)은 한명회는 권람을 통해 세조의 대책(大策)을 도와 그 공이 제일에 이르렀다고 평가했다. 그 대책이란 물론 단종의 왕위를 빼앗고 죽인 것을 뜻한다. 또한 한 때의 재상들이 그 문에서 많이 나와서 조정의 벼슬아치로서 한명회의 말채찍을 잡는 자까지 있었다고 덧붙였다. 또한 재물을 탐하고 색을 즐겨서 전민(田民: 토지와 노비)과 보화(寶貨) 등의 뇌물이 잇달았고, 집을 널리 점유하고 희첩(姬妾)을 많이 두어 그 호부함이 일시에 떨쳤다고 비난했다. 한명회의 졸기는 이렇게 끝난다.

여러 번 사신으로 명나라 서울에 갔는데, 늙은 환자(宦者) 정동에게 아부하여, 많은 뇌물을 사사롭게 황제에게 바쳤으나, 부사(副使)가 감히 말리지 못했다. 만년에 권세가 이미 떠나자 빈객(賓客: 손님)이 이르지 않으니 수심에 차서 적막한 탄식을 하곤 하였다. 비록 여러 번 간관의 논박을 받았으나 소박하고 솔직해서 다른 뜻은 없었기 때문에 그 훈명(勳名: 공신의 이름)을 보존할 수 있었다.(《성종실록》 18년 11월 14일)

'다른 뜻'이란 왕이 되려는 뜻을 말할 것이다. 최소한 직접 왕이 되려는 생각은 없었기 때문에 공신의 이름은 보존할 수 있었다는 뜻이다.

정창손은 이보다 이른 1월 27일 세상을 떠났다. 사관은 "성삼문·박팽년 등이 난(亂)을 꾀하자, 정창손이 변을 고하여 경절공신(勁節功臣)의 칭호가 더해졌다"라고 말했다. 정창손이 상왕 복위 기도 사건의 고변자라는 것이다. 사관은 정창손이 축재에는 큰 관심이 없어서 청빈하다는 이름을 들었다고 덧붙였다. 수많은 충신들을 죽음으로 몰아넣었던 고변자의 마지막 양심이었는지도 모른다. 부음이 전해지자 성종은 전교를 내렸다.

"청빈한 재상이니, 부의 물품을 넉넉히 주도록 하라."

그에 대한 사관의 평은 한명회보다는 후했다.

정창손은 천성이 조용하고 소탈했고, 산업(産業)을 경영하지 않아서 집에 거주할 때 쓸쓸했다. 뇌물을 받지 않아서 비록 아주 가까운 친척이라도 감히 사사로이 간청하지 못했다. 어버이에게 효도하고 친구에게 신의를 지켜 정승이 된 지 30여 년 동안 한결같이 청렴하고 정직했고, 처음부터 끝까지 변하지 않았다. 나이가 많아져서 정신이 혼란하여 일을 의논할 때에 비록 더러 착오는 있었지만 조금도 임금의 뜻에 맞추어 아부하려는 사사로운 마음이 없었다. 매양 조정 회의 때 기거(起居) 동작하다가 넘어지면서도 오히려 사직하지 않아서 사람들이 가만히 비난하였다.(《성종실록》18년 1월 27일)

정창손과 한명회가 죽음으로써 세조 때의 원상들이 모두 사망했다. 공신들의 시대가 세월에 의해 막을 내린 것이었다. 이는 구공신들의 시대가 막을 내린 것이었다. 세조 후반부터 만들어진 신공신들은 아직 건재했다. 구공신들의 시대가 막을 내림에 따라 이제 사림의 시선은 신공신들에게 향했다. 신공신들의 대표가 적개 1등공신이자 좌리 4등공신인 영의정 윤필상이었다.

사림과 구공신들의 갑론을박

윤필상은 세조 13년(1467) 5월 이시애의 난 때 도승지로서 세조를 보좌한 공으로 적개 1등공신과 파평군(坡平君)에 봉해진 신공신이었다. 세조가 죽은 후에는 수묘관(守墓官)으로 3년간 세조의 능인 광릉을 지켰다. 성종의 세 번째 부인인 정현왕후 윤씨의 아버지 윤호(尹壕)가 윤필상의 당숙이므로 숙종의 인척이기도 했다.

성종 23년(1492) 12월 이목(李穆) 등 성균관 유생들이 일곱 가지에 걸쳐 상소를 올리면서 신공신의 핵심인 윤필상을 극력 비난했다.

"나라 사람들이 윤필상을 '간사한 귀신(奸鬼: 간귀)'이라고 지목하는데 전하께서만 홀로 충성스럽다고 여기시는 것입니까? 만약 충성스럽지 못함을 알면서 정승으로 삼으셨다면 반드시 당나라 덕종(德宗)과 같이 종사가 위태롭게 된 뒤에야 마음에 쾌하시겠습니까?"《성종실록》23년 12월 4일)

덕종은 당나라가 안녹산(安祿山) 사사명(史思明)의 난으로 쇠퇴기에 접어들었을 때 임금이었다. 무너진 나라 재정을 되살리기 위해서 전통적인 세법인 조용조(租庸調)를 여름, 가을 두 차례에 걸쳐 징수하는 양세법(兩稅法)으로 바꾸었던 임금이었다. 그는 중앙집권제를 강화하려 했으나 도리어 절도사들의 반발을 사서 결국 당나라가 망하는 단초를 열었다.

성균관 유생들이 윤필상을 비판한 것은 이유가 있었다. 이 무렵 모후 인수대비가 승려가 되는 것을 금지하는 법을 완화할 것을 요구했는데 윤필상 등이 동조했기 때문이었다. 사림은 유학 외의 모든 종교와 사상을 이단이라고 배척했다. 특히 백성들과 여성들이 다수 신앙하는 불교는 사림의 주 배척 대상이었다. 이목은 누구보다 불교 배척에 앞장섰다. 성종이 일찍이 병이 들자 인수대비는 무녀(巫女)에게 성균관 곁에서 귀신에게 제사를 지내게 한 적이 있었다. 이목은 성균관 유생들을 이끌고 무녀를 쫓아냈다. 화가 난 대비가 유생들의 명단을 조사해서 아뢰라고 하자 모두 숨었지만 이목은 숨지 않았다.

이목 등이 윤필상을 '간귀'라고까지 지목한 상소에 성종은 화가 났다.

"이른바 간교(奸巧)한 태도는 어떤 일을 가리키며 또 어찌하여 귀신(鬼)이라고 이르는가? 수상(首相: 영의정)은 내가 존경하는 바이니 간교

한 귀신이라는 실상을 모름지기 지적하여 말하도록 하라. 만약 바로 말하지 아니하면 이는 면전에서 속이는 것이다."

이목 등이 서계(書啓)로 답했다.

"공자가 '그 나라에 살면서 그 대부(大夫)를 비난하지 아니한다'고 말했는데, 하물며 수상이겠습니까? 신이 전하께서 존경하는 것을 알지 못함이 아닙니다. 그러나 윤필상은 욕심이 많고 마음이 맑지 못해 재물을 늘려서 논박당한 적이 한 번이 아닙니다. 하물며 이제 뜻을 맞추려고 힘을 쓰고 아첨하여 기쁘게 하며 성상을 불의(不義)로 인도하므로 이를 간사하다고 이르는 것이고 …… 행하는 바가 이와 같은데도 사람들로 하여금 알지 못하게 하니 이를 귀신이라고 이르는 것입니다."

성종은 이목을 비롯해서 심순문(沈順門)·최광윤(崔光潤)·조원기(趙元紀)·남곤(南袞)·송여려(宋汝礪)·이수함(李守諴)·이윤탁(李允濯) 등 상소에 참여한 성균관 생원들을 의금부에 가두었다. 그러나 대간에서 계속 용서를 청했기 때문에 벌을 내리지는 않았다.《명신록(名臣錄)》에 따르면 이목은 가뭄이 들자 "윤필상을 솥에 삶아 죽이면 하늘이 비를 내려줄 것이다"라면서 그 원인을 윤필상에게 돌리기도 했다. 상소 직후 길에서 이목을 만난 윤필상이 말했다.

"자네가 이 늙은이의 고기 맛을 꼭 봐야 하겠는가?"

이목은 윤필상의 힐난에 대꾸도 하지 않고 돌아서 갔다고 한다. 이목 등의 상소에 신공신들은 분개했으나 한낱 유생들을 상대로 싸울수도 없었다. 그래서 공신들은 대신 김종직을 공격했다. 이목이 김종직의 제자이기 때문이었다. 김종직은 이 사건이 몇 달 전인 성종 23년

(1492) 8월 19일 사망해 문충공(文忠公)이란 시호를 받았는데, 이 시호가 과하다는 공격이었다. 《성종실록》의 김종직 졸기에는 "도덕이 높고 학문이 넓은 것을 '문(文)'이라 하고, 청렴하고 공정한 것을 '충(忠)'이라 한다"고 기록하고 있는데, 이 시호를 정해 올린 기관은 봉상시(奉常寺)였다. 봉상시는 주로 젊은 유생들이 포진해 김종직의 영향을 강하게 받았기 때문에 문충공(文忠公)이란 극찬의 시호를 올렸다는 것이었다. 이목이 윤필상을 공격한 지 열흘 쯤 후에 의정부에서 김종직의 시호 문제를 거론하고 나섰다.

"김종직의 시의(諡議: 시호를 정한 논의)를 보니 성인처럼 의논하였고, 그 글자의 해석에 '도덕박문(道德博聞: 도덕이 높고 학문이 깊다)'이라고 하였는데, 정자(程子)와 주자(朱子)처럼 도통(道統)을 전한 자가 아니면 여기에 해당되지 않습니다. 신 등이 생각하건대 시호를 정하는 데에는 반드시 재주와 행실이 서로 맞아야 하는 것인데, 김종직의 시호는 서로 맞지 않습니다. 청컨대 이를 바꾸소서."《성종실록》23년 12월 14일)

성종은 일단 거부했다.

"시호를 이미 정하였는데 바꾸는 것이 옳겠는가? 다시 물어서 아뢰라."

의정부도 물러서지 않았다.

"시호는 반드시 실상과 서로 부합하게 해야 합니다. 지금 김종직의 시호는 그 실상과 부합하지 아니하기 때문에 이를 아룁니다."

성종은 의정부의 분노가 만만치 않다는 사실을 깨달았다. 그래서 시호를 의정한 봉상시의 관원을 국문하고, 과거에도 김종직처럼 '도덕박문(道德博文)'으로 시호를 한 자가 있는지 조사하게 했다. 의정부

검상(檢詳) 민사건(閔師騫)이 조사 결과를 보고했다.

"국조(國朝)에서 문충이란 시호를 얻은 자는 단지 조준(趙浚) 등 몇 사람뿐입니다. 김종직이 한 일은 조준 등에게 크게 미치지 못합니다. 그 헛된 미명이 이와 같으니, 청컨대 시호를 고치도록 하소서."

성종은 의정부의 견해를 따를 수밖에 없었다.

"김종직이 한 일은 조준 등과 같을 수 없는데, 어찌 이와 같이 시호를 의논하였는가? 봉상시에 묻도록 하라."

대간이라고 모두 사림파는 아니었다. 사헌부 지평 민수복(閔壽福)이 의정부에 동조했다.

"봉상시의 의논은 비록 공자라 하더라도 이보다 나을 수 없겠습니다. 김종직은 정직(正直)하고 청렴하며 글을 잘한 사람에 지나지 않는데, 시호를 의논한 것은 성인과 같으니 그 실상을 국문하도록 하소서."

김종직의 시호를 의정해 올린 봉상시의 관원들은 사헌부의 국문을 받았다. 다른 봉상시 관원들이 김종직의 시호를 다시 의정해 올릴 수밖에 없었다.

"…… 삼가 시법(諡法)을 살펴보건대 널리 듣고 많이 보는 것을 문(文)이라 하였고, 경(敬)으로써 덕성(德性)을 함양하여 간략하게 행하는 것을 간(簡)이라 하였으며, 덕을 지키며 사특하게 하지 아니하는 것을 효(孝)라고 하였고, 청백하게 절개를 지키는 것을 정(貞)이라 하였으니, 청컨대, 시호를 문간(文簡)이나, 문효(文孝)나, 문정(文貞)으로 하게 하소서."《성종실록》 24년 4월 14일)

성종이 이를 의정부 대신들과 영돈녕(領敦寧) 이상에게 의논하게 명했다. 영돈녕이란 영돈녕부사를 뜻하는 것으로서 왕비의 부친이 맡는 정1품 벼슬이었다.

윤필상이 아뢰었다.

"지금 시호를 의논한 것을 살펴보니, 문간(文簡)으로 내리는 것이 마땅하겠습니다."

이극배(李克培)·노사신·윤호(尹壕) 등 나머지 대신들도 이에 동조해 김종직의 시호는 문간공(文簡公)으로 낮춰 정해졌다. 공신들의 승리였다.

윤필상은 청렴하지 않았고 훗날 연산군의 생모 폐출에 가담하기도 하지만 성종 10년(1479) 11월에는 우의정이자 도원수로서 압록강을 건너 건주위의 여진족을 정벌했던 공도 있었다. 이때 여러 사람들이 "길은 험하고 눈도 많이 쌓였으니 군사를 다시 일으킬 수 없다"고 반대했지만 한명회가 끝까지 출병을 주장했고, 윤필상이 부원수 김교(金嶠)와 4,000명의 군사를 거느리고 가서 여진족을 대파한 공이 있었다. 무조건적인 공격 대상은 아니었던 것이다.

성리학으로 무장한 사림은 좌절하지 않고 공신들을 공격했다. 성종 34년에는 오위도총부(五衛都摠府)를 장악하고 있는 임사홍의 아들 임광재와 이철견, 그리고 구수영(具壽永) 등을 공격하고 나섰다. 임광재는 예종의 부마이고, 이철견은 세조 비 정희왕후 윤씨의 이종조카였으며, 구수영은 성종 3남의 장인이었다. 사림은 훈구 공신들이 장악한 군부가 부패했다고 공격했다.

"오위도총부에서 돈(布: 포)을 받고 군역을 면제시켜주었습니다."

이 폭로는 사회의 이목을 집중시켰다. 군역의 부정에 대한 비판 여론이 드높았던 것이다. 유전무역(有錢無役) 무전유역(無錢有役)인 셈이었다. 이때도 훈구는 분개했으나 사림에게 직접 보복을 가하지는 못했다. 성종이 사림의 붕괴를 원하지 않았기 때문이다. 성종은 훈구와 사림 중 어느 한쪽을 붕괴시킬 생각은 없었다. 성종이 보기에 훈구는 나라를 운영할 능력이 있는 반면 사림은 일체의 부정을 용납 않는 도 덕성이 있었다. 성종은 양자를 적절히 활용해 왕권을 강화했다. 이런 유연한 정치력으로 왕권을 크게 신장시켰다. 그러나 성종은 여성 문 제에는 이런 정치력을 발휘하지 못했다. 남성들 사이의 훈구, 사림의 갈등처럼 궁중의 여성들도 갈등하는 것이 당연하다는 생각을 하지 못 했다. 이런 여성관이 훗날 큰 비극을 낳게 되었다.

불안한 유산을 남기고

원자의 모후를 죽음으로 몰다

정희왕후 윤씨나 한명회 등의 원상들이 자을산군을 예종의 후사로 선정할 때만 해도 그가 유연한 정치력을 갖고 있으리라고는 생각도 못했다. 왕이 될 수 없는 인물을 왕으로 만들어준 자신들에게 충성을 다할 것으로 생각했다. 그러나 성종은 원상들은 말할 것도 없고, 할머니 윤씨의 이익을 대변하는 계파의 군주가 될 생각은 없었다. 그는 할아버지 세조가 무너뜨린 조선의 정상적인 헌정 질서를 다시 세우지 않으면 나라가 망할지도 모른다고 생각했다. 그래서 성종은 수양대군의 쿠데타로 무너진 헌정 체제 복원에 많은 노력을 기울였다. 재위 16년(1485) 《경국대전》을 반포한 것은 조선이 쿠데타 세력들의 사적 지배를 극복하고 법이 지배하는 헌정 체제로 돌아갈 것임을 말해주는 것이었다. 이를 위해 성종은 의식적으로 대간을 육성하고 홍문관을 창설했다. 대간과 홍문관이 비록 과하게 행동해도 공신 집단의 견제를 위해서 묵인했다. 공신들은 법 위의 절대적 존재에서 국왕은 물론 대간의 눈치도 봐야 하는 상대적 존재로 떨어졌다. 성종은 견제와 균형의 논리를 잘 아는 국왕이었다.

그러나 궁중 내부의 여성 문제에 맞닥뜨리면 이런 정치력은 모두 사라지고 감정이 앞섰다. 그의 이런 감정의 기복을 대비들이 이용했다. 야사는 성종을 '낮에는 요순이지만 밤에는 걸주(晝堯舜 夜桀紂: 주요순 야걸주)'라고 묘사한다. 낮에는 유학 사회에서 성인으로 떠받드는 요순(堯舜) 같은 임금이지만 밤에는 하(夏)의 걸(桀)이나 은(殷)의 주(紂) 같은 폭군들처럼 여성 편력에 빠졌다는 뜻이다. 걸은 매희(妹喜)라는 여성에게, 주는 달기(妲己)라는 여성에게 빠져서 술로 못을 만들고 고기로 숲을 이루고 놀았다는 주지육림(酒池肉林)이란 고사를 만들었던 인물이다.

'낮에는 요순 임금'의 치세 못지않게 '밤에는 걸주 임금'의 애정 행각도 화려했다. 성종은 4명의 왕후와 8명의 후궁 등 무려 12명의 부인을 두었고, 이들에게서 16명의 왕자와 12명의 공주·옹주 등 모두 28명의 자식을 두었다. 결과론이지만 세종이 6명의 부인과 18남 4녀의 자식을 둔 것이 단종애사의 한 원인이듯이 성종의 호색 역시 큰 화를 부르는 원인이 되었다.

만 열 살 때인 세조 13년(1467) 한명회의 딸(공혜왕후)과 혼인한 성종은 재위 4년(1473) 16세의 나이로 판봉상시사 윤기견(尹起畎)과 윤호의 딸을 동시에 후궁으로 맞아들였다. 이듬해 공혜왕후 한씨가 후사 없이 죽고 윤기견의 딸이 왕자(연산군)를 낳자 성종은 재위 7년(1476) 윤씨를 왕비로 책봉했다. 친정아버지가 한명회로서 왕실 못지않게 친정이 막강했던 한씨와는 달리 한미한 가문에다가 부친이 이미 사망한 윤씨가 왕비가 된 것에 대해 승복하지 못하는 후궁들이 많았다. 한씨에게는 절대 복종했지만 같은 후궁 출신으로 왕비가 된 윤씨에게는 복종할 생각이 없었다.

성종 8년(1477) 숙의(淑儀) 권씨 집에 투서가 날아들었다.

"소용(昭容) 엄씨와 정씨가 왕비(윤씨)와 원자(元子: 연산군)를 해치려 한다."

이 투서에 대해 성종은 '정소용이 한 짓인 듯하다'라고 말해 후궁들의 소행으로 짐작했다. 그런데 대궐에 여러 명의 대비들이 있었던 것이 사태를 악화시켰다. 세조비 정희왕후 윤씨, 성종의 모친 인수대비 한씨, 예종비 안순왕후 한씨의 세 대비는 삼전(三殿)이라고 불렸는데, 이들은 사건을 가라앉히기보다 키우기 일쑤였다. 투서 사건 직후 왕비 윤씨의 방에서 독약의 일종인 비상(砒霜)과 굿하는 방법이 담긴《방양서(方禳書)》가 발견되면서 후궁들의 투기 사건이 왕비를 향하게 되었다. 성종이 윤씨에게 출처를 묻자 여종인 삼월(三月)이 바쳤다고 대답했다. 이는 윤씨가 투기했다는 증거로 쓰일 수 있었다. 성종은 이 문제를 스스로 해결하는 대신 대비들에게 가져갔다. 대비에게 왕비 윤씨는 한명회의 딸이 아니었다. 정희왕후는 이 문제를 공론화시켰다. 대비 윤씨는 대신들을 불러 왕비를 비난했다.

"중궁이 옛날 숙의로 있을 때는 지나친 행동이 없었으므로 주상이

중하게 여겼고 삼전(세 명의 대비)도 중히 여겨서 중궁으로 삼았는데, 정위(正位: 왕비)에 오르면서부터 잘못된 일이 많았다. …… 부인은 옳은 것도 없고 그른 것도 없는 것으로 덕을 삼는 것인데, 투기하는 것은 아름다운 일이 아니다. 하물며 제후(諸侯)는 아홉 여자를 거느리는 것인데 지금은 그 수가 차지 않았으니, 어찌 한 나라의 어머니로서 의범(儀範)이 되어야 하는데도 하는 바가 이와 같아서야 되겠는가? …… 종묘와 사직에 관계됨이 있기 때문에 경들을 불러 의논하는 바이다. 내가 당초에 사람을 분명하게 알아보지 못했음을 부끄럽게 생각한다. 중궁이 이미 국모가 되었고 또한 원자가 있는데, 장차 어떻게 처리해야 하겠는가?"《성종실록》 8년 3월 29일)

사관은 신하들이 "좌우에서 서로 돌아보고 실색하여 말할 바를 알지 못하였다"라고 말하고 있다. 나이가 많든 적든 왕조 국가에서 왕비는 국모(國母)였고, 신하들은 신자(臣子)였다. 영의정 정창손이 마땅히 고사를 상고해서 아뢰겠다고 말하자 성종은 고사를 상고할 필요가 없다고 전교했다.

"이것은 내가 자세히 아는 바이다. 중궁이 스스로 자백하기도 했고 간접으로 듣기도 하였으니, 경 등은 그 죄를 의논하라."

정창손은 성종의 속뜻이 왕비를 폐하려는 데 있다고 간파했다. 그러나 신하로서 국모를 폐해야 한다고 동조할 수는 없었다. 무엇보다 왕비 윤씨는 원자의 어머니였다. 중관(中官: 내시) 김효강(金孝江)은 절충안을 제시했다.

"신은 청컨대 이런 일을 조정이나 민간에 반포하지 마시고 별도로 하나의 방에 거처하게 하여 2~3년 동안 천선 개과함을 기다린 연후에 다시 복위시킴이 옳을 것 같습니다. 그때도 개과천선하지 않으면 그때 폐하는 것이 무엇이 어렵겠습니까?"

성종은 왕비 윤씨의 동생 윤구(尹遘)의 아내와 여종 삼월과 사비(四非)를 국문했다. 삼월이는 국문에서 모든 것을 자신이 했다고 자백했다.

"《방양서》는 전 곡성 현감 이길분(李吉芬)의 첩의 집에서 얻어 사비를 시켜서 베끼게 했고, 언문으로 크게 쓴 것은 제가 생각해냈는데 윤구의 아내가 썼으며 작은 것은 사비가 썼습니다. 비상은 대부인(大夫人: 왕비의 어머니)이 내주셔서 언문과 함께 작은 버드나무 상자에 담아 석동(石同)을 시켜 권숙의의 집에 던지게 하였는데, 모두 제가 꾸민 짓입니다."《성종실록》 8년 3월 29일)

삼월이는 주인 윤씨를 위해 목숨을 바치기로 결심한 것이었다. 여종의 처지에서 어렵게 왕비 자리에 오른 주인을 보호하기 위해 목숨을 건 것이었다. 삼월이가 자백했지만 윤구의 아내가 언문을 모른다며 부인함에 따라 삼월의 단독 소행으로 정리되었다. 성종이 대신들에게 의논하게 하자 정창손은 "이것은 실로 난처하다"라고 말했다. 누가 봐도 이는 성종의 총애를 둘러싼 애정 싸움이었다. 국사를 다룰 대신들에게 상의할 일이 아니었다. 정창손과 심회(沈澮) 등이 아뢰었다.

"삼월이와 사비는 마땅히 극형에 처하여야 하고, 신씨(申氏: 왕비의 모친)도 또한 참여하여 들었으니 서울에 있을 수 없습니다. 윤우(尹遇)와 윤구 만일 그 일을 알았다면 죄가 마땅히 죽어야 하는데, 비록 알지 못하였다 하더라도 집안일을 다스리지 못했으니 아울러 죄주는 것이 어떠하겠습니까?"

정인지가 말했다.

"궁금(宮禁)의 일은 끝까지 추궁하지 않을 수 없습니다. 지금 만일 국문하지 않으면 후세에 구실을 삼을까 두렵습니다."

정창손과 정인지는 왕비의 윤씨와 그 친정을 도륙 내려고 마음먹었다. 새로운 외척이 자리 잡기 전에 무너뜨려야 한다고 생각한 것이다. 성종은 윤씨의 친정까지 주륙 낼 생각은 없었다.

"이 일은 내가 갖추어 아는 것이다. 모두 삼월이가 조작한 것으로, 신씨는 실로 알지 못하고 중궁(中宮: 왕비)도 알지 못한다. 사비는 삼월이의 지휘를 받아서 글씨를 쓴 것에 불과하다. 삼월이는 극형에 처하고, 사비는 장(杖) 100대를 때리어 변방에 정속(定屬)하고, 신씨 모자는 논하지 않는 것이 어떠한가?"

정창손 등이 의논했다.

"신씨는 비복을 다스리지 못하여 이 지경에 이르게 하였으므로 죄가 없지 않으니, 작첩(爵牒: 국왕의 장모 지위)을 빼앗는 것이 어떠하겠습니까? 사비는 글씨를 썼으니 어찌 그 그른 것을 알지 못하였겠습니까? 아울러 극형에 처하는 것이 어떠합니까?"

임금이 전교했다.

"신씨는 작첩을 빼앗고, 삼월이는 교형(絞刑)에 처하고, 사비는 장(杖) 100대를 때리어 변방 고을의 종으로 붙이도록 하라."《성종실록》 8년 4월 1일)

국왕이 장모와 처남은 논하지 말자고 하는데 대신들이 왕비의 어머니를 처벌해야 한다고 계속 주청하는 것이었다.

예조판서 허종만이 "선갑(先甲)이 3일, 후갑(後甲)이 3일"이라면서 신중론을 제기했다. 이는 《주역》〈고괘(蠱卦)〉 '괘사(卦辭)'에 나오는 말이다. "갑에 앞서 3일이요, 갑의 뒤에 3일이다(先甲三日 後甲三日: 선갑삼일 후갑삼일)"라는 말인데, 선갑삼일(先甲三日)은 십간(十干)의 순서상 갑일(甲日)을 기준으로 그보다 3일 전인 신일(辛日)에 해당하고, 후갑삼일(後甲三日)은 갑일보다 3일 뒤인 정일(丁日)에 해당한다. 여기에서 갑(甲)은 새로 내린 명령을 뜻한다. 백성들이 새 명령을 익히지 못했기 때문에 새 명령을 선포하기 3일 전에 미리 자세하게 설명하고 새 명령 내린 후에도 계속 설명해야 한다는 것이다. 신중해야 한다는 뜻이었다.

그러나 대신들에게 새 왕비 윤씨는 한미한 집안의 딸일 뿐이었고, 그 친정은 무시해도 좋을 집안이었다. 대신들의 공세에 밀려 신씨는 국왕의 장모란 작첩을 빼앗기고 말았다. 윤씨는 왕비 자리에서 쫓겨나지 않은 것을 다행으로 여기며 친정어머니가 작첩을 빼앗기는 것을 지켜봐야 했다. 왕비 윤씨에게 더 큰 문제는 대신들 못지않게 세 대비가 모두 며느리인 자신을 미워한다는 점이었다. 그중에서도 성종의 친모인 인수대비 한씨가 가장 윤씨를 강하게 압박했다.

한씨는 남편 의경세자가 덕종으로 추존되면서 소혜왕후 한씨로 책봉되고 동시에 인수대비가 되었다. 발을 드리우고 수렴청정하는 인물은 시어머니 정희왕후였지만 성종의 친모인 한씨의 입김이 셀 수밖에 없었다. 한씨는 조선의 모든 여성들에게 성리학적 여성관을 심어주는 것을 자신의 임무로 삼았다. 그는 성종 6년(1475) 《내훈(內訓)》을 펴냈는데, 서문에서 조선 여성들이 "맑은 거울처럼 밝게 비춰 경계하기 바라는" 뜻에서 썼다고 말했다.

"나는 일찍이 책을 읽다가 달기의 웃음과 포사(褒姒: 주나라 유왕의 총

인수대비가 수빈 시절 거처했던 덕수궁 중화전

희)의 아양 …… 에 이르러서는 책을 덮어버리지 않을 수 없었다.”

한씨는 “이것으로 볼 때 나라의 치란(治亂) 흥망이 비록 남자의 밝고 어두움에 달려 있지만 부인의 착하고 그렇지 않음에도 연결되어 있으니 부인도 가르치지 않을 수 없는 것이다”라고 말했다. 또한 한씨는 《내훈》에서 “비록 남편이 때리거나 꾸짖는 일이 있어도 당연히 받들어야 할 뿐 어찌 감히 원망하거나 한탄할 수 있겠는가? 남편이란 자리는 당연히 존귀하고 아내는 낮은 것이다”라고 썼다. 그가 배워야 한다는 여성의 부덕(婦德)은 이런 것들이었다. 한씨는 이런 처신을 조선의 모든 여성, 특히 며느리들에게 요구했다. 그는 며느리에게 “가르친

연후에도 듣지 않으면 화를 낼 것이요, 화를 내고 꾸짖은 연후에도 듣지 않으면 매를 때릴 것인데, 누차 때렸는데도 고쳐지지 않으면 며느리를 쫓아낼 것이다"라고 썼다.

성종의 첫 번째 부인 공혜왕후는 한씨의 며느리이기도 했지만 그의 손아래 동서 장순왕후 한씨(예종 비)의 동생이기도 했으며, 무엇보다도 한명회의 딸이었다. 한명회가 아니었다면 성종이 임금이 될 수 없었기 때문에 며느리 한씨에게는 막 대할 수 없었다. 그러나 새 왕비로 책봉된 윤기견의 딸은 달랐다. 인수대비 한씨는 성종의 계비 윤씨가 자신이 《내훈》에서 설명한 부덕을 그대로 실천해야 한다고 믿었다. 한씨는 새 왕비 윤씨가 젊은 시절 남편을 잃은 자신과는 다르다는 사실을 인정하지 않았다. 호문(好文)만큼 호색이었던 성종은 많은 여성을 편력했고 이것이 왕비 윤씨와 충돌했다. 인수대비는 《내훈》에서 남편에게 "오직 순종할 뿐 감히 거슬리는 일이 없도록 해야 한다"고 적었으나 윤씨는 다른 것은 몰라도 성종의 바람기에는 순종할 수 없었다.

야사에는 윤씨가 성종의 얼굴에 손톱자국을 냈다고 전하고 있으나 《성종실록》에는 그런 기록 대신 오히려 성종이 그의 뺨을 때린 내용이 기록되어 있다. 성종이 총애하는 후궁의 방에 뛰어들었다가 성종에게 뺨을 맞았다는 기록이다. 성종이 두고 보겠다면서 위협하자 다시는 투기하지 않겠다고 맹세하기도 했으나 윤씨는 목석이 아니었다. 그는 친정 집안의 부흥을 위해 한 여성으로서의 인생을 포기하고 싶지 않았다.

삼월이 사형당한 지 2년 정도 지난 성종 10년(1479) 6월 국왕은 다시 왕비 폐출 문제를 거론했다. 그해 6월 1일은 왕비 윤씨의 생일이었으나 성종은 하례를 중지시키고 옷감만 올리게 했다. 그날 저녁 성종은 야대(夜對: 야간 경연)를 파한 후 급하게 승지를 부르더니 조금 있다가 중지시켰다. 그리고 다음 날 아침 일찍 정승들을 대궐에 나오도록 명했다. 6월 2일 여명에 영의정 정창손과 상당부원군 한명회, 우의정 윤필상 등이 나오자 성종은 선정전에 나가서 인견했다.

"궁곤(宮壼: 왕비)의 일을 여러 경들에게 말하는 것은 진실로 부끄러운 일이라 하겠다. 그러나 일이 매우 중대하므로 말하지 않을 수가 없다. …… 지금 중궁의 행위는 길게 말하기가 어려울 지경이다. 내간(內間)에는 시첩(侍妾)의 방이 있는데, 일전에 내가 마침 이 방에 갔는데 중궁이 아무 연고도 없이 들어왔으니, 어찌 이와 같이 하는 것이 마땅하겠는가? 예전에 중궁의 실덕(失德)이 심히 커서 일찍이 이를 폐하고자 하였으나, 경들이 모두 불가하다고 말하였고, 나도 뉘우쳐 깨닫기를 바랐는데, 지금까지도 고치지 않을 뿐만 아니라 나를 능멸하는 데까지 이르렀다. 이것은 비록 내가 집안을 다스리지 못한 것이지만 국가의 대계를 위해서 어찌 중궁 자리에 있게 하며 종묘를 받드는 중임을 맡길 수 있겠는가? 내가 만약 후궁의 참소로 이러한 거조(擧措)를 하는 것이라면 천지와 조종(祖宗)이 소소(昭昭: 밝게 비춤)하게 위에서 질정(質正)해줄 것이다."《성종실록》 10년 6월 2일)

윤씨가 계속 투기했다는 것이다. 성종은 대신들 앞에서 칠거지악(七去之惡)까지 거론했다.

"예법에 칠거지악이 있으나, 중궁의 경우는 '자식이 없으면 버린다[無子去: 무자거]'는 것은 아니다."

칠거지악은 아내를 내쫓을 수 있는 일곱 가지 경우를 뜻한다. 조선은 명나라의 형법인《대명률》을 조선의 실정에 맞게 변용해 형법으로 사용했는데, 여기에 칠출삼불거(七出三不去)가 규정되어 있다.

'칠출'은 아내를 내쫓을 수 있는 일곱 가지 경우이고 '삼불거'는 아내를 내쫓을 수 없는 세 가지 경우이다. 칠출은 ① 시부모에게 불순하면 버린다(不順舅姑去: 불순구고거), ② 자식이 없으면 버린다(無子去), ③ 음행하면 버린다(淫行去: 음행거), ④ 질투하면 버린다(嫉妬去: 질투거), ⑤ 나쁜 질병이 있으면 버린다(惡疾去: 악질거), ⑥ 말이 많으면 버린다(多言去; 다언거), ⑦ 절도하면 버린다(竊盜去: 절도거)는 것이다.

아내를 내쫓을 수 없는 '삼불거'는 ① 시부모의 삼년상을 함께 치렀을 때(與更舅姑三年喪: 여경구고삼년상), ② 혼인 때 빈천했으나 나중에 부귀하게 되었을 때(娶時貧賤後富貴: 취시빈천후부귀), ③ 돌아갈 곳이 없을 때이다(有所取無所歸: 유소취무소귀)인데, 돌아갈 곳이 없다는 말은 쫓겨난 뒤에 돌아갈 친정이 없는 경우를 뜻한다.

성종은 대신들 앞에서 직접 '말이 많으면 버린다', '순종치 않으면 버린다', '질투를 하면 버린다'라는 조항을 외웠다.

"이제 마땅히 폐하여 서인(庶人)을 만들려 하는데, 경들은 어떻게 여기는가?"

대신들은 놀라지 않았다. 그러나 선뜻 왕비를 폐하는 데 동의할 수도 없었다. 주된 의견들은 위호(位號)를 깎아 별궁에 안치하자는 것이었다.

도승지 홍귀달(洪貴達)이 아뢰었다.

"중궁의 실덕한 바가 가볍지 아니하니, 폐하는 것이 마땅하겠습니다만 원자를 탄생하였고 또 대군을 낳았으므로 국본(國本: 세자)에 관계되는 바이니, 폐하여 서인으로 삼는 것은 옳지 못합니다. 청컨대 위호를 깎아 내리어 별궁에 안치하는 것이 어떻겠습니까? 원자는 장차 세자로 봉할 것인데, 어머니가 서인이 되면 이는 어머니가 없는 것이니, 천하에 어찌 어머니 없는 사람이 있겠습니까?"

홍귀달을 비롯한 모든 승지들이 반대하자 성종은 승지들을 의금부에 가두고 육조의 참의로 교체했다. 사헌부와 사간원에서는 왕비의 죄가 무엇인지 듣기를 청했고, 육조의 판서와 참판들도 중궁 폐출을 반대했다. 그러나 성종은 물러날 생각이 없었다. 다른 문제는 몰라도 왕비 문제는 자신과 대비의 뜻대로 관철하기로 마음먹었다. 바로 그날 성종은 왕비 폐출 교서를 반포했다.

"왕비 윤씨는 후궁으로부터 마침내 왕비가 되었으나, 음조(陰助: 드러나지 않게 도움)의 공은 없고, 도리어 투기하는 마음만 가졌다. 지난 정유년(1477)에는 몰래 독약을 품고서 궁인(宮人: 후궁)을 해치려던 음모가 분명히 드러났으므로, 내가 폐하고자 하였다. 그러나 조정 대신들이 모두 개과천선하기를 바라고, 나도 허물을 고칠 수 있으리라고 여겨서 결단하지 못하고 오늘에 이르렀는데, 뉘우쳐 고칠 마음은 가지지 아니하고, 실덕함이 더욱 심해서 일일이 열거하기가 어렵다. 그러니 결단코 위로는 종묘를 이어 받들고, 아래로는 국가에 모범이 될 수가 없으므로, 윤씨를 폐하여 서인으로 삼는다. 아아! 법에 칠거지악이 있는데, 어찌 감히 조금이라도 사사로움이 있겠는가? 일은 반드시 여러 번 생각하는 것이니, 만세를 위해 염려해야 되기 때문이다."《성종실록》10년 6월 2일)

성종은 당일로 왕비 윤씨를 폐출해 민가로 내쫓았다. 조선 왕조 개창 100여 년 만에 처음 있는 왕비 폐출이었다. 태종도 왕비 민씨를 내쫓으려 했지만 세자와 왕자들 때문에 중지했는데, 성종이 태종도 하지 못한 무리수를 둔 것이다. 대비들은 타는 불에 기름을 퍼붓듯 성종을 부추겼다. 성종이 인수대비에게 폐출에 대해 의논하자 적극 찬성했다.

"내가 일찍이 화가 주상에게 미칠까 두려워 하루도 안심하지 못해서 가슴앓이가 생겼는데, 그 말을 들으니 이제는 점점 나아진다."

나아가 인수대비는 사촌 한한(韓僩)을 사신으로 삼아 명나라에 왕비 폐출을 승인받게 했다. 인수대비의 고모 한씨가 선제(先帝)의 후궁 출신이므로 그를 이용해 명나라의 승인을 받으려 한 것이었다. 인수대비의 고모는 명 임금이 죽자 같이 죽임을 당한 비운의 여인이었는데, 이것이 되레 한씨 집안이 조선에서 득세하는 배경이 되었다.

왕비 폐출에 대해서 일반 사대부들은 물론 백성들의 민심도 부정적이었다. 성균관 유생들이 윤씨를 민가가 아닌 별궁으로 옮기라고 상소하자 성종은 "서생들은 국사에 관여하지 않는 법"이라며 옥에 가두었다. 젊은 사림들도 윤씨를 동정했다.

드디어 성종 13년(1482) 8월 시독관(侍讀官) 권경우(權景祐)가 동정론을 공개로 거론했다.

"국모가 되었던 분을 무람없이 여염에 살게 하니 일국의 신민이 마음 아프게 여기지 않는 이가 없습니다."

대사헌 채수(蔡壽)도 마찬가지였다. 채수는 윤씨에 대한 동네 아낙들의 세평을 전했다.

"윤씨가 대궐에 들어오기 전에 신이 윤기견의 집을 지나가다 보면, 그 집이 매우 퇴락했었습니다. 옛말에 이르기를 '부유하면 집이 윤택하다'고 하였으니, 만일 그 집이 부유하였으면 그 집이 어찌 이 모양에 이르렀겠습니까? 그리고 또 윤씨가 대궐에 들어온 뒤에도 길거리의 아이들과 동네 아낙네들이 '윤씨가 매우 가난하여 일찍이 스스로 반포(斑布: 무명)를 짜서 팔아가지고 어머니를 봉양하였는데, 이제 팔자가 좋아진 것이 어찌 우연이겠는가?'라고 말했습니다."《성종실록》 13년 8월 11일)

성종과 대비들의 주장과는 달리 윤씨는 효녀라는 것이었다. 성종은 이런 주장들에 대해 "원자에게 잘 보여 훗날을 기약하려는 것"이라며 꾸짖었다. 성종이 신하들에게 다시 윤씨를 비난했다.

"윤씨가 나에게 곤욕을 준 일은 이루 다 말할 수 없다. 심지어는 나를 가리키면서 '발자취까지도 없애버리겠다'고 말했는데, 나를 어떠한 사람으로 여기기에 이러한 말을 하였겠는가? 또한 차고 다니는 작은 주머니에 항상 비상(砒霜)을 가지고 다녔으며, 또 곶감에 비상을 섞어서 상자 속에 넣어두었으니, 무엇에 쓰려는 것이겠는가? 만일 비복(婢僕)에게 사용하려는 것이 아니라면 반드시 나에게 쓰려는 것일 텐데, 종묘와 사직이 어찌 편안하였겠는가? …… 공자가 아내를 내쫓았는데, 그녀가 죽자 이(鯉: 공자의 아들)가 통곡하자 공자가 그르게 여겼다. 원자(연산군)도 효자가 아니라면 그만이지만, 효자가 되고자 하면 어찌 감히 어미로 여기겠는가?"《성종실록》 13년 8월 11일)

아들의 효도의 대상은 아버지, 어머니 모두라는 평범한 사실을 부인하는 말이었다. 아들에게 어머니를 버리라는 인륜을 무시한 발언이었다. 아버지에게는 효자이만 어머니에게는 패륜아인 효자가 존재할 수 없다는 현실은 무시했다. 윤씨에 대한 동정론이 계속되자 인수대비는 정희왕후와 상의한 언문을 조정에 내려 사태를 진정시키려 하였다.

"우리들이 바른말로 책망을 하면, 저는 손으로 턱을 고이고 성난 눈으로 노려보았는데, 우리들의 명색이 어버이인데도 이러하였다. 하물며 주상에게는 패역(悖逆)한 말까지 많이 했고, …… 늘 '내가 오래 살게 되면 후일에 볼 만한 일이 있을 것이다.'라고 말했다. 이는 어린 원자가 있기 때문에 훗날을 계획한다는 말로써 우연한 말이 아니다."《성종실록》13년 8월 11일)

성종이 윤씨를 비난하고 인수대비가 언문으로 글을 내려 윤씨를 비난해도 여론은 계속 윤씨를 동정했다. 심지어 "온 나라의 신하와 백성들이 통한(痛恨)하지 않는 이가 없다"는 말이 《성종실록》에 기록되어 있을 정도였다.

성종과 인수대비는 윤씨가 살아 있는 한 이런 논란이 계속되리라고 생각했다. 성종과 인수대비는 논란을 종식시키는 길은 윤씨를 죽이는 것이라고 생각했다. 《기묘록(己卯錄)》에는 이때 성종이 내시를 시켜 윤씨를 염탐하게 했는데, 인수대비가 내시에게 윤씨가 머리 빗고 낯 씻어 예쁘게 단장하고 자기의 잘못을 뉘우치지 않는다고 보고하게 시켜서 죽음에 이르게 했다고 적고 있다.

권경우를 비롯한 사림이 폐비 문제를 거론한 것은 역효과를 가져왔다. 며칠 후인 8월 15일 추석을 맞아 성종은 경복궁에 나가서 세 대비에게 문안하고 다음 날에도 다시 세 대비를 찾았다. 말이 문안이지 윤씨를 죽이는 문제를 의논한 것이다. 성종은 영돈녕·의정부·육조·대간

등 중요 관원들을 불렀다. 이 자리에서 성종은 "윤씨가 흉험(凶險)하고 악역한 것을 이루 다 말할 수 없다"고 입을 열었다.

"이제 원자가 점차 장성하는데 사람들의 마음이 이처럼 안정되지 아니하니, 오늘날은 염려할 것이 없다고 하지만 후일의 근심을 이루 다 말할 수 있겠는가? 경들이 각기 사직을 위하는 계책을 진술하라."

윤씨를 죽이라고 건의하라는 뜻이었다. 정창손이 말했다.

"후일에 반드시 발호(跋扈)할 근심이 있으니, 미리 예방하여 도모하지 않을 수 없습니다."

국모를 죽여야 한다는 것이었다. 한명회도 가세했다.

"신이 항상 정창손과 함께 앉았을 때에는 일찍이 이 일을 말하지 아니한 적이 없습니다."

정창손이 아뢰었다.

"다만 원자가 있기에 어렵습니다."

임금이 말했다.

"내가 만일 큰 계책을 정하지 아니하면, 원자가 어떻게 하겠는가? 후일 종묘와 사직이 혹 기울어지고 위태한 데에 이르면 그 죄는 나에게 있다."

심회와 윤필상도 가세했다.

"마땅히 대의로써 결단을 내리어 일찍이 큰 계책을 정하셔야 합니다."

빈한한 가문의 힘없는 전 왕비를 동정하는 대신들은 아무도 없었다.

예조판서 이파(李坡)가 가세했다.

"신이 기해년에는 의논하는 데 참여하지 못하였습니다만, 대저 신첩(臣妾)으로서 독약을 가지고 시기하는 자를 제거하고, 어린 임금을 세워 자기 마음대로 전횡하려고 한 죄는 하늘과 땅 사이에 용납할 수 없습니다. 옛날 구익부인(鉤弋夫人)이 죄가 없는데도 한나라 무제가 죽인 것은 만세를 위하는 큰 계책에서였습니다. 그러니 이제 마땅히 큰 계책을 빨리 정하여야 합니다. 신은 이러한 마음이 있은 지 오래됩니다만 단지 연유가 없어서 아뢰지 못하였습니다."

구익부인은 한무제의 후궁 조씨(趙氏)로서 관직이 첩여(婕妤)였기에 조첩여(趙婕妤)라고도 한다. 무제 나이 일흔에 조첩여가 아들을 낳았다. 무제는 위태자(衛太子)를 폐위시킨 후 다시는 태자를 세우지 않았다가 조익부인을 죽인 후 어린 아들을 태자로 봉했다. 그가 바로 훗날의 소제(少帝)였다. 무제는 죄 없는 조씨를 죽인 것을 사람들이 비난한다는 말을 듣고는 "이는 어린애나 어리석은 자들이 알 수 있는 일이 아니다. 과거 나라에 난리가 난 것은 어린 임금의 어미가 젊었기 때문이다"라고 대꾸했다. 예조판서가 이런 사례를 들면서 원자의 모친을 죽여야 한다고 주청한 것이니 이미 예(禮)는 실종된 지 오래였다. 이파는 수양대군이 김종서 등을 죽이고 책봉한 정난 1등공신 이계전의 아들이자 목은 이색의 증손이었다.

이파의 강경론에 힘을 얻은 임금이 좌우에게 물었다.

"어떻게 하여야 하겠느냐?"

재상과 대간들이 같은 말로 아뢰었다.

"여러 의견들이 모두 옳게 여깁니다."《성종실록》 13년 8월 16일)

성종은 좌승지 이세좌(李世佐)를 윤씨의 집으로 보내 사사(賜死)하라고 명령했다. 이세좌가 성종에게 요청했다.

"신은 얼굴을 알지 못하니, 청컨대 내관(內官: 내시)과 함께 가고자 합니다.”

성종은 내시 조진(曹疹)에게 따라가게 했다. 이세좌가 나가서 내의(內醫) 송흠(宋欽)을 불러서 물었다.

“어떤 약이 사람을 죽일 수 있는가?”

“비상만 한 것이 없습니다.”

이세좌는 비상을 가지고 윤씨 집으로 가서 한때의 국모를 죽였다. 《기묘록》은 윤씨의 죽음 장면을 이렇게 적고 있다.

…… 폐비 윤씨에게 사약을 내려 자결하게 했는데, 윤씨가 눈물을 닦아 피 묻은 수건을 그 어머니 신(申)씨에게 주면서 “우리 아이가 다행히 목숨을 보전하거든 이것으로 나의 원통함을 말해주고, 또 나를 거동하는 길옆에 장사하여 임금의 행차를 보게 해달라”고 유언하므로 건원릉 길 왼편에 장사했다.

성종이 끝내 윤씨는 죽이자 민간의 여론은 더욱 윤씨를 동정했다. 야사에는 이세좌의 부인이 남편이 사약을 전달했다는 소식을 듣고 깜짝 놀라 일어나 앉으며 이렇게 말했다고 적고 있다.

“슬프다, 우리 자손이 종자가 남지 않겠구나. 어머니가 죄도 없이 죽임을 당했으니 아들이 훗날에 어찌 원수를 갚지 않겠는가?”

이때 윤씨를 죽이는 데 찬성한 대신들은 윤씨의 ‘아들’ 연산군이 즉위한 후 그 자신은 물론 집안까지 모두 참혹한 화를 당했다. 구익부인의 예를 들었던 이파는 자신은 물론 자손들까지지 모두 대역죄로 논단되어 멸족의 화를 입었다. 선조인 목은 이색은 끝까지 고려에 충성을 바치고도 살아남았는데, 그 손자는 계유정난이라는 쿠데타와 단종을 죽이는 데 가담하고, 그 증손자는 한때의 국모를 죽여야 한다고 주장했다가 그 국모의 아들 연산군에 의해 멸족당했으니 선조의 가르침을 버린 대가치고는 컸다. 이세좌의 집안도 마찬가지였다. 이세좌는 물론 그 자식들도 모두 사형당했다. 이세좌의 부인이 어머니의 마음으로 한 말이 곧 예언이 된 것이다.

타협으로 일관한 생애의 끝

사림의 등장은 두 가지 의미가 있었다. 하나는 공신들의 불법 전횡을 비판하는 대안 세력의 등장이었다. 다른 하나는 문치(文治) 편향에 따른 조선의 문약화였다. 사림들은 성리학적 세계관을 가지고 공신들의 불법 전횡을 비판했다. 공신들보다는 상대적으로 가진 재산도 적었고 또 도덕적이었기에 백성들의 지지를 받았다. 그러나 성리학 특유의 숭문(崇文) 성향으로 무예를 천시했다.

사림들이 무조건 무예를 천시한 것은 아니었다. 사림의 종주 김종직이 그랬다. 김종직은 마을사람들이 모여서 활을 쏘는 향사례(鄕射禮)를 지방 권력 장악의 수단으로 사용했다. 향사례는 《주례(周禮)》 〈사도교관직(司徒敎官職)〉조에 나오는 내용이다. 봄과 가을에 주(州)를 다스리는 주장(州長)이 학교에 백성들을 모아서 활쏘기를 익히는 것이었

김홍도가 그린 조선시대의
활쏘기 장면

다.《논어》〈팔일(八佾)〉 편에서 공자는, "군자는 다투지 않으나 반드시
활쏘기는 그렇지 않다. 서로 읍하고 사양하며 단에 올라 활을 쏘고 내
려와서 마시니 그 다툼이 군자답도다"라고 말했다. 모여서 활을 쏘는
사례(射禮)는 대사례(大射禮)와 향사례로 나뉜다. 임금이 참석해서 활을
쏘는 것이 대사례고, 지방관이나 지방 선비가 참석해서 활을 쏘는 것
이 향사례였다. 대사례는《의례(儀禮)》의 한 편명(篇名)일 정도로 국왕
의 주요 의식 중 하나였다.

향사례는 향음주례(鄕飮酒禮)와 함께 행해졌다. 향음주례는 향촌의
선비나 유생들이 학덕과 연륜이 높은 사람을 모시고 서원이나 학교에

모여서 함께 술을 마시는 의식이었다. 향사례, 향음주례와 나이 많은 사람을 모시고 잔치하는 양로례(養老禮)는 사림들이 조선을 성리학 사회로 만들기 위해서 행하던 의식이었다. 또한 지방의 여론을 친사림으로 만들기 위한 의식이기도 했다. 지방의 향사례는《국조오례의(國朝五禮儀)》주석에 "매년 3월 3일과 9월 9일에 개성부와 주부군현(州府郡縣)에서 향사례를 행한다"라고 규정되어 있는 행사이기도 하였다.

사림들은 향사례와 향음주례를 사림들의 향촌 사회 장악 수단으로 활용했다. 김종직은 성종 14년(1483) 8월 시강관(侍講官)으로서 임금에게 자신이 선산 부사로 있을 때의 경험을 말했다.

"향사례를 마련해 부모에게 효도하고 형제간에 우애 있는 자를 가장 앞세우고, 재예(才藝)가 있는 자를 다음으로 하고, 불초(不肖)한 자를 참여시키지 않았더니 …… 이때부터 온 고을 사람들이 교화되기 시작했습니다."

향사례를 이용해 향촌 사회를 장악했다는 뜻이었다.

조선은 무장 이성계가 개창한 나라로서 무예를 숭상했고, 그래서 대사례를 중시했다. 태종은 재위 17년(1417) 1월 예조판서 맹사성(孟思誠)이 대사례에 관한 글과 그림을 올리자 이렇게 말했다.

"옛 예문(禮文)에 구애될 것 없이 내가 옛것을 참작하고 지금 것에 준거하여 이를 행하는 것이 옳다."

사례는 임금이 직접 활을 쏘는 사례와 신하들이 활을 쏘는 것을 임금이 구경하는 관사(觀射)로 나뉜다. 자주 사례와 관사를 행했던 인물이 세조였다.

성종도 이런 전통을 계승해서 사례와 관사를 자주 실시하고 강무(講

武)를 직접 주관하는 무인 군주의 모습을 보였다. 임금은 관사를 하고 난 후 과녁을 많이 맞춘 자에게는 상을 주었다. 이때 무관은 물론 문관들도 활쏘기를 했다. 숭무 기풍을 진작시키기 위한 것이다. 때로는 종친들도 함께 모여서 관사를 함으로써 태조 이성계가 무예로써 나라를 개창한 정신을 잊지 않게 했다. 성종도 세조처럼 자주 관사를 하고 과녁을 많이 맞춘 자에게 상을 내렸다. 그러나 사림들이 득세하면서 무예 행사들에 대해 비판하기 시작했다. 성종이 재위 5년(1474) 1월 경연 대신 후원에서 관사를 하자 대사간 정괄 등이 차자를 올려 비판했다.

"학문의 길은 마땅히 촌음(寸陰)을 사랑하고 아껴서 그치지 않고 노력해야지 다른 사정으로 그칠 수는 없습니다. 지금 듣건대 경연을 정지했다 하고, 또 듣건대 후원에서 관사(觀射)하였다 하니 관사는 유희에 참여하는 일일 뿐인데, 어찌 이로써 경연을 폐하는 것이 옳겠습니까?"《성종실록》 5년 1월 21일)

성종은 정괄 등의 차자 끝에 어서(御書)로 이렇게 말했다.

"너희들의 말이 지극히 옳다. 내가 실로 잘못하였다."

정창손의 아들 정괄이 비록 사림은 아니지만 관사를 유희에 참여하는 일로 치부했다. 조선의 문약화를 초래할 수 있는 비난이었다.

이후에도 성종의 관사는 계속되었다. 성종은 재위 8년(1477) 8월 성균관 문묘(文廟)에서 공자 및 선현들을 제사하는 석전(釋奠)을 거행하고 명륜당에 나가 특별 과거를 보았다. 1,400여 명의 거자(擧子: 응시생) 중에 권건(權建) 등 4명의 급제자를 선발했는데, 급제자들이 내구마를 타고 유가(遊街: 급제자의 가두 행진)하자 구경꾼이 수천 명에 달했다. 성종은 이때 사단(射壇)에 나가 대사례를 행했는데 화살 넉 대를 쏘아 1

시(矢)를 맞췄고 월산대군과 영의정 정창손 이하 68명도 짝을 지어 활을 쏘았다. 성종은 맞춘 자에게는 상을 주고 못 맞춘 자에게는 벌주를 내렸다.

사림들은 재이가 발생할 때 성종이 관사하는 것도 잘못이라고 비판했다. 성종 9년(1478) 4월 사헌부 대사헌 유지(柳輊) 등이 지진과 흙비가 내렸는데 성종이 후원에서 종친들과 관사하면서 잔치를 베풀었다고 비판하고 나선 것이다. 임금은 수성(修省: 마음을 가다듬어 반성함) 같은 문적(文的) 수양에 힘써야지 관사 같은 무적 유희에 빠져서는 안 된다는 사고가 깔려 있었다. 무예를 천시하는 고질병이 본격적으로 대두하기 시작한 것이다. 성종은 이에 대해 반박했다.

"내가 종친과 더불어 관사하는 것은 종친들과 가깝게 지내고 무비(武備)를 닦으려는 것이다. 전조(前朝: 고려) 의종 때에는 서북변에 병이 있었는데도 김돈중(金敦中: 김부식(金富軾)의 아들) 무리와 더불어 날마다 시주(詩酒)를 일삼자 이때의 의논이 이를 비난하였다. 또 송나라의 정치를 논할 때, '문치는 성했지만 무략(武略)은 성하지 못했다'고 한다. 이것이 내가 관사를 하게 된 까닭이다. 내가 종친을 사랑하고 무비를 닦는 것을 경 등이 잘못이라고 생각한다면 내가 마땅히 정지할 것이니, 다시 의논하여 계달하라."《성종실록》 9년 4월 4일)

조선의 사림들이 이상으로 삼는 나라가 송나라였다. 그런 송나라가 무예를 천시하다가 망하지 않았느냐는 반문이었다. 그러나 성종은 사림들의 무예 천시에 대해 사상적으로 비판하고 제도를 바로 잡는 본질적 대책을 세우기보다는 관사를 계속하고 강무를 강행하는 현상적 대응에 만족했다.

사림은 심지어 국왕이 사냥개를 구하는 것까지 문제 삼았다. 성종 10년(1479) 3월 시강관 권건(權健) 등이 성종에게 따졌다.

"근래 들으니 여러 도에 교서를 내려 사냥개를 구했다고 합니다."

성종은 "강무(講武)에는 반드시 사냥을 해야 하는데 사냥하려면 개가 없을 수 없다"고 변명해야 했다.

성종은 공신 집단들의 불법 전횡에 적당히 타협한 것처럼 사림들의 무예 천시에도 적당히 타협했다. 성종은 재위 10년(1479) 10월 2일 융복(戎服: 군복)을 입고 경기도로 사냥하러 나갔는데 종묘에 바칠 제물을 잡는다는 명분이었다. 이때 성종은 거차산, 조곡산, 묘적산, 저적산, 청송산, 보장산, 왕방산, 주엽산 등지를 돌며 보름 동안 사냥하다가 17일 환궁했다. 사냥은 국왕에게 유희의 성격도 있었지만 이를 강무(講武)라고 부르는 것처럼 평화시의 군사 훈련이기도 했다. 국왕의 사냥은 임금이 전쟁에 나갔을 때를 가정해 진행되었으므로 기율이 엄했다. 성종은 어가(御駕) 앞 교룡기(交龍旗) 밑에 초요기(招搖旗)를 세웠는데도 장수들이 달려오지 않자 곤장을 쳤다. 전시에 준해 대응한 것이다. 성종은 강무에서 신하들에게 죄를 준 후 이렇게 말했다.

"내가 평일에는 대신을 예로 대우하여 죄를 주지 않으려 했지만 군문(軍門)의 일은 크므로 죄를 주지 않을 수 없었다. 의원에게 치료해주도록 하라."(《성종실록》 10년 10월 6일)

성종은 강무를 군사력 시험과 왕권 강화의 수단으로 사용했다. 성종이 두 차례 북벌을 단행한 이유 중에는 왕권의 위엄을 과시하기 위한 것도 있었다. 성종 10년(1479) 윤10월 명나라에서 사신을 보내 건주여진이 명나라 국경을 침범했다면서 출병을 요구했다. 성종은 "지금 겨울철을 만났으니 군사를 보내기가 가장 어려운 시기"라며 난색을 표하기도 했으나 결국 파병에 동의했다. 성종은 세조 때 여진 정벌에 참전했던 우찬성 어유소를 서정대장으로 삼아 1만 명의 군사를 주어 압록강을 건너라고 명령했다. 서정군은 만포진에서 이산진까지 도강 지역을 물색했으나 그해따라 얼음이 얼지 않아 도강에 실패하고 철수했다. 이대로 그칠 수 없다고 생각한 성종은 좌의정 윤필상과 평안도 절도사 김교 등에게 4,000명의 군사를 주어 다시 압록강을 건너게 했다. 그러나 여진족이 주로 흩어져 퇴각하는 전술로 맞서는 바람에 조선군이 올린 전과는 여진족의 머리 16급과 남녀 합계 15명을 사로잡은 것에 불과했다.

성종 22년(1491) 정월 여진족 올적합 1,000여 명이 영안도(永安道: 함경도) 조산보를 공격해 군사 3인을 사살, 26명을 부상시키고 물자를 노략해 갔다. 경흥 부사 나사종(羅嗣宗)이 두만강을 건너 추격하다가 되레 전사하자 파병론이 등장했다. 찬반양론이 대립했는데 성종은 파병을 결정하고 허종을 북정도원수(北征都元帥)로 삼아 두만강을 건너게 했다. 여진족은 이때도 흩어져 도주하는 작전으로 맞서서 조선군은 9명의 여진족을 사살하고 3명을 생포하는 작은 전과를 올리는 데 그쳤다.

성종은 압록강 북방 600여 리 지점의 옛 철령부터 두만강 북방 700여 리 지점의 공험진까지가 조선의 강역이라는 사실을 알고 있었다. 성종은 이 북방 강역을 일상적으로 지배하는 것이 아니라 여진족이 침입할 때 응징하는 정도로 만족했다. 25년이란 짧지 않은 재위 기간 동안 성종이 남긴 구체적 업적은 그리 많지 않았다. 그럼에도 불구하고 그가 성군의 칭호를 받았던 것은 앞의 세조·예종이나 뒤의 연산군과 비교된 데 따른 반사 이익에 불과한 것이었다.

재위 25년(1494) 11월 성종은 기침과 설에 목이 마르는 복합 병세가 발생했다. 12월에는 얼굴빛이 위황(痿黃: 마르고 노래짐)해지고 허리 밑에 붉은 적취(積聚: 뱃속 덩어리)까지 나타났다. 같은 해 12월 20일 내의원 제조 윤은로(尹殷老) 등이 문안하자 이렇게 말했다.

"배꼽 밑에 작은 덩어리가 생겼는데, 지난밤부터 조금씩 아프고 빛깔도 조금 붉다."

윤은로 등이 아뢰었다.

"광양군 이세좌가 항상 이 증세로 앓았으니, 반드시 치료하는 방법을 알 것입니다. 불러서 물어보는 것이 어떠하겠습니까?"

성종은 전교를 내렸다.

"세조께서 병환이 나셨을 때에 노사신 등이 시약(侍藥)했으니, 반드시 약의 이치를 자세히 알 것이다. 윤필상·노사신·임원준·이세좌를 부르도록 하라."

이 넷은 모두 의약에 밝다는 이름이 있는 신하들이었다. 이세좌가 와서 아뢰었다.

"이 병을 앓은 지 15년인데 별다른 치료 방법은 없고 단지 수철(水鐵: 무쇠)과 천년와(千年瓦: 오래된 기왓장)를 불에 구워 아픈 부위에 문질렀습니다."

무쇠와 천년 된 기와를 불에 구워 아픈 배를 문지른다고 나을 병은 아니었다. 23일에는 병이 더욱 심해졌다. 정희왕후 윤씨는 성종 14년(1483) 세상을 떠나 인수대비 한씨와 안순왕후 한씨의 두 대비만 남아 있었다. 두 대비는 종묘·사직·명산대천에 성종의 쾌유를 비는 기도를 하게 했다. 또한 일체의 죄수를 모두 석방하고 여러 관찰사와 개성 유수에게 명해서 모반·대역 등을 제외하고는 모두 사면하게 했다.

이날 성종은 신시(申時: 오후 3시~5시)에 파평부원군 윤필상, 영의정 이극배, 좌의정 노사신, 우의정 신승선과 도승지 김응기(金應箕) 등을 만났다. 신하들이 침전에 들어가자 성종은 곤룡포를 입고 앉아 있었고, 세자(연산군)와 어린 내시가 모시고 있었다. 성종이 말했다.

"이 병은 내가 처음에 급하게 여기지 않았는데, 점점 음식을 먹지 못해 살이 여위었다."

영의정 이극배가 아뢰었다.

"원하건대 성상께서는 공사(公事)를 생각하지 마시고, 여러 신하들을 접견하지 못하시는 것을 생각하지 마소서. 모든 걱정을 잊으시고 힘써 스스로 조섭하시면, 봄이 화창하고 날씨가 따뜻해질 때 마땅히 저절로 나으실 것입니다."

좌의정 노사신이 말했다.

"원하건대 생각과 걱정을 버리시고, 평온한 마음으로 조섭하시면, 마땅히 점점 나으실 것입니다."

우의정 신승선은 아뢰었다.

"신이 몇 해 전 10월에 또한 이 증세로 앓았는데, 3, 4월에 이르러 바람이 온화하고 날씨가 따뜻해지자 저절로 나았습니다."

신승선은 딸이 세자의 빈이 되었으므로 성종과는 사돈 사이였다.

윤필상이 아뢰었다.

"만약 갈증(渴證)을 없앨 수 있다면 자연히 점차 나으실 것입니다.

신이 듣건대 제호고(醍醐膏)가 갈증을 그치게 한다고 하니, 청컨대 이를 올리게 하소서."

신하들이 부복해서 움직이지 않자 잠시 후 성종이 물러가라고 명했다. 이날 성종이 곤룡포 차림으로 정승들과 도승지를 만난 것이 마지막 군신의 예였다. 12월 24일 승지들은 의원 전명춘(全明春)이 의술에 정통하고 맥도(脈道)를 알면서 종기도 잘 다스린다면서 진맥하게 하자고 청했다. 전명춘이 진찰하고 나와서 말했다.

"배꼽 밑의 덩어리는 참으로 종기이니 마땅히 종기를 다스리는 약을 써야 할 것입니다."

그러나 전명춘이 제조한 약을 써보기도 전인 그날 오시(午時: 오전 11시~1시)에 성종은 대조전에서 사망하고 말았다. 스물다섯 해 동안 왕위에 있었으나 만 서른일곱의 젊은 나이였다. 이날 사관은 극도의 청찬으로 성종의 치세를 평했는데, 그 마지막이 이랬다.

문무를 아울러 쓰고 내외를 함께 다스리니, 남북에서 빈복(賓服: 외국에서 와서 복종함)하고, 사경(四境)이 안도하여 백성들이 생업을 편안히 여긴 지 26년이 되었다. 성덕과 지극한 정치는 비록 삼대(三代: 하·은·주)의 성왕이라도 이보다 더할 수 없었다.

수양의 쿠데타로 비롯된 파란의 세월을 겪었거나 그에 대해서 들은 사관이 성종의 치세를 극도로 칭찬하는 것은 어쩌면 당연했다. 그러나 그 치세는 성종이 살아 있을 때만 해당하는 것이었다. 성종은 자신을 임금으로 만들어준 공신 집단과 이들을 비판하는 사림을 적절히 조절하는 것으로 왕권을 강화했다. 성종이 보기에 두 세력은 임금과 함께 솥의 세 발을 이루고 있는 집단이었다. 한 발만 빠져도 솥은 쓰러질 것이었다. 그래서 성종은 공신 집단들과 적당히 싸우고 적당히 타협했다. 드러난 현상은 본질의 한 반영인데도 성종은 현상을 다스리는 데 만족하고 본질에 눈감았다. 성종이 타협을 거부하고 자신의 뜻대로 관철했던 거의 유일한 사건이 왕비 윤씨의 폐출과 사사였다. 자신이 죽인 여인의 아들에게 왕위를 물려준 것 또한 그로 인해 불거질 문제, 즉 본질에는 눈감은 일종의 타협안이었다. 그런 타협안이 왕조에 몰아칠 회오리 태풍에 대해서 그는 예상하지 못했다.

성종은 뛰어난 정치력을 갖고 있었다. 그러나 이런 정치력을 세자 (연산군)에게 가르쳐주지 못했다. 성종은 훈구와 사림의 역학 관계를 왕권 강화에 이용할 수 있는 정치력이 있었지만 연산군은 이런 사실을 몰랐다. 성종은 왕권도 여러 권력 중의 하나라는 사실을 인정했던 반면 궁중에서 나고 자란 연산군은 왕권을 나라 안의 모든 권력의 위에 있는 초월적 권력이라고 생각했다. 이런 비극의 씨앗을 가진 세자를 남기고 성종은 조종들 곁으로 돌아오지 못할 길을 떠났다.

서로 다른 세 지도자가 만든 다른 역사들

왕위의 정당성을 부정당한 쿠데타의 시대

역사에 만약은 없지만 수양대군이 만약 세종의 장남으로 태어났다면 훌륭한 군주가 되었을 가능성이 높다. 군주에게 꼭 필요한 문무겸전의 재능이 그에게는 있었고, 또한 백성들의 질고를 아파하는 심성도 갖고 있었다. 그러나 그는 세종의 장남이 아닌 차남으로 태어났다. 이 경우 왕자의 높은 지위를 누리면서 정치와는 무관한 분야에서 왕조에 공헌하는 길을 찾아야 했다. 당 태종의 적차자(嫡次子)였던 위왕(魏王) 이태(李泰)가 방대한 역사 지리지인 《괄지지(括地志)》를 편찬해 후대에 크게 공헌한 것과 같은 길을 택할 수 있었다. 그러나 수양은 이런 길을 거부하고 자신의 것이 아닌 왕좌를 꿈꿨다.

수양의 행적을 깊게 살펴보면 문종의 급서에도 그가 작용했음을 엿볼 수 있다. 문종의 와병 때 어의 전순의와 도승지 강맹경의 석연치 않은 태도의 배경에 수양의 야심이 있는 것으로 여겨지는 것은 과도한 의심이 아니다. 그렇게 문종은 의학 상식에 어긋나는 처방을 받다가 급서했고, 어린 단종이 왕위를 이었다. 단종 즉위 후 분경 금지 조치를 내렸을 때 수양이 강하게 반발했던 것은 그가 왕위를 꿈꾸고 있음을 공개한 것이었다.

황보인·김종서 등 단종을 보필하는 신하들은 선왕 아우의 전횡에 속수무책이었고, 이른바 계유정난(癸酉靖難)이라는 쿠데타를 당해 죽임을 당했다. 단종은 비록 어렸지만 숙부 수양에게 주공(周公)이 되어 달라고 빌 정도로 군주의 소양을 지니고 있었다. 무왕(武王)의 동생으로 주나라가 중원을 차지하는 데 큰 공헌을 한 주공은 어린 성왕(成王)을 보좌하면서 왕위를 빼앗으리라는 예측을 뒤엎고 끝까지 성왕을 보좌해 공자로부터 성인으로 추앙받은 인물이었다. 수양이 주공의 길을 선택했다면 그 자신이나 단종은 물론 조선이라는 나라에도 최선의 선택이었을 것이다. 그러나 수양은 주공이 될 생각이 없었고, 어린 조카 헌종의 왕위를 빼앗은 고려 숙종의 길을 선택했다.

수양은 할아버지 태종 이방원이 무력으로 왕위를 차지한 것을 전범으로 삼았지만 수양의 시대는 이미 할아버지가 왕자의 난을 일으키던 개국 초가 아니었다. 태종과 세종, 문종 시대를 지나면서 헌정 질서가 뿌리를 내린 시기였다. 문종이 세종의 장남이기에 자연스레 왕위를 이은 것처럼 단종 또한 문종의 장남이기에 자연스레 왕위를 이은 것이었다. 이성계가 배극렴(裵克廉) 등의 중신들에게 "누가 세자로 좋겠는가?"라고 물어서 세자를 정했던 건국 초가 아니었다.

　왕이 될 수 없었던 수양은 왕이 되기 위해서 정인지·신숙주 같은 집현전 출신들은 물론 한명회 같은 모사들을 끌어들여 동지적 관계를 맺었다. 태종이 피의 숙청으로 제거한 공신 집단이 다시 부활한 것이었다. 나라의 어려움을 평정했다는 뜻의 '정난(靖難)'은 승자가 붙인 허명(虛名)에 불과했고, 나라 사람들은 대부분 이를 역변(逆變)으로 받아들였다. 정상적인 헌정 질서에 따라 즉위한 단종을 보좌하던 황보인·김종서 등이 아무런 죄도 없이 살해당했고, 사대부와 백성들은 경악했다.

　수양의 즉위는 예정되어 있는 길이었고, 그렇게 세조는 꿈꾸던 왕좌에 올랐지만 역변으로 오른 왕위는 세종, 문종을 모셨던 유신(儒臣)들은 물론 사대부들과 정사에 무관했던 일반 백성들의 시각에서도 납득할 수 없었다. 상왕 복위 기도 사건은 세조 측이 만든 단종의 자발적 양위(讓位)라는 명분을 송두리째 부정했고, 사육신들이 단종의 충신을 자처하고 죽어감으로써 세조 정권의 입지는 더욱 좁아졌다. 세조 정권은 부정의 대상으로 전락했고 김시습 같은 인재들은 출사를 거부한 채 생육신의 길을 걸었다. 세조는 유학자들과 백성들의 마음속 임금은 아니었다. 왕위 자체가 부정의 대상으로 전락했던 불행한 시대를 연 불행한 임금이었고, 이후에도 왕조에 숱한 암운을 드리웠다.

공신 집단에 손을 댄 예종의 짧은 치세

예종은 부왕의 즉위를 부정하지는 않았지만 부왕과 동지 관계에 있던 공신들의 권력은 부정하는 모순의 길을 택했다. 이는 부왕 세조가 남긴 모순이기도 했다. 세조는 애민 군주를 자처했지만 공신들을 법위의 특권층으로 만들었고, 공신들이 백성을 합법적으로 착취할 수 있는 대납 등의 제도적 장치를 용인했다. 백성들은 공식적으로 수탈의 대상이 되었고, 백성들의 삶은 도탄에 빠졌다. 상왕 복위 기도 사건 이후 세조와 공신들은 완전히 한 몸이 되었고 공신들은 국왕에 버금가는 존재가 되었다.

예종은 세자 시절부터 공신 집단의 해체를 자신의 사명으로 삼았고, 즉위 직후부터 공신 집단에 철퇴를 가했다. 그러나 예종은 공신 집단 해체라는 전략적 목표 달성을 위해 공신 집단을 분할시키거나 신공신과 손을 잡고 구공신을 제거하는 식의 정치력이 부족했다. 부왕 세조가 말년에 귀성군이나 남이 같은 신공신을 육성한 이유에 대해 인지하지 못했다. 예종은 한명회 등의 구공신이나 남이 등의 신공신 모두를 적으로 돌렸고, 이는 노회한 구공신에게 기회를 주었다. 구공신은 예종의 칼을 빌어 남이 등의 신공신을 제거했고, 끝내는 예종까지 제거했다. 권력의 냉혹성을 보여준 것은 모친인 정희왕후 윤씨였다. 윤씨는 아들의 급서에 슬퍼하지도 않았고, 의문사의 배후를 파헤칠 생각도 없었다. 그에게 아들 예종은 자신과 친정, 그리고 공신 집단의 권력을 위협하는 적일뿐이었다. 그렇게 예종은 무대에서 끌려 내려왔고, 세상은 다시 공신들의 천국이 되었다. 정희왕후와 공신 집단은 다시는 예종 같은 임금이 나와서는 안 된다고 생각했다. 그래서 예종의 적자인 제안대군도, 세조의 장손인 월산대군도 아닌 자산군을 예종의 후사로 선택했다. 세조의 쿠데타 이후 왕위는 헌정 질서에 의해 오르는 신성불가침한 절대적 자리가 아니라 권력 집단이 선택할 수 있는 상대적 자리로 전락했다. 그렇게 예종은 가고 성종이 왔다.

공신과 사림을 대립시켜 왕권을 신장시킨 성종

성종은 정희왕후 윤씨와 한명회·정인지 등의 공신 집단이 왕이 될 수 없는 자신을 왕으로 선택한 이유를 잘 알고 있었다. 만 열두 살의 어린 나이에 즉위한 성종은 정희왕후 윤씨와 공신 집단의 이익을 왕권으로 수행하는 것이 자신의 임무라는 사실을 알았다. 숙부 예종은 공신 집단의 이익에 손을 댔다가 만 열아홉 살의 젊은 나이에 불귀의 객이 되었다. 성종은 즉위 초 할머니 정희왕후 윤씨와 공신 집단의 이익에 반하는 행동을 하지 않았다. 그래서 할아버지 세조가 육성시킨 신공신의 핵심인 귀성군을 제거하는 데 마지못해 동의해 조정을 다시 구공신의 놀이터로 만들었고, 나라를 구공신의 천국으로 만들었다.

그러나 성종은 오랫동안 허수아비 왕 노릇을 할 생각이 없었다. 그래서 재위 6년(1475) 승정원에 붙은 익명서 사건을 이용해 이듬해 초

친정을 쟁취했다. 신공신이 사라진 조정에서 성종은 새로 진출한 사림이 구공신을 견제할 세력이라는 사실을 직감했다. 성종은 의식적으로 사림을 육성해 구공신의 권력을 제어했다. 숙부 예종이 구공신, 신공신을 가리지 않고 적으로 본 결과 의문의 죽임을 당한 사건을 반면교사로 삼아 공신 집단과 사림을 대립시켜 왕권을 강화시켰다. 그러나 사림을 구공신을 대체할 정치 세력으로 인정하지는 않았다. 성종의 목적은 구공신의 견제와 왕권의 강화였지 소멸은 아니었다. 그래서 그의 치세는 구공신과 사림 사이의 현상 유지가 이어졌다. 여기에만도 비상한 정치력이 유지되었다.

그러나 성종은 이런 유연한 정치력을 궁중의 여인들에게 발휘하지는 못했다. 대비와 왕비는 물론 후궁들과 궁녀들까지도 궁중의 여인들은 모두 여성이자 정치인의 성격을 띤다는 사실을 애써 외면했다. 그 결과 세자의 모친에게 사약을 내려 죽이는 우를 저질렀고, 이 어리석음은 고스란히 세자 연산군의 부담으로 돌아왔다. 세조가 공신 집단을 그대로 존속시킨 채 왕위만 예종에게 물려준 결과 예종의 비극이 탄생한 것처럼, 성종도 어미를 죽여버린 세자에게 왕위만 물려준 결과 연산군의 비극이 탄생했다. 연산군은 부왕의 왕권이 공신 세력과 사림 세력의 거중 조정의 결과라는 사실을 알지 못했다. 그래서 공신 세력과 사림 모두를 왕권을 제약하는 위협 요소로 간주했다. 부왕 성종이 아니라 작은 할아버지 예종이 걸었던 길을 선택한 것이었다.

세조·예종·성종 연표
1455~1494

1455	(즉위년이나 《세조실록》은 이 해를 수양 1년으로 표기하고 있다.)

1455   (즉위년이나 《세조실록》은 이 해를 수양 1년으로 표기하고 있다.)

단종은 창덕궁으로, 세조는 잠저에서 나와 경복궁으로 이어하다.

단종의 이어는 각 사에서 1명씩 나와 시위하고, 세조의 이어는 백관이 시위하다.

혜빈 양씨 등 18명을 교수형에 처하다.

1456   성삼문 등이 단종의 복위를 기도하다.

집현전을 혁파하다.

금성대군을 경상도 순흥으로 이배하다.

1457   "신숙주는 나의 위징"이라고 너스레를 떨다.

백성 김정수가 예문관 제학 윤사윤에게 돈령부판사 송현수와 돈령부 판관 권완이 반역을 꾀한다고 고변하다. 이에 단종을 노산군으로 낮추고 영월에 유배시키다.

양녕대군이 반복해서 단종, 금성대군, 이영, 이어, 이전, 정종, 송현수의 처형을 청하다.

금성대군을 사사하고, 송현수를 교형하고, 나머지는 논하지 말게 하다.

단종이 이를 듣고 스스로 목매 자살하니 예로써 장사 지냈다고 기록하다.

1459	호패법을 시행하다.
	술자리에서 정인지가 또 무례를 범해 부여에 유배하다.
1460	신숙주가 성공적인 북정 결과를 보고하다.
	야인 500여 기가 보복 공격을 해왔으나 80여 급을 쏘아 죽이고 적을 패주시켰다는 함길도 도절제사 양정의 보고가 있다.
	정인지가 풍수 관련 발언으로 세조의 분노를 사다.
1463	한백륜의 딸을 왕세자의 소훈으로 삼다.
	《동국지도》를 완성하다.
	양성지의 건의에 따라 장서각(홍문관)을 짓도록 하다.
1465	봉석주의 역모 사건이 일어나다. 정난공신인 봉석주가 세조에게 여러 차례 꾸지람을 듣자 김처의 형제가 최윤과 역모를 꾀했다가 잘못될 것 같자 봉석주, 김처의 등이 역모를 꾀한다고 신고하다. 그러나 국문 과정에서 그 자신도 공모했던 것이 밝혀지다.
	봉석주, 김처의, 최윤을 처참하다.
1466년	정인지가 또 취중에 세조를 태상이라 부르는 실수를 하다.
	양정의 퇴위 권유 사건이 일어나다.
	과전을 혁파하고 직전법을 실시하다.
1467	이시애의 난이 일어나다.
	신숙주를 하옥시키고 한명회를 가택에 연금시키다.
	신숙주의 칼을 느슨하게 한 죄를 물어 담당 관원을 거열형에 처하고, 한명회를 가두라는 이가 없다며 낭관들을 의금부에 내리다.
	신숙주와 한명회를 석방하다.
	이시애군이 와해되다.

1468	수강궁 중문에서 예종이 즉위하다.
	세조가 수강궁 정침에서 훙하다.
	강력한 분경 금지 조치를 내리다.
	남이가 혐의를 시인하고 교열형에 처해지다.
1469	예종이 훙하다.
	성종이 즉위하다
	대왕대비가 호패법의 폐지를 제기하다.
1471	무당들을 성 밖으로 내쫓다.《소학》등을 간행해 널리 백성에게 읽히다.
	외친도 6촌 이내면 혼인을 금지하게 하다.
	《세조실록》이 완성되다.
1474	《경국대전》을 반포하고(갑오대전), 2월 1일부터 따르도록 하다.
1475	신숙주가 죽다.
	홍윤성이 죽다.
	논의를 거쳐 의경왕의 묘호를 덕종으로 정하다.
1476	대왕대비가 정무에서 물러난다는 언문 교지를 내리고, 논란 끝에 성종이 친정을 수락하다.
	친정 첫날 성종이 전날 한명회의 발언을 거론하다.
	유자광이 한명회를 탄핵하는 극렬한 소를 올리다.
	윤기견의 딸 숙의 윤씨를 새 중전으로 결정하다.
1480	윤호의 딸 숙의 윤씨를 왕비로 삼을 것에 대해 말하다.
	어우동을 교형에 처하다.

	왕비 책봉식을 행하다.
1484	김종직을 도승지에 제수하다.
	창경궁이 완성되다.
	서거정 등이 《동국통감》을 편찬해 올리다.
1487	정창손이 죽다.
	신승선의 딸을 왕세자빈으로 정하다.
	한명회가 죽다.
1490	《삼강행실도》를 곳곳에 보급하도록 하다.
1491	야인이 조산보에 침입해 60여 명을 사로잡아 가다.
	북정을 결정하고 허종을 도원수로 삼다.
	허종이 승전을 보고하다.
1493	논란 끝에 김종직의 시호를 '문충'에서 '문간'으로 바꾸다.
1494	대조전에서 성종이 훙하다.

조선왕조실록 4 | 세조·예종·성종
백성들의 지옥, 공신들의 낙원

초판 1쇄 인쇄 2021년 6월 7일
초판 1쇄 발행 2021년 6월 14일

지은이 이덕일
펴낸이 김선식

경영총괄 김은영
책임편집 김상영 **책임마케터** 이지우
콘텐츠개발8팀 최형욱
마케팅본부장 이주화
채널마케팅팀 최혜령, 권장규, 이고은, 박태준, 박지수, 김지우, 유영은, 오서영, 이미진, 오하나, 이예주
미디어홍보본부장 정명찬
홍보팀 안지혜, 김재선, 이소영, 김은지, 박재연, 오수미
뉴미디어팀 김선욱, 허지호, 염아라, 김혜원, 이수인, 임유나, 배한진, 석찬미
저작권팀 한승빈, 김재원
경영관리본부 허대우, 하미선, 박상민, 윤이경, 권송이, 김재경, 최완규, 이우철, 김민아, 김혜진, 이지우
외부스태프 표지 이인희 본문 장선혜

펴낸곳 다산북스 **출판등록** 2005년 12월 23일 제313-2005-00277호
주소 경기도 파주시 회동길 490 다산북스 파주사옥
전화 02-702-1724
팩스 02-703-2219 **이메일** dasanbooks@dasanbooks.com
홈페이지 www.dasanbooks.com **블로그** blog.naver.com/dasan_books
종이·인쇄·제본·후가공 영진문원

ISBN 979-11-306-3805-8 (04910)

다산북스(DASANBOOKS)는 독자 여러분의 책에 관한 아이디어와 원고 투고를 기쁜 마음으로 기다리고 있습니다.
책 출간을 원하는 아이디어가 있으신 분은 다산북스 홈페이지의 '투고 원고'란으로 간단한 개요와 취지, 연락처 등을 보내주세요.
머뭇거리지 말고 문을 두드리세요.